통찰지능

통찰지능

IQ + EQ < InQ

최연호 지음

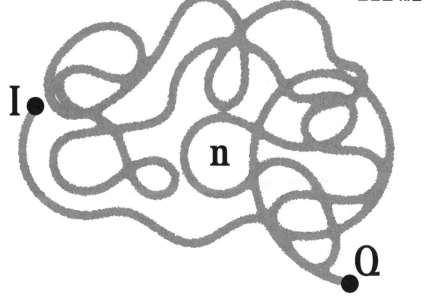

보이지 않는 것을 보는 힘

Insight Intelligence

글항아리

통찰지능하자!

최재천 이화여대 에코과학부 석좌교수·생명다양성재단 이사장

저는 스스로를 '관찰학자'라고 부릅니다. 옳은 표현은 아닙니다. 관찰학이라는 학문이 있는 게 아니기 때문이지요. 그래도 평생 학자로서 해온 일이 자연과 인간을 관찰한 것이라서 그리 부릅니다.『생각의 탄생』에서 로버트 루트번스타인은 "모든 지식은 관찰에서부터 시작된다"고 말합니다. 세상 모든 일의 첫걸음이 관찰이라는 말입니다. 화가 파울 클레는 "보이는 것을 표현하는 것이 아니라 보이지 않는 것을 보이게 하는 것"이 관찰이라 했지만, 이 책의 저자 최연호 교수는 보지 못했던 것을 보게 되며 부분의 합보다 더 큰 전체를 추론해내는 것은 관찰이 아니라 통찰이라고 설명합니다. 경험으로부터 얻는 후견지명에서 미래를 내다볼 수 있는 선견지명을 이끌어내는 능력이 바로 '통찰지능'입니다. 일찍이 애리조나 크리스천 대학 문화연구센터장을 지낸 조지 바나 박사 역시 후견지명을 바탕으로 통찰력을 기르면 선견지명을 얻을 수 있다고 역설했습니다.

교육개발 전문가 매슈 커츠는 주어진 상황에서 다양한 변수를 인지하고 여러 행동 방침의 차이를 정확하게 구별해 최선의 행동을 선택하며 실행하는 능력을 '맥락지능'이라고 정의합니다. 최연호 교수가 말하는 통찰지능은 맥락지능을 포괄하는 훨씬 더 큰 개념인 것 같습니다. 개인적으로는 '통섭지능'이라 불러도 좋을 듯싶습니다.

그런데 소아청소년과 의사인 저자는 왜 이처럼 통찰지능에 천착하는 것일까요? 의료 현장만큼 게슈탈트 전략이 필요한 곳도 없기 때문일 겁니다. 의학만큼 철저하게 통찰학적인 학문이 세상에 또 있을까요? 질병의 관점으로만 환자의 증상을 바라보면 자칫 설사의 원인을 다각적으로 파악하기도 전에 대뜸 지사제부터 처방하거나 알레르기성 직장염인데 관장 조영술 소견만으로 결장을 제거하는 오류를 범할 수 있습니다. 그래서 저자는 이 책을 아예 '통찰학 개론'이라 부릅니다. 그는 성균관의대에서 의과대학 강의홀 이름으로는 왠지 어울리지 않아 보이는 '정약용 강의홀' 앞을 지나며 "히포크라테스의 사명을 가슴에 새기고 슈바이처의 봉사 정신으로 정약용의 실사구시를 수행하는 의사를 만드는 꿈"을 꾼답니다.

이 책을 읽고 저는 드디어 관찰로부터 삶의 성찰을 얻으려면 통찰지능을 길러야 한다는 걸 배웠습니다. 인터뷰 때마다 드러나는 골프 선수 박인비의 여유와 배려는 사물의 겉이나 보는 관찰에 그치지 않고 보이지 않는 것을 꿰뚫어보는 통찰지능에 힘입어 삶을 성찰하는 경지에 이르렀기 때문에 자연스레 배어나는 것이라는 사실도 알게 됐습니다. 최연호 교수는 이런 행위를 '통찰지능하다'라는 동사로 표현합니다. 저도 이제부터 통찰지능하렵니다. 그러면 저도 드디어 관찰학자 수준을 넘어 통찰학자 반열에 오를 수 있지 않을까 기대해봅니다. 이 책이 여러분에게도 훌륭한 통찰의 길잡이가 되어줄 것입니다.

통찰을 얘기하면서 통찰을 보여주는 책

정경미 연세대 심리학과 교수·한국임상심리학회 회장

살면서 우리가 하는 가장 큰 고민 중 하나는 후세대에게 무엇을 어떻게 가르칠 것인가다. 그게 양육이든 교육이든 우리 모두는 어느 순간부터 남을 가르치는 자리에 서며, 그때부터 고민은 시작된다. 특히 한국처럼 자녀에 대한 동일시 경향이 강하고, 교육을 중시하는 문화에서는 그 고민이 크지 않을 수 없다. 흥미롭게도 우리가 기대하는 후세대 상에는 큰 이견이 없어 보인다. 자기 일을 잘 수행하고 개인적으로 행복한 인간.

하지만 우리 사회의 양육이나 교육 체계를 들여다보면 후속 세대 양성에서 대부분을 차지하는 것은 학습능력이다. 정작 시간이 흐르면서 우리는 학습만으로 해결되지 않는 부족함을 느끼며 윤리, 교양, 자기관리, EQ 등의 능력으로 이를 보완하려 한다. 그럼에도 이 모든 능력은 우리가 대안으로 삼기엔 아쉬움이 많이 남는다.

이 책에서는 그 대안으로 통찰을 주장한다. 즉, 하나의 문제가 있

을 때 주변 정보를 파악하고 보이지 않는 부분까지 고려해 문제를 해결하는 능력. 하나를 알려주면 열을 찾고 그 열의 관계까지 고려해 문제를 해결하는 사람. 주변에 있으면 든든하고 의지하고 싶은 데다 계속 같이하고 싶은 사람이다. 누구라도 구인을 해본 경험이 있다면 통찰능력을 가진 사람을 환영하지 않을 수 없다. 이런 사람이 리더가 된다면 열렬하게 대환영이다. 그러나 만나기 쉽지 않은 부류이기에 그때부터 우리의 고민은 싹튼다. 저자가 언급했듯이 아직은 통찰을 어떻게 정의할지, 이 능력을 어떻게 측정할지, 그리고 왜어떤 사람은 통찰력이 있는 반면 어떤 사람은 없는지, 이때 어떻게 교육하면 통찰하는 사람으로 만들 수 있는지 등 앞으로 해결해야할 것이 산재해 있다. 하지만 저자가 보여준 충분한 예들은 적어도 우리의 부족함을 메워줄 하나의 능력으로서 통찰은 고려하고 고민할 가치가 있음을 잘 보여준다.

지식의 나열이 아니라, 각각의 지식을 통합하고 분석한 지은이의 꿰뚫음이 드러나는 이 책은 공감은 물론 존경과 감탄을 불러일으킨다. 서로 다르게 보이는 각각의 예를 하나로 정리해 주제와 연결시키는 능력. 아무나 할 수 있는 것이 아니며, 언제나 볼 수 있는 것도 아니다. 통찰을 얘기하면서 통찰을 보여주는 책. 이 책을 가장 잘 표현하는 기술이 아닌가 한다.

　IQ와 EQ의 시대는 지났다.

　정확하게 말하자면 IQ와 EQ로 지능을 구분짓는 것은 더 이상 무의미하다는 뜻이다. 주변을 둘러보자. 자기 분야에서 뛰어난 모습을 보이는 사람이 반드시 IQ가 아주 높고 EQ가 엄청나게 돋보이던가? 가만히 들여다보면 성공하는 사람에겐 특별한 무언가가 있다. 다시 말해 그런 사람은 IQ와 EQ는 당연히 어느 정도 갖추고 이에 더하여 두 가지 지능만으로 설명되지 않는 매력을 보유하고 있다. 그것은 아마도 세상을 꿰뚫어보는 '통찰'일 것이다.

　성공하고 싶다면 보이지 않는 것을 보아야 한다. 보이지 않는 것을 보는 순간 세상이 읽힌다. 매우 단순한 진리인데 이 한 끗 차이로 내 운명이 결정되기도 한다. 타인의 마음을 잘 읽어주는 사람을 본 적 있을 것이다. 그는 내가 숨기고 있던 작은 부분마저 이미 들여다보는 사람이다. 중재와 타협을 잘하는 사람이 있다. 그는 당사자들이 원하는 것을 어느 순간 훤히 꿰뚫고 있다. 또한 미래 계획을 잘 세우는 이는 어떤 고리를 이어야 일이 쉽게 풀리는지 아는 사람이다. 이렇게 보이지 않는 것을 볼 줄 아는 사람들은 세상을 통찰하는 법을 깨닫고 있다.

이 책은 '통찰학 개론'이다. 지능을 다루는 학문은 심리학인데 그렇다면 소아청소년과 의사인 내가 '통찰지능'을 연구하고 책으로 내는 것이 합당할까? 이렇게 생각해보자. 이미 세상은 통섭의 시대다. 사회생물학자 에드워드 윌슨이 주창한 통섭은 처음에 인문학과 과학의 융합을 의미했지만 이제 학문의 경계는 사라진 지 오래다. 그리고 통찰이 빠진 학문은 더 이상 존재하지 않는다고 해도 과언이 아니다. 어느 분야에서 통찰지능을 말해도 전혀 이상하지 않다. 의학은 더더욱 통찰지능이 필요한 학문이다. 통찰 없이 사람의 생명을 다룬다는 것은 상상하기 어렵다. 이 책의 많은 부분에서 의학적인 통찰을 접하게 될 것이다. 의사로서 나 자신이 통찰지능을 구조화하고 평가 방법을 개발할 능력은 아직 보유하고 있지 않기에 그런 방법론은 언젠가 심리학에서 다루어줄 것이라 기대한다. 이 책의 내용은 개론 수준이다. 건축학을 공부하는 데 시작점으로 '건축학 개론' 과목이 있듯이 세상 살아가는 법을 배우는 첫 번째 과목으로 '통찰학 개론'이 필요하다. 그것이 이 책의 역할이다.

이 책은 '일상의 교과서'다. 사람들을 만나 웃고 떠들며, 일에 매진하다가 고민에 빠지기도 하고, 말 한마디에 천당과 지옥을 오가다,

잠깐이라도 사랑이 충만함에 함박웃음을 짓는 우리의 하루하루는 다 인생 수업이다. 중간에 시험도 본다. 성적표를 받아들기도 한다. A, B, C로 매겨지지는 않아도 우리는 스스로 자신의 성적을 안다. 중간고사에 실패했으면 기말고사를 벼르게 된다. 인생도 마찬가지다. 다음이 있어 나는 성장하는 법이다. 나의 성장을 위해 꼭 필요한 것은 세상을 아는 것이다. 그래서 이 책은 주변에서 늘 일어나고 있는 통찰에 주목했다. 그것이 수업이고 수업 종료 벨이 울릴 때까지 나 자신이 집중하여 노력할 포인트를 깨달을 수 있도록 책을 기술했다. 이 책을 통해 매일같이 벌어지는 일들을 바라보며 나만의 루틴을 만들어보자. 보이지 않는 것에 취약한 사람은 관찰 단계부터 새롭게 시작하고, 보이지 않는 것을 잘 보더라도 하나로 모으는 데 약점이 있다면 내게 부족한 면을 도와줄 누군가 혹은 무언가를 찾는 습관을 들여야 한다. 그렇게 수업하다보면 어느덧 성장한 나 자신을 발견하게 될 것이다. 그것이 이 책의 역할이다.

이 책은 '의학 교과서'다. 그런데 일반인도 읽을 수 있는 의학 교양서가 된다. 의료 서비스에서 제공자 하나만 있어서는 시스템이 굴러가지 않는다. 서비스를 제공받는 소비자가 있기에 의료가 존재한다. 그러므로 의사가 배우는 기본을 일반 사람들과 공유하는 것은 서로를 이해하고 돕는 데 큰 도움이 된다. 의학적인 에피소드와 약간의 지식이 이 책의 바탕에 깔려 있는데 내가 건축가이거나 화가였어도 자기 분야의 기본적인 통찰을 알려주고 싶었을 것이다. 독자 입장에서 반대로 생각해보자. 잘 모르는 분야라도 상대방의 말을 듣고 이해한다는 것은 결국 스스로에게 도움이 된다. 여기에 소개된 의학 지식은 쉽게 읽어 넘겨도 좋은데 그 속에 숨겨진 함의만큼은 놓치지 않기를 바란다. 그것이 이 책의 역할이다.

이제 이 책의 흐름을 소개해볼까 한다. 우선 IQ와 EQ 이야기로부터 시작한다. 통찰지능Insight Intelligence의 의미와 신조어 InQ를 이해하고 나면 관찰이 왜 중요한지, 관찰하는 데 왜 게슈탈트 전략을 이용해야 하는지, 그리고 보이지 않는 것을 보는 일뿐만 아니라 어떻게 보이게 하는 것이 중요한지가 사례들과 함께 이어진다. 다음으로는 인간이 왜 그렇게 보이지 않는 것에 취약한지에 대한 태생적 원인이 소개된다. 자신이 알고 있는 한계 안에서 보는 것만 믿고 스스로 만족하는 우리를 돌아보며, 보이지 않는 것을 보지 못해 벌어지는 사건들과 반면에 보이지 않는 것을 잘 봐서 성공한 사례들을 나열해본다. 그러고 나면 본격적으로 본질 찾기에 들어간다. 여기서 본질이란 어떻게 하면 통찰을 통해 진실에 다가갈 수 있는가를 의미한다. 겉으로 보이는 현상에만 반응하여 가려진 본질을 자주 놓치는 우리 인간의 한계를 벗어나기 위해 나는 '빠진 과정' 즉 '맥락' 찾기를 강조하고, 세상의 모든 일에 숨겨져 있는 '명분'과 '실리'의 균형 감각을 갖는 데 힘쓸 것을 주장하고자 했다. 그리고 여러 예시를 통해 통찰지능은 맥락지능을 바탕으로 하며 우리 인간이 이른바 인공지능AI에 몰입되더라도 맥락과 과정을 중시하는 인간 고유의 통찰은 AI를 능가할 수밖에 없다는 점을 피력했다. 근대 철학의 양대 산맥인 이성주의와 경험주의는 둘 다 통찰을 지향한다. 어느 쪽의 사고가 더 옳다고 판정할 수 없으며 한쪽으로 치우쳐서는 성공의 길에서 멀어질 것이기에 명분과 실리 모두 중시해야 한다고 말하고 싶다. 사물과 사건의 본질에 다가가기 위해서도 그것의 명분과 실리를 꼼꼼히 파악해보면 보이지 않던 것이 갑자기 드러남을 깨달을 것이다. 그리고 다음은 통찰의 훈련 방법이 열거된다. 사실은 앞부분에서 언급했던 내용의 요약이다. 그래도 열 가지 정도면 체크리스트 역할을 충분히 할 수 있다고 여겨지니 독자들에게 작으나마 도움이 되길 원한다.

이제 공부는 끝났다. 그리고 실전이다. 일상에서 통찰 훈련을 하다보면 곧 무언가 발전된 자신을 느끼게 될 것이다. 직관이 많아짐에 놀란다. 그런데 전에 가지고 있던 직관과 비교하여 어느 정도 달라졌음을 깨닫는다. 맨날 엉뚱한 시나리오를 써서 남들에게 인정받지 못했던 것을 이번 기회에 만회해보자. 일상에서의 꾸준한 통찰 훈련은 나를 창의적이고 올바른 직관으로 인도해줄 것이다.

한 가지 부언하겠다. 우리는 통찰을 통해 인간과 사물의 본질을 깨달을 수 있다. 하지만 이 책에서 주로 다루는 것은 인간에 관한 주제다. 자연의 섭리와 첨단 과학기술의 이치를 찾아가는 통찰지능은 제외했다. 내 능력을 벗어나는 것이 가장 큰 이유이기는 하다. 그래도 세상 살아가는 가장 근본은 인간이라서 인간관계의 통찰에 집중하는 것이 옳다고 생각한다.

통찰에 대해 글로 기술한다는 시도가 어리석을 수도 있다는 것을 잘 안다. 세상 곳곳에 깔려 있는 통찰을 책 한 권에 담는 것 자체가 말이 되지 않는다. 그런데도 써보고 싶었다. 많은 사람이 이것을 필요로 하는데 누군가 쉽게 설명하면 작으나마 도움이 되지 않을까 생각했고 실천에 옮겨봤다. 나이 지긋한 어른들은 시간이 흐르면 저절로 통찰이 늘 것이니 걱정하지 말라고 알려주신다. 철이 든다는 의미와 같다. 물론 나도 그 점에 동의한다. 하지만 예전에 그랬으니 지금도 그래야 한다는 믿음은 구태의연하다. 세상이 변하는 속도는 가히 혁명적이다. 자신의 노력이 보상받는 시대이고 노력은 성공으로 향하는 길을 매끈하게 닦아놓는다.

바야흐로 InQ의 시대가 왔다.

차례

햄버거를 먹고 나서 네 시간이 흘렀다. 점심때 일에 쫓기다 식사 대용으로 길 건너 패스트푸드점에서 급하게 하나 사서 먹었는데 지금 시계를 보니 저녁 6시가 훌쩍 넘었다. 보통 때라면 다시 배가 고파질 시간이다. 그런데 이상하다. 전혀 배가 고프지 않다. 아직 위장에 햄버거가 남아 있는 느낌이다. '왜 이렇게 안 내려가지?' 사실 그동안 자주 경험했던 일인데 오늘따라 햄버거와 위장의 관계가 궁금해진다. 인터넷 검색을 해보니 햄버거는 소화가 잘 되지 않는 음식 같은데 명확하게 왜 그런지는 나와 있지 않다. 의사 친구에게 연락해봤다. 돌아온 답은 과학적인 설명이었다. 음식의 위장 배출 시간 gastric emptying time의 차이라는 것이다. 위에서 십이지장으로 나가는 시간을 의미하는데 고형 음식은 약 60~100분, 액체 음식은 약 10~45분이 걸린다고 한다. 여하튼 세 시간이 지나면 위장에 남아 있던 음식의 70~80퍼센트는 배출되는 것이 정상이라고 친구가 알려주었다. 그렇다면 햄버거는 예외인가?

아주 오래전에 내 친구가 드러낸 궁금증이었다. 위에 나온 의사 친구는 나였다. 그 당시에는 의학적인 지식만으로 답을 주었던 것이지만 세월이 흐르고 세상의 이치를 깨치는 나이가 되어보니 이제는 색다른 해석을 해보게 된다. 우선 햄버거가 위장에서 소화되는 것을 재현한 매우 기발한 실험을 살펴보자.[1] 영국 노팅엄대학의 연구자들은 치즈버거를 염산에 세 시간 반 동안 담가두고 이것이 변화되는 과정을 관찰하여 공개했다. 위장에서 분비되는 위산은 강산성을 띤 염산으로 음식물의 소화에 중요한 역할을 한다. 대부분의 음식물은 위장 안에 머무는 동안 위산에 의해 죽 상태로 바뀌어 십이지장으로 넘어갈 준비를 마친다. 위에서 십이지장으로 넘어가는 관문인 유문pylorus은 작은 구멍이기 때문에 덩어리 상태로는 이곳을 통과하지 못한다. 연구팀이 공개한 세 시간 반 후의 치즈버거는, 형태는 그대로 유지했지만 색깔은 흉물스럽게도 검게 변해 있었다. 한 시간도 안 돼 소화가 되는 샐러드와 달리 햄버거에는 불포화지방산인 트랜스 지방이 가득 들어 있어 소화가 되지 않았던 것이다. 햄버거를 먹고 네 시간이 흘러도 배가 전혀 고프지 않은 이유다. 의학생리학 교과서에는 고지방, 고단백 음식이 위장 배출 시간을 늦춘다고 기술되어 있다. 어떤 음식인지 쉽게 떠올리려면 값비싼 고급 호텔 레스토랑에서 키 높은 하얀 모자를 쓴 요리사가 둥그런 메탈 뚜껑이 덮인 큰 쟁반을 들고 나와 그 뚜껑을 여는 순간을 그려보면 된다. 무엇이 들어 있을까? 아마도 김이 모락모락 나는 기름진 고기 요리가 들어 있지 않을까? 이 요리가 바로 고지방, 고단백 음식이고 위장에 들어가면 오래 남아 있다. 그런데 궁금증이 더 있다. 왜 탄수화물이나 야채는 위장에서 빠르게 소화되고 고지방, 고단백 음식은 늦게 되는지 그 기전을 제대로 설명해놓은 참고문헌을 찾지 못했다. 사실 설명은 있었다. 식사량, 음식의 화학적 조성, 위산, 위장에서 분비되는 호르몬, 자율신경계의 운동 등에 따라 개인적인 편차가 크다는 것이다. 그러나 이 지식은 현상을 관찰하여 해석해놓은 것일 뿐이다. 개인차가 있다는 것은 이해하겠는데 위장 안에 들어간 고지방과 고단백이 평균적으로 왜 더 오랫동안 머무르는지에 대하여 위산과 트랜스 지방의 설명만으로는 만족하기 어려웠다. 눈앞에 보이는 것만 보고 믿는 인간의 한계를 고려해볼 때 우리가 보지 못하는 생체 세포 수준의 생화학적 소화 프로세스는 분명히 이 차이를 설명해줄 수 있을 것 같았다. 정말이지 눈앞에 없는 것은 우리가 보지 못할 뿐이다.

학창 시절 생물 시간에 배웠던 지식을 한번 소환해보겠다. 아무 생각 없이 무조건 외워서 시험 치르던 아픈 기억이 떠오르긴 한다. 단백질 분해 효소로는 위장에서 분비되는 펩신과 췌장에서 분비되는 트립신을 포함해 여러 가지가 있다. 분해된 아미노산은 소장에서 상피세포로 흡수된다. 지방은 간에서 분비되는 담즙산과 췌장에서 분비되는 리파아제에 의해 분해가 되고 소화된다. 이 가운데 위장에서 역할하는 것은 단백질 분해 효소인 펩신뿐이다. 나머지 소화액과 효소는 위장을 통과한 지방과 단백질이 십이지장으로 내려와야 작동하기 시작한다. 위장 배출 시간이 상대적으로 빠른 탄수화물은 입안에서 분비되는 아밀라아제와 췌장에서 분비되는 아밀라아제 그리고 말타아제가 주된 소화 효소가 된다. 언뜻 우리 몸 곳곳에 존재하는 소화 효소가 각 영양소를 분해하는 것으로 보이는데 유독 지방과 단백질이 위장에 오래 머무르는 기전은 여전히 설명되지 않는다. 그래도 위장 세포는 어느 음식물에 지방과 단백질이 많이 섞여 있는지 구별하는 것이 분명해 보인다. 그렇다면 우리 몸의 윗선 어디에서 위장으로부터 십이지장으로의 배출 명령 혹은 허가 결정을 내릴까?

진화론적인 관점에서 생각해보자. 인류의 조상이 지구상에 300만 년 전 나타나서 살아왔다고 가정해보면 그 당시의 주식은 동물과 마찬가지로 육식이었을 것이다. 사자는 사냥을 하고 나서 배를 채운 뒤 한동안은 주변에 다른 동물이 지나가도 거들떠보지 않는다. 몸에 들어온 고기가 다 소화될 때까지 사나흘은 너끈히 기다릴 수 있다. 반추동물인 소는 풀이 장에서 잘 발효되도록 네 개의 위를 포함해 신장의 열 배가 넘는 꽹장히 긴 장을 가지고 있다. 사자는 장 길이가 신장의 두세 배 정도로 짧은데, 고기가 장 안에 오래 있으면 부패하여 독소를 배출하기 때문이다. 이것이 육식동물과 채식동물이 가진 장의 가장 큰 차이로, 점차 잡식동물로 진화하는 인간은 장 길이가 그 중간이 되고 육식동물에 가깝기는 하다. 1만 년 전 인간은 한 지역에 오래 머무르면서 농사를 짓기 시작했다. 이때를 신석기 시대라고 부른다. 그 전까지 인간의 장기는 지방과 단백질을 소화하는 데 중점을 두었다고 보는 게 맞을 것이다. 탄수화물과 과일을 주식으로 섭취하기 시작한 것은 1만 년 정도로 보면 된다. 300만 년 중에 1만 년은 진화 행태를 바꾸기에는 무척 짧은 기간이다. 즉 진화의 역사 안에서 우리에게는 여전히 육식동물의 습성이 남아 있을 수밖에 없다. 소화기관도 마찬가지다. 지방과 단백질은 위장에서 소화되는 것이 아니라 십이지장과 소장을 지나며 소화된다. 특히 지방을 분해하는 데 중요한 역할을 하는 담즙산은 간에서 생성되어 담낭에 저장되었다가 위장을 통과한 지방이 십이지장으로 넘어오면 담도를 통해 분비된다. 담낭은 저장고다. 즉 공복 시에는 담낭에 담즙이 가득 차 있다가 음식이 내려오면 담낭을 짜서 담즙을 장으로 배출한다. 이렇게 가정해보자. 기름지고 단백질인 고기가 위장 안에 오래 머무르지 않고 바로 십이지장으로 계속 내려온다면 담낭에 쌓아놓았던 담즙이 빠르게 소모될 것이고 간에서 아무리 담즙산을 열심히 생산해내도 그 속도를 따라가지는 못할 것이다. 간도 지치고 리파아제와 트립신을 생산하는 췌장도 더불어 지친다. 육식동물에게 간과 췌장은 매우 중요한 장기다. 우리 몸이 스스로를 망치도록 진화할 리는 없다. 고단백, 고지방 음식은 간과 췌장을 위해 위에서 천천히 배출되어야 한다. 먹고 나면 배가 두둑해 포만감도 느끼는 고단백과 고지방은 확실히 지구상에서 고급 음식으로 취급받을 자격이 있나보다. 우리 몸이 두 영양소에 대해서는 간이나 췌장 같은 특별한 장기를 통해 소화 기능을 따로 지원하고 있고, 위장마저 그것에 맞춰 배출 순서를 정할 만큼 소중하게 다루니 말이다.

위에 언급한 내용은 물론 나 홀로 생각해본 아이디어다. 지금까지 알려진 과학적 사실을 기반으로 지방과 단백질의 위장 배출 시간이 지연되는 이유를 설명한 것인데 그럴듯하지 않은가? 보이지 않는 부분을 그려본 것이라서 정답이 없기에 아무나 쉽게 반박하기는 어려울 것이다. 원래 진화생물학이나 진화사회학은 현상을 두고 그것을 진화론에 맞게 해석하는 것이라 사실 완벽한 증거가 뒷받침되지 않을 수도 있다. 합목적적인 해석이 되는 것이다. 이렇게 우리가 살아가는 환경 안에는 우리가 눈으로 볼 수 없는 것이라 왜 그런지 이유도 모르고 그냥 지내는 일이 많을 것이다. 그렇지만 세월이 흐르고 세상이 발전하면 결국 현자들이 나타나 모든 이치가 밝혀지는 법이다. 또 하나의 햄버거 이야기로 넘어가보겠다.

뉴욕과 파리의 도심에 있는 빌딩 밀집 지역에서의 평일 점심시간을 떠올려보자. 대부분 회사원이겠지만 삼삼오오 주변 공원의 벤치나 빌딩 계단에 모여 앉아 패스트푸드를 먹고 있는 모습을 흔히 볼수 있다. 햄버거는 이들에게 늘 환영받는 단골 메뉴다. 동양적 사고방식으로 볼 때 우리는 서양의 패스트푸드가 빠르고 간편하게 먹을 수 있는 이점 외에 다른 음식과 비교하여 그다지 우월하지 않다

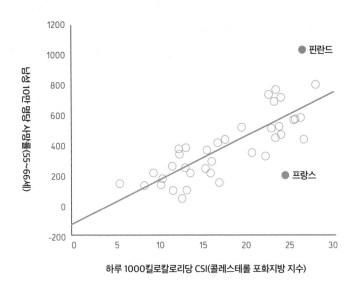

[그림 1] 콜레스테롤 섭취량과 관상동맥 질환 사망률의 국가별 관련성

고 자신 있게 이야기한다. 특히 건강 문제에서 그렇다. 햄버거 패티
는 고단백과 어우러진 포화지방 덩어리다. 미국이나 유럽의 주식은
빵과 육류로 이루어진다. 버터 같은 포화지방 역시 식탁에서 빠지지
않는다. 특이한 사실 하나는 심혈관계 질환으로 사망하는 비율을
국가별로 살펴본 결과 동물성 지방을 주식으로 삼는 나라 중에서
유독 프랑스가 관상동맥 질환으로 인한 사망률이 굉장히 낮다는 것
이다.[2](그림 1) 특히 동물성 지방 섭취율이 비슷한 핀란드보다 무려
다섯 배나 적게 사망한다. 우리는 이것을 '프렌치 패러독스'라 부른

다. 이때 과학자들이 가만있을 리가 없다. 왜 이런 일이 발생하는지 그 원인을 찾기 시작했다. 그리고 많은 연구 끝에 일단 겉으로 보이는 차이를 알아내는 데 성공했다. 바로 레드 와인이었다. 주로 동물성 지방을 먹는 서구 선진국 중 프랑스만 가지고 있는 특징이 생활화된 와인 문화인 것이다. 과학적으로는 그럴듯한 해석이 나와 있다. 레드 와인에는 레스베라트롤이 다량 함유되어 있다. 오디와 포도, 라즈베리 등에 많이 포함된 레스베라트롤은 폴리페놀의 일종이다. 벤젠의 수소 하나가 두 개 이상의 하이드록시기로 치환된 폴리페놀은 녹차의 카테킨, 커피의 클로로겐산, 과일에 많은 플라보노이드, 카카오의 플라바놀처럼 항산화 작용을 하여 우리 몸에 큰 도움을 준다. 항암 효과도 알려져 있고 콜레스테롤을 감소시키며 심혈관 질환을 예방해준다고도 알려져 있다. 레스베라트롤도 대표적인 항산화 물질이면서 혈액 응고를 억제함으로써 관상동맥 내의 혈전 생성을 막아주는 역할을 한다.

그런데 정말로 와인을 자주 마신다는 이유 하나로 프랑스의 심혈관 질환 사망률이 낮은 것을 온전히 설명할 수 있을까? 독일 본 의대의 종신 교수로 재직 중인 이종수 박사는 한국인이 콜레스테롤이 높은 갈비와 삼겹살을 많이 먹고 소주를 좋아하는데도 서양인에 비해 심장병 사망률이 낮고 장수하는 현상을 '코리안 패러독스'라고 불렀다. 그가 조사한 바에 따르면 울름대학의 연구에서 심근경색증 및 뇌졸중 예방과 관련하여 맥주를 많이 마시고 있는 지역에서는 맥주의 효과가 와인의 효과보다 크다고 했다. 또한 하버드대학 연구진이 보스턴 지역의 의사를 상대로 조사했는데 이곳에서는 위스키가 포도주에 비해 그 효과가 더 컸다고 했다. 이에 이종수 박사는 한국의 소주처럼 그 지역에서 많이 마시는 술이 그 지역 사람들의 심장병과 뇌졸중 예방에 제일 효과가 있는 것 같다고 해학적으로 결론지었다.[3] 어떤 항목의 차이를 보기 위한 비교 연구에서 가장 중요한 것은 변수 선정이다. 우리는 비교 가능한 변수만을 대상으로 넣기 때문에 표본선정 편향selection bias을 가질 수밖에 없다. 그 변수는 당연히 눈에 보이는 것들이다. 보이지 않는 변수를 찾아내는 것이 차이의 본질을 알아내는 기본이 될 텐데 이는 우리 인간의 한계를 넘어서는 것이고 또한 연구 방법론적 문제로 인해 밝혀내는 데 많은 시간이 소요될 수 있다. 그래도 프렌치 패러독스에 대한 후속 연구들은 새로운 관점에서 그 차이를 분석해 더 많은 사람의 고개를 끄덕이게 만들고 있기는 하다. 블루 치즈가 이들 연구 중 하나가 되었다.

프랑스에서 유명한 블루 로크포르 치즈는 독특한 맛을 내기 위해 페니실륨 로쿼포르티Penicillium roqueforti라는 푸른곰팡이를 이용하여 숙성시킨 치즈다. 이것은 건강한 치즈의 대명사로 불리며, 연구에 따르면 혈압을 조절하고 항산화 및 항염 작용을 하며 콜레스테롤 합성을 억제하여 심혈관 질환 예방에 도움을 준다고 알려져 있다.[4] 이는 레드 와인과 블루 치즈를 즐기는 프랑스인들의 프렌치 패러독스를 뒷받침하는 이론이 되겠지만, 세계 3대 블루 치즈에 프랑스의 블루 로크포르 치즈 외에 영국의 블루 스틸턴, 이탈리아의 고르곤졸라도 포함된 것을 보면 치즈만으로는 패러독스를 설명하는 데 부족하다는 것을 알 수 있다. 와인이나 블루 치즈는 겉으로 드러나는 변수다. 분명히 보이지 않는 변수들이 숨어 있다고 봐야 한다. 그래서 과학자들은 프랑스인의 식사 문화에 주목했다. 일단 미국인과 비교했는데 프랑스인의 식사 시간이 긴 것은 잘 알려져 있다. 또한 프랑스 사람들은 포화지방을 많이 섭취하지만 신선한 우유나 치즈, 요구르트처럼 질 좋은 지방을 더 많이 섭취하며 일주일에 세 차례 이상 생선을 먹는다. 튀긴 음식을 잘 먹지 않고 특히 소다나 설탕이 많이 들어간 음식을 좋아하지 않으며 인스턴트 식품을 잘 먹지 않기 때문에 심장병 발병률이 낮을 수밖에 없다. 프랑스인의 전반적인 식생활 문화가 미국인보다 나은 것이다.[5] 또 다른 흥미로운 연구가 있다. 펜실베이니아대학의 폴 로진 박사는 네 국가에서 시행된 공동 연구를 통해 문화가 다른 국민의 음식에 대한 태도를 분석했다. 연구에 따르면 미국인은 음식을 생각할 때 항상 건강과의 관련성을 따져서 체중 증가 같은 네거티브 이미지를 먼저 떠올린다고 했다. 그렇지만 프랑스인은 음식 자체가 즐거움이며 건강과의 연관성을 우선시하지는 않는 것으로 나타났다. 연구진은 음식을 스트레스로 간주하는 것과 즐거움으로 받아들이는 문화 차이가 미국인에 비해 프랑스인의 심혈관 질환 사망률이 낮은 것을 부분적으로 설명할

수 있다고 결론 내렸다.[6]

물론 이러한 문화 차이만으로 프렌치 패러독스를 다 설명할 수는 없다. 아마도 음식과 문화 차이를 넘어 보이지 않는 또 다른 원인이 존재할 가능성이 높다. 보이지 않는 것을 볼 수 없는 우리 인간은 이렇듯 관찰하고 분석하고 그것이 틀리면 또다시 관찰하는 패턴을 반복하고 있다. 모든 것이 한 번에 다 보일 수는 없다. 본질에 다가서기 위한 인간의 탐구는 끝이 없고 수많은 실수를 경험해야 비로소 진실에 조금이라도 가까이 간다. 과학은 그렇게 발전하는 법이다. 불과 100여 년 전에는 상대성 이론과 양자론을 상상할 수도 없었다. 이제는 보이지 않는 양자가 눈앞에 있는 듯 설명해내고 있다. 전혀 상관없을 것 같은 두 개의 사건을 맥락으로 잇는 인간의 통찰 행진은 앞으로도 경이롭게 펼쳐질 것이다. 그것이 인공지능을 통하건 아니면 인간의 순수한 능력을 통해서건 말이다. 중요한 것은 우리가 보이지 않는 것을 잘 보지는 못하지만 보이지 않는 것을 찾는 방법은 잘 아는 듯하다는 점이다.

햄버거와 패스트푸드를 즐기는 젊은 세대가 많아진 프랑스에서 미래에는 심혈관 질환으로 인한 사망률이 증가한다는 결과가 나올까? 만일 수십 년 후에도 프렌치 패러독스가 인정된다면 그 시대의 합당한 설명은 무엇이 될까? 보이지 않는 미래를 지금부터 고민할 필요는 없다. 여하튼 프렌치 패러독스에 대해 프랑스인들은 여전히 레드 와인 덕분이라며 자신들의 식문화를 치켜세운다. 다른 나라 사람들도 레드 와인의 효과를 어느 정도는 인정해주는 분위기다. 곰곰이 생각해보니 성경에도 언급되고 있기에 나 또한 매일 와인 한 잔을 마시는 습관을 들일까 고민 중이다. 신약성경 「디모데전서」 5장 23절에 이렇게 나와 있다. "이제부터는 물만 마시지 말고 네 위장과 자주 나는 병을 위하여는 포도주를 조금씩 쓰라."

제1장

통찰지능

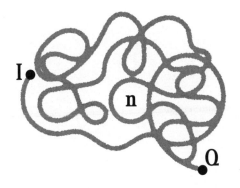

왜 통찰인가?

사람이 살아가는 데 가장 중요해서 꼭 옆에 두어야 하며 매슬로의 인간 욕구 5단계를 꽉 채워줄 생각 도구 하나만을 고르라고 하면 무엇을 떠올리겠는가? 나는 서슴없이 '통찰'이라고 말한다. 가장 기본적인 생리 욕구로부터 자아실현의 삶을 구현하기까지 나 자신을 행복하게 만드는 근간에는 예리한 관찰로 사물을 꿰뚫어보는 통찰이 존재한다. 통찰은 나를 개선하고 성공시키는 훌륭한 무기가 된다. 우리는 이 세상에 태어나 교육을 받고 직업을 갖게 되며 이를 통해 자아를 발전시켜나간다. 2019년 말 기준으로 대한민국의 직업 수는 1만 2823개에 이른다.[1] 그리고 2017년 기준 4년제 대학의 학과 수는 1만3144개다.[2] 지금도 학교와 현장에서는 세분화된 각 분야에 대한 교육이 이루어지고 있다. 1만 개가 넘는 소분야에서 각각의 교육 목표는 모두 다를 것이라 생각된다. 하지만 이들 교육 목표의 공통분모가 존재한다면 그것을 한마디로 정의할 수 있을까? 나는 감히 그것이 통찰이라고 생각한다. 내가 전공한 의학에서도 교육 목표를 달성하기 위해 의학 지식을 암기하고 진찰 술기를 몸에 익힌다고 환자를 볼 수 있는 것은 아니다. 올바르게 진단하고 확실한 치료법을 선택할 때까지, 환자의 마음을 읽고 환자와 그 주변의 많은 변수를 이해하면서 최적의 과정을 찾아가는 것이 통찰이다. 그래야 인간 욕구의 최상위 단계가 이루어지는 것이다. 우리 삶은 통찰의 연속이다. 그래서 바로 지금 '통찰'이다.

IQ+EQ < InQ

IQ+EQ < InQ

IQ +EQ 〈InQ. 이것이 무엇에 관한 부등식인지 궁금해할 것 같다. IQ와 EQ는 알겠는데 InQ는 낯설다. 알다시피 IQ는 Intelligence Quotient(지능 지수), EQ는 Emotion Quotient(감성 지수)다. InQ는 내가 새로 만든 약어로 Insight Quotient, 즉 통찰 지수다. 아직 구조화된 통찰 지수는 존재하지 않지만 인터넷에 통찰력 테스트라는 이름으로 유사한 검사가 돌아다니고 있긴 하다.

사람의 능력을 IQ로 구분 짓던 시대가 있었다. IQ가 높은 사람이 성공한다는 신화의 시대였다. 1905년 프랑스 심리학자 알프레드 비네는 세계 최초로 지능 검사를 개발했다. 그리고 1916년 스탠퍼드대학의 루이스 터먼은 비네 검사를 토대로 표준형 스탠퍼드-비네 검사를 만들고 지능 지수를 창안하게 된다. 자신이 개발한 지능 지수

검사를 신봉하던 터먼은 정부와 록펠러 재단의 자금을 등에 업고 대규모 연구를 시작했다. 그는 캘리포니아주 초등학생들을 대상으로 똑똑한 아이를 25만 명 선발한 다음 IQ 검사를 시행해 지능 지수 140이 넘는 1470명을 추려냈다. 터먼은 자신의 이름을 따서 터마이트라고 명명한 천재들을 수십 년 동안 추적했으며, 이들 중 국가 발전에 기여하는 최고의 엘리트가 나올 것이며 대부분 사회적 성취도가 매우 높을 것으로 예상했다. 그리고 세월이 흘러갔다. 예상외로 터먼이 예측한 만큼의 업적을 이룬 터마이트는 별로 나오지 않았다. 법관과 정부 관리 등이 나오기는 했지만 평범했던 사람들에게서 나타나는 비율과 유사했고 노벨상 수상자도 배출하지 못했다. 오히려 처음에 지능 지수 140을 넘지 못해 제외되었던 학생 가운데 두 명이 노벨상을 수상했다. 결국 루이스 터먼은 지능과 탁월한 사회적 성취 사이에는 연관관계가 없다고 인정할 수밖에 없었다.[3] 현대의 많은 연구에서 IQ가 110을 넘으면 그 사람이 뛰어난 업적을 이룰 확률은 IQ 값과는 상관없는 것으로 잘 알려져 있다.[4] 스탠퍼드-비네 지능 지수는 언어 이해력, 수리 능력, 추리력, 공간지각 능력을 평가하기 때문에 학교에서 보는 시험, 즉 학업 성취도의 평가 점수와 일치할 수밖에 없다. 우리는 모두 알고 있다. 학교 성적과 사회적 성공이 반드시 비례하지는 않는다는 것을. IQ 하나로 사람의 인생을 예측하는 것은 불가능하다.

1980년대 들어 하버드대학의 교육심리학자 하워드 가드너는 여러 독립적인 요소로 구성된 사람의 인지 능력을 '다중 지능'이라고 명명했다. 가드너는 인간의 인지 능력이, 그가 지능이라 부르는 능력과 재능 혹은 정신적인 기술을 조합하여 더 잘 설명된다고 믿었다. 일반적인 사람이 가진 기술의 수준과 특성이 저마다 다르기 때문에 다중 지능 이론이 더 인간적이고 현실적이어서 인간의 지적 행동을 제대로 반영한다고 가드너는 말했다.[5] 다중 지능은 여덟 가지 분야로 나뉘는데 음악, 신체 운동, 논리수학, 언어, 공간, 인간 친화, 자기성찰, 그리고 자연 친화다. 그동안 IQ에 식상해하던 사람들은 다중 지능의 출현에 환호했다. 그런데 나라별 문화별로 이 이론을 받아들이는 데 차이가 있다. 가령 중국에서는 다중 지능에 관한 책이 100권이 넘지만 일본에서는 다중 지능 협회에 단 몇 명의 회원만 소속되어 있기도 하다.[6] 많은 사람이 다중 지능의 개념에는 동의하나 차마 내 것은 아닌 듯했다. 주변에는 음악 천재와 운동 천재가 늘 보인다. 컴퓨터 프로그램의 귀재와 밀리언셀러 소설가 이야기도 자주 듣는다. 또한 우리는 사회를 이끄는 정신적인 지도자를 존경한다. 그런데 이 모두가 나는 아니다. 다중 지능은 괜히 타인의 성공을 설명해주는 것으로만 생각되었고, 나 자신의 능력은 여덟 가지 지능에 가까이 다가가기 어려워 보였다. 사람들은 일반적인 삶을 살면서 성공을 예감할, 쉽고 확실하게 떠올릴 지능을 원했다. 하지만 흥미롭게도 다중 지능 안에 그것은 이미 있었다.

"우리의 감성 지수 EQ가 IQ보다 더 중요할까요? 저는 그렇다고 믿고 있습니다."[7] 1987년 키스 비즐리는 『멘사』지에 「감성 지수」라는 글을 기고하면서 이렇게 포문을 열었다. 2년 뒤 스탠리 그린스펀이 감성지능을 설명하는 모델을 만들었고 1995년 대니얼 골먼의 『EQ 감성지능』이 출간되어 베스트셀러가 되면서 사람들에게 EQ가 널리 알려지기 시작했다. 감성지능은 사전적으로 '자신과 타인의 감정 및 정서를 점검하고 그것의 차이를 식별하며, 생각하고 행동하는 데 정서 정보를 이용할 줄 아는 능력'이라고 정의된다.[8] 쉽게 말해 타인의 마음을 읽고 공감하며 자신을 성찰하는 능력이다. 이것은 인간관계에서 가장 중요한 덕목이 되고 이 능력이 특출난 사람이 성공할 확률이 높다는 데 대해서는 이론의 여지가 없을 것이다.

감성지능을 거론할 때 '마음 이론theory of mind'을 떼어놓고 생각할 순 없다. 1996년 이탈리아의 자코모 리촐라티는 원숭이 뇌에 전극을 꽂고 행동에 따른 뇌의 활성도를 관찰하고 있었다. 어느 날 연구원이 아이스크림을 먹으며 실험실에 들어가자 연구원을 본 원숭이의 뇌파가 갑자기 움직였다. 그 뇌파는 원래 원숭이가 스스로 손을 뻗어 음식을 잡고 입에 넣을 때 움직여야 하는 파동인데 아무것도 하지 않던 원숭이의 뇌파가 실제로 먹은 양 반응한 것이다. 여기서부터 거울 뉴런mirror neuron이 발견됐고 인간을 비롯한 고등동물의 특성인 모방의 기전을 거울 뉴런으로 설명할 수 있었다. 거울 뉴런과 모방은 인간만이 유일하게 가지고 있는 마음 이론으로 발전했다. 마음 이론이란 사람이 자신에 대해 알고 있고 타인의 마음을 읽으며 심지어 제3자인 드라마 주인공의 마음까지 이해할 수 있다는 것이다.[9] 나 자신은 나를 '의식'하에서 알고 있지만 사실 타인은 내 의지와 상관없이 내가 흘리는 '무의식'을 보고 나를 판단하기 때문에 내가 아는 나는 내가 아니고 남이 아는 내가 진정한 나일 수 있다. 이렇게 남의 무의식을 빠르게 감지해 그의 마음에 공감할 수 있고 또한 비판적 사고를 통해 나 자신의 잘못을 개선하고 성찰하는 사람은 행동도 공손히 하며 타인으로부터 인정받을 확률이 높아진다. 전 세계인에게 거대한 임팩트로 다가왔던 EQ는 의외로 학계의 반발을 불러일으켰다. 감성지능을 지능의 한 종류로 정의 내렸지만 과학적 근거가 부족했으며, 현재까지도 EQ 검사는 IQ 테스트를 대체하지 못한다. 생각해보면 IQ는 수치로 측정 가능하지만 인간의 마음을 헤아리는 EQ는 객관적인 측정법이 나오기 어려운 게 당연해 보인다. 그래서 EQ는 학계의 비난과 일반인들의 환호를 동시에 받고 있다.

내가 사는 이곳은 복잡한 세상이다. 나이가 지긋하게 든 분들은 예전에는 이렇지 않았다고 늘 말씀하신다. 인터넷이 열리고 쏟아지는 정보의 홍수에 파묻힌 우리는 정말 복잡하게 살아간다. 이 복잡계 시대를 이해하고 대처하는 것이 미덕이 되어버린 세상이기도 하다. 그런데 IQ만으로 복잡계를 헤집고 나가기에는 역부족이다. 또한 EQ만 강요당하기에는 매번 나 자신만 손해 보는 기분이다. 주변을 보면 나보다 똑똑하지도 않은데 세상 풍파를 잘도 헤쳐나가며 성공

가도를 달리는 사람이 자주 눈에 띈다. 그들은 어떤 능력을 더 갖고 있기에 성공할 수 있는 걸까? 디테일 말고 큰 틀에서 그것을 한 단어로 표현할 수 있을까? 물론 있다. '통찰'이다. 현대사회에서 성공하는 사람들의 공통점은 바로 이 통찰력이 뛰어나다는 것이다. 통찰지능을 InQ(Insight Quotient, 통찰 지수)라고 부르도록 하겠다. 통찰의 사전적 정의는 '예리한 관찰력으로 사물을 꿰뚫어봄'이다. 내 나름대로 이 정의를 해석하자면 예리한 관찰력은 IQ의 영역이고 사물을 꿰뚫어보는 것은 EQ의 영역이다. 즉 InQ는 최소한 IQ와 EQ의 합이다. 세상을 보고 배우며 그것을 통해 행동으로 옮길 때 IQ와 EQ의 합은 당연히 충분조건이 된다. 그리고 InQ는 IQ와 EQ의 합을 넘어서는 성공의 필요조건이 되는 것이다. 이것을 식으로 나타낸 것이 IQ +EQ〈InQ다. IQ와 EQ를 기본으로 InQ는 세상을 보고 느끼고 실천하는 통합적 지능을 의미한다.

통찰지능은 내 주변에서 일어나는 사건의 맥락을 읽고 보이지 않는 것을 볼 줄 아는 힘이다. 나는 가까운 미래에 어느 현자가 InQ를 측정하는 방법을 개발할 것이라 믿는다. 그렇지만 통찰력을 평가한다는 것은 어떤 어려운 상황을 주고 이것을 해결해나가는 능력을 측정하는 일일 텐데, 객관화되고 구조화된 평가법을 개발해내기란 무척 어려울 것이다. 통찰의 또 다른 사전적 의미는 '새로운 사태에 직면하여 장면의 의미를 재조직화함으로써 갑작스럽게 문제를 해결하는 것'이다. 통찰이 뛰어난 사람은 부분을 보는 동시에 틀 전체를 읽는다. 주어진 부분만 보려 하고 보이는 것만 볼 수 있는 사람과 달리 사이사이의 빠진 맥락을 읽고 부분의 합보다 큰 전체를 그려낸다. InQ를 높이는 것은 뇌의 훈련으로 가능하다. 대뇌 피질의 많은 영역이 사용되지 않고 있는 이유는 인간의 능력이 무한하여 차차 그 부분들을 활용하고자 남겨둔 신의 한 수가 아닐까? IQ와 EQ가 타고난 것이라 확장성 면에서 제한이 있다면 InQ는 그동안 훈련해 보지 못한 과정들을 새로 경험함으로써 확장 가능하다. 즉 통찰지능은 배울 수 있다.

의학 교육자로서 늘 고민해온 것은 내가 교수로 있는 의과대학 학생들에게 무엇을 어떻게 가르칠 것인가였다. 우선 목표가 필요했는데, 의사를 양성하는 지식이나 기술 교육으로는 안 된다고 생각했다. 어떤 의사를 만들어내는 것이 중요한가를 고민해 비전을 만들었다. '바른 인성으로 미래의 과학을 선도'하는 의학 교육을 하자. 이때 비전을 수행하는 전략 목표의 첫 번째는 '통찰'이다. 전략 과제의 첫 번째도 '인성 함양 통찰 교육'으로 정했다. "의학 지식만으로 환자를 볼 순 없어." 내가 늘 의대 학생들에게 하는 말이다. 나는 지식을 가르치고 싶지 않았다. 배움을 가르치길 원한다. 그 배움은 사람이 사는 기본을 알아가는 것이다. 배 아프다고 진경제만 처방하고 토한다고 항구토제만 처방하는 의사를 만들지 않아야 한다. 토하는 원인이 위장관 문제가 아니라 뇌의 문제일 수도 있고 심리적인 압박에서 비롯된 것일 수도 있으며, 다른 몇몇 증상과 합쳐서 생각해보면 예상치 못했던 병을 찾아낼 수도 있다. 환자뿐만 아니라 보호자와도 소통하고 주변 환경의 변화도 물어보며 환자를 둘러싼 모든 이야기를 진단과 치료에 적용하도록 가르쳐야 한다. 이렇듯 임상적 추론은 지식만으로 이루어지지 않는다. 환자의 마음을 읽을 수 있는 심리학, 첨단 의료의 핵심이 되는 공학, 세상 살아가는 경제학과 사회학 등 다양한 배움이 의대생 자신을 위해, 환자를 위해, 사회를 위해 활용되어야 한다.

미래에 대한 대비도 게을리해서는 안 된다. 『호모데우스』 표지를 넘기면 유발 하라리의 친필인 "Everything changes"가 나온다. 모든 것은 변한다. 그 변화는 이제 미래학자 레이 커즈와일의 『특이점이 온다』를 가슴 시리게 경험할 인공지능의 가까운 미래를 그려보게 한다. 우리는 인공지능을 꿰뚫는 능력을 키워야 한다. 물론 더 깊어져가는 머신 러닝이 의사의 역할을 대체할 것이라는 예측이 많다. 그러므로 하라리의 예언대로 미래에 데이터교Dataism가 세상을 지배하게 되는 날 의학자라는 직업이 더욱 빛을 발할 수 있는 교육이 절실해진다. 이는 인본주의를 바탕으로 한다. 인공지능은 휴머니즘과 같이 가야 하고 가르치는 사람과 배우는 사람은 통찰로 이를 받아들여야 한다. 나는 IQ와 EQ를 넘어서는 InQ를 고양하는 것이 의학 교육의 프레임이 돼야 한다고 생각한다.

통찰을 어떻게 가르치고 어떻게 배워야 하는가? 이 책이 차근차근 그 방법을 알려줄 것이다. 피상적인 통찰만으로 살기에는 세상이 그렇게 만만하지 않다. 상황 전개를 한눈에 알아볼 수 있는 깊이 있는 통찰이 필요하고 이는 수많은 경험과 긴 시간을 요구한다. 이론과 현장학습을 통해 또는 독서와 토론을 통해 통찰은 느껴질 수 있다. 핵심으로 들어가려면 표면을 통과해야 하는데 사람으로 따지면 통증 감각이 발달한 피부층을 뚫어야 하는 것과 같다. 아파야 한다. 인내해야 한다. 보이지 않는 것을 잘 보는 데 공짜는 없다.

보이는 것과
보이지 않는 것

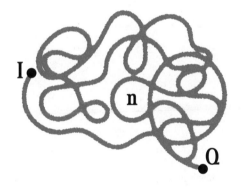

통찰은 뇌운동이다

여든 살이 넘어서도 정정한 노인이 주변에 많아졌다. 이 나이에도 행복한 삶을 유지하려면 딱 두 가지가 필요하다. 하나는 사지를 잘 사용할 수 있는 육체적 건강이다. 팔다리 그리고 몸통에 적당한 근육이 유지되어야 한다. 다른 하나는 올바른 생각을 할 수 있는 뇌의 건강이다. 대화가 가능하고 판단과 예측이 조화로워야 한다. 사람들은 이 두 가지가 중요하다는 것을 잘 알고 있다. 하지만 묘하게도 주로 집중하는 것은 운동이다. 걷고 뛰고 골프 치며 헬스클럽에서 몸을 다진다. 왜냐면 사지와 근육은 늘 우리 눈에 보이기 때문이다. 우리는 보이지 않는 뇌의 활동을 경시하고 있다. TV를 시청하고 라디오를 듣는 것은 시각 피질과 청각 피질을 강화하는 것뿐이다. 뇌는 감각을 받아 감정을 생성한 뒤 전전두엽에서 고민하고 통제하며 판단해야 한다. 이것이 뇌의 활동인데 나이가 들면서 이런 것을 귀찮아하는 것이 인간이다. 책 읽고 대화를 나누면서 우리는 타인의 마음을 읽고 나 자신을 성찰한다. 이것이 통찰이며 통찰의 훈련이 바로 제대로 된 뇌운동이다. 근육만 튼튼하게 만든다고 건강해지는 것이 아니다. 뇌가 근육을 다스린다.

관찰,
그 영원한 기본

$IQ + EQ < InQ$

    은수의 엄마는 헌신적이었다. 중환자실에 입원한 소아 환자의 엄마 대부분이 그렇겠지만 기관절개술tracheostomy을 시행하고 목 앞쪽으로 난 구멍에 꽂혀 있는 튜브를 통해 호흡하는 은수를 밤낮으로 돌보는 모습이 남들과 달라 보였던 것은 나만의 느낌이 아니었을 것이다. 기관절개술 상태가 되면 말을 하지 못한다. 게다가 이제 두 살로 이 단어 저 단어 재잘재잘 따라하고 말을 배워야 하는 시기에 수개월 동안 중환자실에 누워 있으면서 입으로 밥도 먹지 못하고 코위영양관 튜브를 통해 음식을 공급받던 은수에게 엄마는 정말로 든든한 버팀목이 되어주었다. 말은 못 하지만 눈만 끔벅거리는 은수 옆에 앉아 음악을 들려주고 책을 읽어주며 엄마의 가슴에 담긴 따뜻한 이야기를 전해주는 은수 엄마는 사랑 그 자체였다. 은수를 말은 전공의와 간호사에게 보이는 엄마의 태도 역시 남달랐다. 자식이 아프면 예민해지기 때문에 작은 일 하나라도 거슬리면 의료진에게 짜증 내거나 힘든 요구를 하는 것이 다반사인데 은수 엄마는 오히려 우리 의료진에게 힘들지 않냐며 걱정해주고 무엇을 더 하면 좋을지 물어오곤 했다. 사실 그런 배려 하나만으로도 의료진은 감동한다. 그리고 그 환자에게 눈이 한 번 더 가는 것은 인지상정이다.

몇 달 전 방에서 놀던 두 살 은수가 캑캑거리며 얼굴이 파래지는 모습을 본 엄마는 직감적으로 무언가를 삼킨 것이라고 판단했다. 급하게 주변을 살펴봤다. 플라스틱 장난감들이 흩어져 있고 선풍기 리모컨의 건전지 박스 뚜껑이 열려 있는 것이 바로 눈에 띄었다. 박스 안에 있던 버튼형 리튬 배터리가 보이지 않았다. 배터리 아니면 작은 장난감을 삼킨 것이 분명했다. 근처 큰 병원 응급실에 도착해 엑스레이를 촬영해보니 동그란 버튼형 배터리가 목 부위에 선명하게 보였다. 의학적으로 리튬 배터리가 식도에 걸려 있으면 응급한 상황이 된다. 배터리의 접촉 시간이 길어질수록 식도 점막의 부식이 심해지기 때문이다. 비슷한 크기의 동전이 식도에 걸렸으면 이튿날 제거해도 무리 없지만 배터리는 바로 내시경으로 제거하도록 되어 있다. 이 사실을 잘 알고 있는 병원에서는 급하게 내시경 준비를 마치고 배터리 제거를 시도했다. 그런데 상황이 몹시 좋지 않았다. 삼킨 지 몇 시간 안 지났는데도 불구하고 식도와 기도가 분지하는 입구에 끼어 있는 배터리의 주변 조직이 노랗게 변색되어 있었고 점막과

배터리가 단단히 붙어 있어 내시경 채널을 통해 들어간 포셉forcep
이 배터리를 떼어내지 못했다. 그 병원에서는 더 이상의 처치가 불
가능하다며 은수를 내가 근무하고 있는 병원으로 전원시켰다. 우리
팀도 응급 상황을 인식하고 곧바로 내시경을 시행했지만 도저히 배
터리를 떼어낼 수가 없었다. 마지막 방법을 고려했다. 마취를 걸고
수술장에 들어가 이비인후과의 도움으로 배터리를 뜯어내는 시술
을 시행한 것이다. 사투 끝에 간신히 배터리는 나왔지만 주변 조직
이 엉망이 되어 있었다. 점막이 녹아내리며 손상되어 누렇게 변했고
주변 구조의 변형이 예상됐다. 부종 때문에 숨도 제대로 못 쉬는 상
황이어서 은수는 중환자실로 이송되었다. 이때부터 1년 넘게 은수
는 성대 마비와 기도가 좁아지는 증상으로 여러 번 수술과 재활을
거쳤고 식도에 협착이 와 식도 확장술도 시행했다. 여러 차례 고비
를 넘기면서도 은수는 그때마다 너끈히 이겨내고 있었다.

아침에 살펴본 외래 환자 명단에서 열두 살 은수를 발견했다. 4년
만의 재방문이었다. 여덟 살 때 중간 점검을 위해 식도 조영술을 시
행했고 큰 이상이 발견되지 않아 나중에 먹는 데 불편한 증상이 생
기면 다시 보기로 했던 기록이 있었다. '무슨 일이 생겼나?' 우려하
고 있는데 외래 문을 열고 들어오는 은수는 키가 훌쩍 자라 있었다.
말하는 것이 아직도 불편했지만 밝게 웃으며 "안녕하세요"라면서 거
칠고 약간 쉰 목소리를 내는 은수에게서 과거의 아픔은 발견할 수
없었다. 이비인후과에 들렀다가 인사만이라도 하고 싶어서 외래 예

약을 했다는 엄마는 예나 지금이나 똑같았다. 은수도 엄마 성격을 많이 닮은 듯했다. 셋이서 그동안 있었던 일로 이야기꽃을 피우는데 몇 분 안 되는 진료 시간 안에 10년의 세월이 들어 있었다. 엄마가 다음 환자 기다린다며 은수를 일으켜 나가려다가 나를 보고 말했다. "아니 교수님은 왜 이렇게 하나도 변하지 않으셨어요?" 갑작스러운 질문에 나도 무슨 말인가는 해야 했다. "그럴 리가 있나요? 저 많이 늙었습니다. 어머니야말로 정말 예전과 똑같으세요." 훈훈한 덕담이었다. 그러고 보니 은수네와 나는 10년 가까이 서로 지켜보고 있었던 것이다.

우리는 언제나 세상을 관찰하며 살고 있다. 아침에 눈뜨는 순간부터 관찰이 시작된다. 은수가 무언가를 삼켰다는 것을 엄마는 관찰로 알아냈다. 그리고 바로 그게 무엇인지를 알아내기 위해 은수가 놀고 있던 주변부터 훑어보기 시작했다. 눈을 뜨면 관찰이다. 눈의 망막에 맺힌 모든 사물의 모습은 대뇌의 시각 피질에 전달되고 우리 뇌는 능동적으로 혹은 수동적으로 물체를 파악하게 된다. 관찰을 너무 잘하면 어느 순간 냄새도 보고 소리도 볼지 모른다. 실제로 이것은 가능하다. 공감각synesthesia은 하나의 감각이 다른 영역의 감각을 불러일으키는 현상으로 소리를 들을 때 색상을 느끼기도 하고 후각과 함께 색상을 보거나 글씨를 보면서 냄새를 느끼기도 한다. 이런 특출한 능력은 예술가들에게서 꽤 발견된다. 그들은 알파벳을 보며 각 글자의 색감을 떠올린다. 예술가의 말초 감각은 이렇듯 상상을 뛰어넘을 정도로 예민한데 오감 중에서 시각은 인간에게 가장 중요한 첫 번째 감각이 되어버렸다. 인간이 하루에 무언가를 보고 기억하는 이미지는 평균 1만 개를 넘는다고 알려져 있다.[1] 물론 대부분은 단기 기억으로 소실되지만 인간이 살아가는 데 생존부터 일상생활까지 모든 상황에서 시각이 관여한다. 인간의 신경은 감각신경과 운동 신경으로 구분된다. 시각이 감각 신경이라면 시각을 통한 행동이 운동 신경이 될 것이다. 이 행동은 바로 '관찰'이다.

로버트 루트번스타인의 『생각의 탄생』을 보면 인간이 가진 13가지 생각 도구가 나온다.[2] 관찰, 형상화, 추상화, 패턴 인식, 패턴 형성, 유추, 몸으로 생각하기, 감정 이입, 차원적 사고, 모형 만들기, 놀이, 변형, 통합이다. 그중 첫 번째가 관찰로, 루트번스타인은 이렇게 얘기한다. "모든 지식은 관찰에서부터 시작된다. 우리는 세계를 정밀하게 관찰할 수 있어야 한다. 그래야만 행동의 패턴들을 구분해내고, 패턴들로부터 원리들을 추출해내고, 사물들이 가진 특징에서 유사성을 이끌어내고, 행위 모형을 창출해낼 수 있으며, 효과적으로 혁신할 수 있다." 세상 살아가는 첫걸음이 관찰이라는 말로 들린다. 우리가 흔히 듣는 질문이 있다. "무엇이 보이는가?" 미술관 벽에 걸려 있는 그림 한 점을 놓고 지나가는 이들에게 이 질문을 하면 모두 개성 있는 답변을 하는 것을 상상해볼 수 있다. 그림의 제목이 주어지지 않았다면 누군가 제목을 추정해보라고 하거나 그림이 내포하는 의미를 물어볼 경우 각자 다른 대답을 할 것이 분명하다. 그 이유는 세상을 동일한 관점으로 보는 사람은 없기 때문이다. 그 관점은 그 사람의 경험이다. 전문 용어를 쓰자면 인간은 각자의 '지각 필터'를 가지고 있다. 지각은 사람이 관찰하고 수집한 정보를 해석하는 방식으로서, 실재하는 대상을 채색하거나 흐리게 만드는 등의 변형을 통해 사람이 보고 있다고 생각하는 대상으로 바꿀 수 있다. 즉 지각 필터는 인간 내면의 필터인데 우리 인간이 겪은 고유한 경험에 의해 형성된다.[3] 경험이 사람마다 다르고 그 차이가 크기 때문에 하나의 그림을 두고도 백인백색의 표현이 나오는 것이다. 그리고 지각 필터는 무의식으로 나타나기에 우리는 상대방의 머릿속 생각을 읽을 수 있게 된다. 한 사람이 관찰을 하고 자신의 내면 필터를 통해 표현하면 그것을 타인이 관찰하고, 타인의 반응을 그 사람과 또 다른 타인이 관찰하며 서로를 읽어가는 모습이 우리 삶인 것이다. 그러다보니 겉만 보고 판단하는 인간은 실수를 꽤 많이 저지른다.

보고 싶은 것만 보는 우리는 '확증 편향'의 화신이다. 인간이 가진 편향 중 아마도 가장 흔하지 않을까 싶다. 특히 사상이 다른 집단 간의 다툼에서 두드러지게 나타나며 각 집단에서 어떤 것이 진실이기를 간절하게 소망할 때 터널시tunnel vision가 되어 그것만 바라본다. 쉬운 사례로는 직원을 채용할 때 뽑고 싶은 사람은 자료 한 장이면 충분하지만 떨어뜨리고 싶은 사람에게는 수도 없이 많은 부정적 의견을 찾아낸다.

사람들은 또한 누군가 보라고 얘기해준 것만을 본다. 인지심리학자 대니얼 사이먼스와 크리스토퍼 차브리스의 '보이지 않는 고릴라' 실험은 인간의 관찰 한계를 여실히 보여준다. 실험 화면에는 흰옷을 입은 학생들과 검은 옷을 입은 학생들이 서 있다. 양쪽 학생들에게 각각 농구공 한 개씩이 주어졌고 화면의 주문은 흰옷을 입은 학생들이 농구공을 패스하는 횟수를 세어보라고 한다. 패스가 시작되고 중간에 검은색으로 분장한 고릴라가 나타나 가슴을 두드리며 지나간다. 패스가 끝나고 질문이 주어진다. "흰색 옷을 입은 학생들의 패스 횟수는 몇 번인가요?" 답이 보이고 곧 추가 질문이 나온다. "혹시 고릴라를 보셨나요?" 이 실험을 지켜본 사람의 약 50퍼센트는 고릴라를 보지 못한다. 대다수가 흰옷 학생의 패스만 집중하면서 검은색 고릴라를 놓치는 것이다. 사이먼스와 차브리스는 이 현상을 '무주의 맹시inattentional blindness'라고 불렀다.[4] 보고 있는데 한 가지에 집중하다보니 다른 것을 알아채지 못하는 인간의 단면을 보여주는 실험이다. 부인하고 싶어도 우리는 정말 보라고 하는 것만 본다. 위의 실험에서 또 하나의 흥미로운 인간의 허점이 드러난다. 고릴라를 봤냐는 질문이 끝나고 바로 다른 질문이 주어진다. "고릴라가 들어갈 때 배경의 커튼 색깔이 변하는 것을 봤나요?" 나도 여러 해에 걸쳐 의료인문학 강의에서 학생들을 대상으로 이 실험 화면을 보여주었지만 고릴라를 본 학생은 많았어도 커튼 색깔이 변하는 것을 본 학생은 한 명도 없었다. '변화 맹시change blindness'다. 어떠한 상황을 만날 때 전에 경험했던 일과 같을 것이라고 믿는 인간의 지각 때문에 서서히 변하는 사물에 대해서는 감지는커녕 동화되어간다. '변화'를 외치며 '변화'에 대비하자고 늘 강조하는 똑똑한 인간이 주변의 변화를 이렇게 눈치채지 못하다니 참 아이러니하다. 모든 것에 주의를 기울일 수 없는 인간은 매번 무언가를 놓치고도 아무 일 없다는 듯 잘 살아간다. 그런데 가끔은 오히려 변화 맹시를 즐기는 우리 자신을 보게 된다. 4년 만에 다시 만난 은수는 엄마 키만큼 커져 있었다. 누가 봐도 변화했다는 것을 알 수 있다. 못 알아챌 리가 없다. 그리고 엄마와의 마지막 대화로 가보자. 은수 엄마는 내가 정말 하나도 변하지 않았다고 했다. 나도 변하지 않은 것은 오히려 엄마라고 응수했다. 은수 엄마와 나는 변화 맹시일까 아닐까? 문득 책상 앞에 붙여놓을 금언이 떠올랐다. '속지 말자 변화 맹시!'

이렇듯 우리 인간은 관찰을 하는데 잘못 관찰하는 것을 참 잘한다. 모르고 지내기에 망정이지 매번 관찰의 옳고 그름을 누가 판정해준다면 너무 많이 틀려서 아마 세상 살아가는 것이 지옥과도 같을지 모르겠다. 관찰은 크게 두 가지로 이루어진다. 보이는 것을 보는 것과 보이지 않는 것을 보는 것이다. 관찰에는 기술이 필요하다. 보이는 것을 잘 보는 기술도 필요하지만 보이지 않는 것을 보려는 기술이 더 값질 때가 많다. 보이는 것을 보는 관찰이야 우리 상식대로 객관적으로 있는 그대로의 모습을 보도록 노력하고 앞서 언급한 인간의 실수들을 피하려는 통찰을 키우는 것이 가장 기본일 것이다. 하지만 보이지 않는 것을 보려 할 때는 정답이 없다는 것이 답이 된다. 기술을 가르쳐주는 책이 없을뿐더러 현자의 말을 들어도 그때는 이해가 가지만 막상 나 자신의 일이 되면 잘 들어맞지 않는다. 그렇더라도 실수를 두려워하는 인간은 부족한 빈 공간을 채우려는 본능을 작동시켜 자신의 약점을 메꾸어보려고 한다. 보이지 않는 것을 보려고 억지로라도 노력하고 있다는 얘기다. '눈치 없다'는 말이 있다. 두 가지 의미가 있는데 하나는 보이는 것을 못 봤을 때 해당되고, 다른 하나는 보이지 않는 것을 놓쳤을 때도 해당된다. 전자야 당연히 지적받을 수 있지만 후자로 지적받으면 괜히 화가 난다. 눈치 없는 사람이 되면 집단에서 자연스럽게 배척되기 때문에 집단으로부터 거절당하는 것을 매우 두려워하는 인간은 알게 모르게 눈치를 키우려 동분서주한다. 보이지 않는 것이 무엇이기에 이렇게 사람 마음을 불편하게 하는지 아무도 그 설명을 제대로 해주지는 못하겠지만 우리는 오늘도 보이지 않는 것과 씨름하고 있다.

형체가 없는 것을 보기 위해 다가가려는 노력에 앞서 우리는 보이지 않음을 손쉽게 경험해볼 수 있다. 두 눈을 감는다. 당연히 아무것도 보이지 않는다. 그러면 관찰이 멎을까? 그렇지 않다. 또 다른 관찰이 시작된다. 우리 뇌가 받아들이는 감각 신호의 70퍼센트는 시각이 담당한다. 그래서 두 눈을 감으면 대부분의 외부 자극이 사라지는 것이고 오로지 나 자신이 집중하고 있었던 생각 작업에 몰두할 수 있게 된다. 명상할 때 우리는 눈을 감게 되고, 하물며 상상을 해보라는 말에도 눈을 감고 이미지를 떠올린다. 경마장에 가보면 말의 눈 양옆으로 안대를 만들어 붙인 것을 볼 수 있다. 말의 눈은 얼굴 양쪽 가장자리에 위치해 있어 고개를 돌리지 않고도 360도 가까이 시야가 확보된다. 즉 뒤에서 접근하는 물체도 볼 수 있는 말은 워낙 겁이 많아 경주할 때 다른 말이 옆이나 뒤에 있으면 불안해한다. 그렇기 때문에 안대를 통해 뒤와 옆을 보지 못하게 해야 앞만 보고 달릴 수 있게 된다. 우리 인간도 눈을 감으면 현재의 감각에 충실하게 되고 외부 자극이 끊어짐에 따라 온전히 자신의 생각에 집중할 수 있게 된다. 이때만큼은 거짓이 없다. 나의 진심을 볼 수 있다.

은수를 치료하면서 은수네 가족을 관찰하게 되었다. 엄마의 배려와 헌신을 봤고 긍정성도 확인했다. 여느 환자와 다르게 은수 엄마와 은수에게서는 보이지 않는 것을 보려고 할 필요가 없었다. 엄마와 아이는 우리에게 모든 것을 보여주고 있었다. 은수 엄마는 치료 기간에 우리 의료진이 보인 진심을 관찰했을 것이다. 의료진 또한 자연스럽게 은수와 엄마의 진심을 볼 수 있었다. 진심은 원래 보이는 것이 아니다. 그런데 서로 볼 수 있었다. 그래서 더 이상 보이지 않는 것을 보려고 노력하지 않았다. 이렇게 진심은 인간을 편하게 만들어준다. 진심이 통하는 곳에서 보이는 것과 보이지 않는 것은 하나로 만난다.

보이지 않는 것을 볼 줄 아는 인간 1 :
한석봉 어머니와 고흐의 대결
I Q + E Q < I n Q

사람은 눈으로 본 것만 믿고 눈에 보이지 않는 것을 찾아낼 수 없다지만 지구상의 다른 동물들은 후각 같은 타고난 능력을 통해 보이지 않는 것도 잘 감별해낸다. 개는 냄새를 관장하는 뇌의 후각신경구가 인간에 비해 40배나 더 크다. 이 능력을 이용해 일부 개는 마약 탐지견으로 공항 세관에서 세관원의 마약 탐지에 보조를 맞추는데 래브라도 리트리버, 비글, 코커스패니얼처럼 귀가 축 늘어지는 견종의 후각이 잘 발달되어 있어 제격이라고 한다.

얼마 전, 내 지인의 딸아이가 친구들과 스페인 여행을 다녀왔다. 귀국하면서 모두가 스페인 특산물인 돼지고기로 만든 하몽을 사서 트렁크에 넣어 가져오게 되었다. 열 조각을 산 친구도 있었지만 그 아이는 세 조각만 넣어 오는 길이었다. 사실 외국에서 산 음식물은 전염병 같은 여러 우려 때문에 공항을 통한 국내 반입이 원칙적으로 허용되지 않는다. 하몽은 진공 포장을 해서 괜찮을 것 같았지만 자진 신고를 하지 않았기 때문에 그 아이와 친구들은 세관 통과가 걱정되었다. 혹시나 압수당할까봐 신고를 하지 않고 트렁크를 찾아 세관을 통과하고 있었는데 저 멀리서 비글 한 마리가 나타났다. 마약 탐지견인 그 비글은 매우 우호적이었다. 입을 벌리고 웃는 얼굴로 트렁크를 끌고 가는 그 아이를 쫓아왔다. 지인 딸아이의 가방 안에 결코 마약은 없었는데 이게 웬걸! 비글이 계속 트렁크를 따라오고 있었다. 하몽 때문이었다. 주변의 시선을 의식한 아이는 눈물이 날 지경이었다. 마약 소지범으로 오인될 수도 있겠다고 생각하니 오금이 저리고 아찔했다. 몇십 미터를 더 가지 못하고 아이는 그만 방향을 돌려 세관 신고하는 곳으로 향하고 말았다. 그리고 자진 신고 후에 하몽은 세관에 남겨졌다. 다른 친구들은 이미 아무 일 없이 하몽을 무사히 공항 밖으로 가지고 나간 뒤였다. 뒤늦게 나온 그 아이를 맞이한 친구들은 웃어야 할지 울어야 할지 판단하기가 어려웠다. 열 조각을 가지고 나온 친구가 그 아이에게 두 조각을 건네주며 스페인 여행은 끝을 맺었다. 보이지 않는 것을 찾아내는 비글이 원망스러운 하루였다.

동물도 이러한데 고등 동물인 사람이 보이지 않는 것을 잘 보지 못하다니 수치심을 가져야 하는 것 아닐까? 당연히 아니다. 개는 시력이 인간의 3분의 1밖에 되지 않으며 근시여서 물체를 자세히 구분하지 못한다. 게다가 색깔을 볼 수 없는 한계도 가지고 있다. 진화의 보상으로 후각과 청각이 뛰어난 것이라 보이지 않는 것을 찾는 일이 개의 중요한 업무일 뿐 보이지 않는 것을 볼 수는 없다. 인간은 선천적으로 보이지 않는 것을 볼 수 있는 능력을 타고난다. 각자의 지각 필터가 스스로의 과거 경험을 의미하듯 이 능력 역시 경험을 기저에 깔고 있다. 우리 인간에게 보이지 않는 것은 두 종류다. 하나는 빛이 사라지거나 시력의 이상으로 시각 기능을 발휘하지 못할 때 볼 수 없는 것이고, 다른 하나는 우리 눈앞에 벌어지는 상황 뒤에 숨어 있는 맥락같이 형상화할 수 없는 의식의 흐름이다. 우선 인간의 시각과 관련된 보이지 않음을 다루어보겠다. 사례로 보이지 않는 것을 잘 봤던 위인 두 명을 소개하고자 한다. 동양과 서양의 대결이기도 한데 누가 더 뛰어난지 판단해보자.

먼저 조선의 명필가 한석봉(1543~1605)의 어머니다. 초등학교 때부터 귀가 따갑도록 들어왔던 일화이지만 다시 한번 요약해본다. 한석봉이 어려서부터 붓글씨에 재주가 있어 해서, 행서, 진서, 초서의 모든 서체에 탁월함을 보이자, 어머니는 떡장수를 하면서도 석봉을 공부하게 만들고자 유명한 절의 승려에게 유학을 보냈다. 절에서 공부한 지 3년이 넘자 석봉은 어머니가 그리웠고 밤에 몰래 절에서 빠져나와 집으로 찾아왔다. 더 이상 배울 것이 없다는 아들의 말을 듣고 어머니는 호롱불을 끄고는 석봉을 깜깜한 방 안으로 들어오게 한 뒤 자신은 칼로 떡을 썰고 석봉은 붓으로 글씨를 쓰게 했다. 불을 켜고 보니 어머니가 썬 떡은 두께가 고르게 잘 잘렸는데 석봉의 글은 크기도 제각각으로 보기가 흉했다. 어머니는 바로 석봉에게 눈을 감고도 글씨를 고르게 쓸 수 있을 때까지 집으로 돌아오지 말라고 호되게 꾸짖으며 아들을 돌려보냈다. 25세에 과거에 합격해 여러 벼슬을 거친 한석봉은 국가의 주요 문서와 외교 문서를 작성하는 사자관을 역임했고 명나라 관료들로부터 왕희지와 견줄 만하다는 평판을 얻기도 했다. 당대 최고의 명필가는 보이지 않음을 극복함으로써 탄생할 수 있었다.[5]

빈센트 반 고흐(1853~1890)는 전 세계인의 사랑을 받는 네덜란드의 후기 인상파 화가다. 동생 테오에게 보낸 편지를 보면 「론강 위로 별이 빛나는 밤에」라는 작품을 가스 불 아래서 그렸다는 대목이 나온다. 또 동생에게 보낸 다른 편지에는 이렇게 적혀 있다. "적어도 나에겐 색채가 낮보다 밤에 더 살아 있고 풍부한 느낌이다." 전해오는 이야기로는 고흐가 밤에 그림을 그리기 위해 카페에 가서 밀짚모자 위에 초를 올려놓은 채 옆에 사람들이 있는 것도 아랑곳 않은 채 그림에 몰두했다고 한다.[6] 사실 고흐가 밀짚모자 위에 초를 붙이고 그림을 그렸는지 확인된 것은 아니지만 밤에 그림을 즐겨 그린 것만은 확실한 듯하다. 그래도 과학적으로는 설명되지 않는 부분이 있는데 낮보다 밤에 색채를 더 강하게 느꼈다는 그의 말이다. 눈의 망막에 있는 시각을 관장하는 세포에는 원추세포와 간상세포가 있는데 색상을 구분하는 원추세포는 주간에 주로 작동하며 세부적인 것을 보는 능력이 간상세포보다 높다. 야간에는 명암을 주로 구분하는 간상세포가 주된 역할을 하기 때문에 밤에 색채가 더 살아 있다는 고흐의 말은 비과학적이다. 그렇지만 고흐가 살던 시대를 생각해보면 전기가 들어오지 않아 밤에는 등잔불 아래서 작업을 했을 것이다. 낮에 그리던 것이 자연스럽게 밤까지 이어졌을 터이며 고흐가 가진 채색 기법은 낮이나 밤이나 비슷했을 듯싶다. 물론 촛불이라는 매우 약한 불빛 아래서 걸작을 완성한 고흐가 시각의 한계를 극복했음은 틀림없다. 결국 고흐의 경험은 어둡고 잘 보이지 않는 밤에 진정한 빛으로 위력을 발휘했고 전설은 그렇게 만들어졌다고 보는 것이 맞다.

자, 이제 두 사람을 비교해보자. 한석봉의 어머니와 고흐 중 누가 더 보이지 않는 것을 잘 보는 사람이었나? 우리는 당연히 한석봉의 어머니 손을 들어주게 된다. 호롱불조차 끈 곳에서 마치 앞을 보는 듯 떡을 가지런히 썬 신기는 요즘 말로 달인이 아닐 수 없다. 고흐는 촛불이라도 있는 공간에서 그림을 그렸으니까 석봉의 어머니가 한 수 위라는 것에는 반론이 없을 듯하다. 그런데 현대에 와서 흥미로운 일이 생겼다. 최후의 승자는 한석봉의 어머니도 아니고 반 고흐도 아닐지 모르겠다. 왜냐면 2009년 TV 광고에 한석봉이 다시 등장하기 때문이다. '생각을 뒤집자'는 모토를 내세운 한 통신회사의 애니메이션 광고를 보면 원래대로 한석봉과 어머니가 불을 끄고 글쓰기와 떡 썰기 대결을 벌인다. 불을 켜고 보니 당연히 어머니의 가래떡 한 줄은 예쁘게 썰려 있었고 한석봉의 글씨는 삐뚤삐뚤 엉망이다. 그리고 반전이 일어난다. 한석봉이 생각을 뒤집어 글씨 대신 떡 썰기로 나섰고 또 한 번의 대결에서 그가 보여준 세 줄의 가래떡은 어머니보다 더 예쁘게 썰려 있었다. 이후 한석봉은 석봉 떡집을 개업한다.[7] 한석봉과 어머니의 암흑 속 대결의 현대판 버전은 모두의 박장대소로 끝난다. 이렇게 따지면 한석봉이야말로 보이지 않는 것을 보는 최고의 고수였던 셈이다.

상상으로 보기

IQ + EQ < InQ

'낯가리다'라는 말이 있다. 원래 뜻은 갓난아기가 모르는 사람을 보고 무서워하며 우는 것을 말한다. 뇌가 미숙하고 기억도 잘 하지 못하는 수개월도 안 된 아기가 어떻게 엄마의 얼굴과 낯선 이의 얼굴을 구별하는지 신기하기만 하다. 하버드 의대의 마거릿 리빙스턴은 "얼굴은 우리가 인식하는 것 중에서 가장 정보가 많은 자극이고, 흘끗 지나치며 본 남의 얼굴에서 우리는 그 사람의 성별, 기분, 나이, 인종, 그리고 집중하는 것을 알 수 있다"고 했다. 그녀는 또한 이렇게 말했다. "인간은 수백의 얼굴도 쉽게 구별해낼 수 있고, 수많은 병bottle을 이름으로는 인지할 수 없을지라도 모양을 비교하여 구별하는 것은 잘할 수 있다."[8] 인간은 도대체 어떻게 얼굴과 물체를 잘 인식하고 구별해낼 수 있는 것일까? 1992년 맥길대학의 저스틴 서전트는 양전자방출단층촬영Positron Emission Tomography, PET을 이용하여 사람이 얼굴을 쳐다볼 때 대뇌의 방추상회fusiform gyrus 와 전측두엽이 활성화된다는 것을 알아냈다.[9] 뒤이어 1997년 MIT 의 낸시 캔위셔는 기능적 자기공명영상functional Magnetic Resonance Imaging, fMRI 실험을 통해 뇌의 하측두엽에서 얼굴 인식을 전담하는 영역을 찾아내고 방추형 얼굴 영역fusiform face area이라 고 명명했다.[10] 이 분야의 연구에 집중한 마거릿 리빙스턴과 연구팀 은 2006년 fMRI로 원숭이가 얼굴을 볼 때 활성화되는 뇌 영역과 신경세포의 반응을 연구하여 하측두엽에서 얼굴반face patch이라고 하는 얼굴에만 반응하는 영역을 찾아냈다.[11] 특히 중앙에 모여 있는 세포들은 97퍼센트가 오로지 얼굴에만 반응하는 것도 알아냈다. 인 간의 단기 기억은 해마와 내측두엽을 통해 장기 기억으로 전환되어 대뇌 피질 곳곳에 저장된다. 오늘 길에서 본 가로수가 지난주 산에 서 본 나무나 늘 봐오던 동네 산책로의 가로수와 다르다는 점을 아 는 것은 해마가 저장했던 단기 기억들이 오랜 시간에 걸쳐 대뇌 시 각 피질에 장기 기억으로 저장되기 때문이다. 마찬가지로 얼굴을 인 식하는 데 중요한 얼굴반이 타인의 얼굴을 장기적으로 기억하는 데 핵심적인 역할을 한다고 알려져 있다. 아마도 뇌는 인식했던 얼굴에 대한 인지적 혹은 감정적인 정보를 최대한 간직하는 듯하다. 최근 연구들을 보면 감정이 들어간 시각 이미지가 장기 기억에 부호화되 고 처음에 그 이미지의 정보를 처리했던 시각 피질의 고등한 영역에 저장된다는 것을 시사하고 있다.[12]

우리 뇌는 기억으로부터 정보를 끄집어내 그것을 이용하여 인물
과 배경을 구분하고 애매성을 해소한다. 같은 인물이어도 내가 알고
싶은 사람인지 아니면 배경 속에 묻힌 사람인지를 바로 안다. 그림
하나를 보자. 많은 불규칙한 점과 조각 음영으로 이루어진 아래 그
림에서 무언가를 알아챘는가? 개 한 마리가 보인다. 우리의 시각 피
질에는 쿵쿵 냄새를 맡고 있는 개의 뒷모습이 잘 기억되어 있고 이
를 통해 자연스레 개의 윤곽을 머릿속에 그려넣는다. 그리고 검정
얼룩 조각 안에서 개를 보고 있다고 뇌는 인식하는 것이다. 특히 점
둥이 달마티안의 기억을 가진 사람은 이 개가 달마티안이라는 것도
바로 알아챌 수 있다. 개에 대한 기억이 없는 사람이 이 그림을 보고
답을 맞출 수는 없다. 인간은 장기 기억으로부터 얼굴과 인물 그리

[그림 2] 기억으로 인식된 개의
윤곽

고 물체도 인식하게 되는 것이다. 시각적으로 아예 보이지 않거나 애매하게 보이는 부분에서 인간이 인지하는 것은 기억에 기반한다. 저 멀리 걸어오는 사람이 우리 엄마인지를 사람들은 금세 파악할 줄 안다. 게다가 너무 멀어서 알아볼 수 없는 엄마의 표정도 본다고 느낀다. 어렴풋이 보이지만 뇌는 그것의 이미지를 떠올려 실제로 보고 있는 것처럼 만들어준다. 이것은 연상association이 있어 가능하다. 두 가지 관련된 대상, 예를 들어 A와 B를 기억에 넣어두면 뇌세포는 A에 반응할 뿐만 아니라 B를 봐도 A를 연상시키는 능력을 발휘한다. 우리 기억은 인지 과정에서 자주 같이 보는 대상들을 바로 연결해버린다.

내 이마는 넓다. 아니 정확히 말하면 머리숱이 없고 남성형 대머리의 헤어라인을 가지고 있다. 그래도 대머리라고 얘기하기에는 아직 멀었다고 나는 주장한다. 굳이 변명을 더 하자면 어려서부터 이마가 넓다는 말을 자주 들었고 내가 보기엔 예전이나 지금이나 비슷하다. 하지만 오랜만에 보는 친구들은 나를 보며 머리카락이 더 빠졌다고 말한다. 대머리가 사람의 인상을 구분 짓는 매우 중요한 포인트인 것만은 부인할 수 없을 듯싶다. 2020년 시작된 코로나19 사태를 색다르게 정의해보자면 '전 국민의 얼굴을 마스크로 가린 사건'이었다. 마스크를 착용하고 다니다보니 분명 장단점이 있었다. 감염을 예방하는 본래의 목적 외에 입 냄새도 덜 나고 화장품을 아끼며 표정 관리에 신경을 쓰지 않아도 되었다. 사실 쇼핑을 못 해서

새 옷을 사지 못한 것이지만 누구는 옷을 대충 입고 다녀도 마스크 덕분에 티가 나지 않는다고 좋아했다. 그런데 내가 겪은 가장 큰 단점은 사람을 알아보기 어려웠다는 것이다.

병원 엘리베이터 앞에 서 있는데 나이 든 여성 한 분이 내게 다가오며 반갑게 '안녕하세요'를 외쳤다. 늘 느끼는 일이지만 남이 나를 아는데 내가 그를 모르면 잠깐이나마 괴로워진다. "저예요." 그분은 내가 알아보지 못한 것을 눈치채고 마스크를 내렸다. 10여 년간 만나지 못한 먼 친척이었다. "어이쿠, 제가 못 알아봐서 죄송해요." 오랜만에 가족들 얘기로 꽃피우다가 용기 내어 물었다. "마스크를 썼는데 어떻게 바로 저를 알아보셨어요?" 그러자 그분이 크게 웃으며 답했다. "멀리서 봐도 바로 알겠던데요?" 마스크로 인해 얼굴 인지가 잘 되지 않았어도 가리지 못한 부분의 특징은 바로 연상되었음이 분명하다. 보이지 않는 것을 인간은 참 잘도 본다.

결론적으로 어둡거나 거리가 멀거나 하는 제한된 시각 조건에서 보이지 않는 것을 볼 수 있는 능력은 사람이 보유한 고유의 경험을 바탕으로 한다. 이제 해부학 범주의 시각 영역 밖으로 벗어나 마음의 눈으로 보는 인간의 능력을 이야기해보자. 마음의 눈을 떠야 보이는 것인지 아니면 마음의 눈을 감고도 다 볼 수 있는 것인지 사실 우리 인간은 평상시에 고민하지는 않는다. 마음의 눈이 어디에 있는지도 모른다. 그저 인간은 주변에서 벌어지고 있는 상황 맥락을 의식적·무의식적으로 파악할 수 있는 능력의 보유자다. 경험 많은 어

른만 가지고 있는 것도 아니다. 아이들도 태생적으로 맥락을 파악할
수 있는 통찰을 가지고 있다. 단지 아이들은 성숙한 어른이 되는 과
정에서 그것을 배워나간다.

보이지 않는 것을 볼 줄 아는 인간 2 :
팬텀 톨부스

IQ + EQ < InQ

학교에서 돌아온 마일로에게 어디서 보냈는지 모르는 소포가 배달되어 있었다. 엄청나게 큰 포장이었는데 네모나지도 둥글지도 않았다. 열어서 안을 보니 잡다한 물건들과 함께 봉투가 하나 보였다. 봉투 안에는 고속도로 통행 요금소를 조립하는 설명서가 들어 있었다. '내 생일도 아니고 크리스마스도 한참 남았는데 이게 뭐지?' 마일로는 설명서를 따라 이것저것 자르고 오리고 붙여서 통행 요금소를 완성했다. 매사가 지루했던 마일로는 집에 있던 장난감 전기 자동차를 타고 동봉되어 있던 지도와 함께 요금소를 통과한다. 1961년 노턴 저스터가 쓴 어린이를 위한 판타지 소설 『팬텀 톨부스 Phantom tollbooth』는 이렇게 모험을 시작한다.[13] 곧 마일로는 얼굴과 다리는 개인데 몸통이 시계로 되어 있는 톡을 만나 동행하게 된다. 그리고 시장에서 철자를 잘 외우는 벌과 싸우는 험버그도 만난다. 공중에 떠 있는 알렉 빙스는 키가 공중에서 땅으로 크는 소년이었다. 어른이 되어야 발이 땅에 닿는 알렉은 땅에 서 있는 마일로가 이미 나이 들었다고 오해한다. 알렉의 안내로 이들은 '현실의 도시'로 향한다. 숲 안으로 들어가자 웅장한 메트로폴리스가 나타났다. 빌딩의 꼭대기는 거울처럼 빛났고 외벽은 수많은 보석으로 반짝거렸으며 빌딩 사이의 널찍한 도로는 은색으로 포장되어 있었다. 마일로가 저것이 현실의 도시냐고 외치자 알렉이 대답한다. "아니, 그건 단지 환상이야." 알렉이 계속 설명했다. "환상은 신기루와 같은 거지. 신기루는 진짜로 존재하는 것은 아닌데 아주 확실하게 볼 수 있어." "보이지 않는 것을 어떻게 볼 수 있다는 거야?" 험버그의 질문에 알렉이 답했다. "그건 있는 것을 보는 것보다 훨씬 더 쉬울 수 있어. 예를 들어 존재하는 것을 볼 때 우리는 눈을 떠야만 하지만 존재하지 않는 것을 볼 때는 눈을 감아도 잘 보이지. 그래서 보이지 않는 것들이 현실에 있는 것보다 더 잘 보일 수 있는 거야."

노턴 저스터는 상황이나 맥락으로서의 보이지 않는 것에 대해 어린이가 이해할 만한 수준으로 정의를 내렸다. 아마 이보다 더 쉽고 간결한 정의는 찾기 어려울 것이다. 눈을 감더라도 이것이 시각적 관점에서 보이지 않는 것만을 의미하진 않는다. 눈을 감음으로써 머릿속에 떠오르는 게 더 명확히 그려지는데, 눈을 뜨면 겉으로 보이는 것만 보고 판단하게 되지만 눈을 감은 상태에서는 신기루를 보는 양 현실에서 볼 수 없는 모든 것을 상상해낼 수 있다. 그래서 보이지 않는 것을 보는 게 더 쉽다는 의미를 작가는 전하고 있다. 알렉 빙스에 대한 설명을 좀더 해보겠다. 알렉은 자기 앞에 놓인 물체를 뚫고 그 안이나 뒤를 보는 능력을 가지고 있었던 반면 바로 그의 눈앞에 있는 것은 보지 못한다. 노턴 저스터는 보이는 것만 보고 사는 인간의 취약성을 이렇게 해학적으로 풀어내고 있다. 눈앞에서 보는데 보는 게 아니다. 하지만 보이지 않는 것을 보는 일도 그렇게 만만치만은 않다. 쉽지만 훈련이 필요하고 책임을 동반한다.

다시 마일로 일행의 이야기로 돌아가본다. "그럼 현실의 도시는 어디 있지?" 톡이 짖으며 묻자 알렉이 이곳이 바로 메인 스트리트라고 말해주었지만 도시는 전혀 보이지 않았다. 하지만 많은 인파가 모두 고개를 숙인 채 어디론가 바쁘게 가고 있었다. 마일로가 도시가 보이지 않는다고 말하자 알렉이 답한다. "저들도 마찬가지야. 그런데 그건 정말 중요하지 않아. 저 사람들도 도시를 그리워하지 않거든." 알렉이 그동안 벌어졌던 일을 설명하기 시작했다. 오래전에 이 도시는 참으로 아름다웠다. 이곳에 사는 어느 누구도 서두르지 않았고 거리는 멋진 것들로 가득 차 있었다고 한다. 사람이 한 곳에서 다른 곳으로 이동할 때 가장 중요한 것은 그 사이에 있는 것들을 보는 것이고 이곳 사람들 역시 보는 것을 즐겼는데, 어느 날 누군가 자신의 신발만 보며 정말 급하게 걸었더니 목적지에 더 빠르게 도착한다는 사실을 깨달았다. 이후에 모든 이가 이것을 따라했고 그들은 빠르게 걸으며 도시의 경이로움과 아름다움을 보지 않기 시작했다. 알렉이 말을 이어갔다. "아무도 사물이 어떻게 생겼는지 관심을 주지 않았고 그저 빠르게 더 빠르게만 움직였어. 그랬더니 모든 것이 못나게 변하고 더러워져갔지. 또 모든 것들이 점점 더 못나지고 더럽게 되면서 매우 이상한 일이 벌어졌어. 도시가 서서히 사라지기 시작한 거야. 하루하루 빌딩이 엷어졌고 길이 희미해지더니 결국에는 하나도 보이지 않게 되었어. 그래서 이제는 볼 게 없지." "그럼 저 사람들이 차라리 환상의 도시에 사는 것이 낫겠네. 그게 더 예쁘게 보일 것 같은데." 험버그가 말하자 알렉이 대꾸했다. "모두가 그래. 하지만 네가 정말 보고 있는 것이 존재하지 않는 곳에서 사는 것이나, 볼 수 없는 것이 존재하는 곳에서 사는 거나 다 나빠." 이 말을 들은 마일로가 이렇게 덧붙였다. "언젠가는 우리가 환상같이 쉽게 볼 수 있고 동시에 현실같이 잊기 어려운 도시에 살게 되겠네."

알렉은 우리에게 두 가지를 묻는다. 하나는 어딘가를 이동할 때 주변을 즐기는지 스스로를 살펴보라는 것이다. 바로 얼굴이 붉어질 수밖에 없다. 빤히 보이는 것조차 잊고 살아가는 우리는 땅만 쳐다보며 고개 숙인 채 바삐 걷는 환상의 도시 사람들과 다를 바 없다. 익숙함에서 익숙하지 않음을 발견하는 것은 보이지 않는 것을 볼 수 있는 첫걸음이 된다. 매일 다니던 길을 걸으면 내 앞으로 펼쳐지는 광경은 예상 가능한 익숙한 모습이다. 하지만 걷다가 멈춰 서서 뒤를 한번 돌아보자. 갑자기 그동안 보이지 않았던 모습이 나를 놀라게 할지도 모른다. 다른 방향에서 바라본 풍경은 우리 인간이 변화 맹시의 그 흔한 희생자가 되지 않을 모티브를 선사한다. 시간에 따라 공간에 따라 또한 나 자신의 마음에 따라 변화하는 주변의 모습은 그래서 인간 삶의 가치를 더 고양시키고 스스로를 즐길 수 있게 해준다.

두 번째로 알렉은 과정과 결과를 대비했다. 누군가 바닥만 보고 걸으면서 목적지에 빨리 닿았더니 다른 누군가 그것을 따라했고 이제는 모두가 그렇게 한다고 했다. 목적을 이루는 것이 언제나 삶의 목표가 되어버린 현실에서 걷다가 고개를 들어 주위를 살피면 그것이 오히려 잘못된 일처럼 보이는 세상이 된 것이다. 고개 숙인 집단 안에서 고개를 쳐든 한 사람은 군계일학群鷄—鶴이 되지 못하고 구우일모九牛—毛를 강요당한다. 과정의 아름다움을 희생한 결과는 이제 우리 주변에서 흔히 보게 된 불공정을 이루는 바탕이 되어버린 것이다.

험버그가 환상의 도시에 사는 게 차라리 낫겠다고 하자 알렉이 둘 다 나쁘다고 한 말은 보이지 않는 것을 보인다고 착각하며 사는 것이나 존재하는데도 불구하고 그것을 못 보고 사는 것이 똑같이 나쁘다는 의미다. 눈을 감으면 보이지 않는 것을 상상에 의해 더 명확하게 그려낼 수 있지만 단 그것이 올바른 상상이어야 한다. 또한 눈을 뜨고 앞을 보더라도 왜곡된 지각 필터에 의해 관찰하는 것이 아니라 올바른 현실을 보고 있어야 한다. 본다는 것이 그만큼 어렵지만 마일로는 알았다. 우리 인간은 어차피 환상과 현실 모두를 껴 안아야 한다는 것을. 정말 우리 삶은 보이는 것과 보이지 않는 것이 혼재된 세상에 덩그러니 놓여 있다. 섞여 있기 때문에 잘못된 선택 을 하는 일이 발생하고 그로 인해 다툼이 벌어지며 누군가는 피해 를 보게 되는 것이다. 하지만 경험해보지 않고 미리 답을 알 수는 없 다. 무작정 부딪히는 경험이 두렵다면 미리 훈련해볼 수 있다. 그리 고 얻어지는 통찰은 어떤 교육의 효과와도 비교되지 않는다.

환상적인 모험을 마친 마일로는 여정을 함께한 정들었던 동료들 과 작별 인사를 나누고 고속도로 통행 요금소를 통해 집으로 돌아 온다. 몇 주는 흘렀을 것 같은 모험인데 방에 돌아와 시간을 보니 겨 우 한 시간이 지나 있어 마일로는 놀랄 수밖에 없었다. 말하기조차 힘들 만큼 피곤했기에 그날 밤 정신없이 잔 마일로는 이튿날 학교에 서 집으로 돌아오기만을 고대했다. '그곳에 한 번 더 가야지'를 되뇌 며 집에 도착했는데 방 안에 만들어놓았던 통행 요금소는 감쪽같이 사라졌고 그 자리에서 마일로가 발견한 것은 푸른색 편지 봉투였 다. '이제 길을 아는 마일로에게'라고 적힌 봉투를 열어보니 편지에 는 유령 통행 요금소가 인생의 방향을 찾는 데 도움이 필요한 다른 어린이에게 보내졌다고 쓰여 있었다. 마일로는 실망했지만 곧바로 수긍하고 창밖에 펼쳐진 흥미로운 세상을 쳐다봤다. 세상은 보고 듣고 만질 것들로 가득 차 있었다. 걷고 싶은 산책로와 오르고 싶은 언덕, 그리고 정원을 기어가는 애벌레가 보였다. 마일로가 벌떡 일어서며 말했다. "또 여행을 가고 싶지만 그럴 시간이 있을지는 모르겠네. 지금 바로 여기서 할 일이 많거든."

게슈탈트 전략으로 보기
IQ + EQ < InQ

1910년 여름, 막스 베르트하이머는 기차여행을 하고 있었다. 유리 창 너머의 경치를 보던 그는 문득 객실의 벽과 창문틀이 부분적으로 자신의 시야를 가리고 있음에도 창밖 경치를 볼 수 있다는 것을 깨달았다. 눈은 보이는 모든 자극을 받아들이고 뇌는 이것들을 종합해 하나의 이미지로 판단한다고 생각한 것이다. 프랑크푸르트 역에 내린 그는 당시 유행하던 스트로보스코프라는 장난감을 유심히 살펴보게 되었다. 스트로보스코프는 회전하는 원통 안에 연속되는 사진이 늘어서 있고 사진 사이마다 세로로 틈을 만들어놓았는데 원통 밖에서 이 틈으로 안을 보면 원통이 회전하면서 마치 사진이 움직이는 것처럼 보이는 장난감이다. 영화 필름의 원리와 유사한 것으로서 정지된 물체로부터 움직임을 보게 된 베르트하이머는 가현 운동apparent movement에 대한 실험을 고안했다. 어둠 속에서 두 개의 전구가 적당한 시간 간격으로 점멸하면 전구는 움직이지 않았음에도 빛이 움직이는 것처럼 느끼는 것인데 파이 현상pi phenom-enon이라고도 불린다. 이 실험 이후에 게슈탈트 심리학이 탄생하고 또한 주로 시지각visual perception 분야에서 우리에게 친숙한 많은 지각 원리가 발견되었다.[14]

유명한 그림 하나를 보자. 아래에는 두 개의 삼각형이 보인다. 하지만 이 그림에 진정한 삼각형이 없다는 것을 알겠는가? 우리는 우리가 본 자극으로부터 완결된 이미지를 찾으려 하기 때문에 두 개의 삼각형을 보게 되는 것이다. 점 세 개가 찍혀 있으면 세모를 떠올리고 네 개면 사각형 이미지를 머릿속에 그리는 게 인간이다. 게슈탈트gestalt는 독일어로 형태라는 뜻이다. 심리학에서는 게슈탈트를 세상을 지각하는 방식으로 해석한다. 그 방식의 요점은 부분적인 개체보다 전체의 중요성을 내세우는 것인데 한마디로 '전체는 부분의 합보다 크다'고 표현할 수 있다. 게슈탈트의 시지각 이론은 대개 일곱 가지 원리로 설명된다. 요약하자면, 형태를 지각할 때 개별

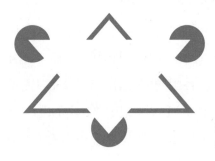

[그림 3] 인간이 느끼는 두 개의 삼각형

적 단위가 서로 공통된 연결 특성을 가지고 있다면 사람들은 유사한 시각 요소를 가진 것끼리 그룹을 지어 인식하려는 경향이 있다는 것이다. 일곱 가지는 모양이나 크기 혹은 색상에서 비슷한 요소를 하나의 패턴으로 인식하는 유사성, 가까이 있는 것들이 그룹으로 묶이기 쉬운 근접성, 개별 형태들이 방향성을 가질 때 형태 전체의 특성으로 느껴지는 연속성, 틈이 있거나 불완전한 도형을 완성된 형상으로 보려는 완결성, 배열이나 성질이 같은 것끼리 집단화되어 보이는 공통성, 가장 먼저 주의를 끄는 것을 먼저 보고 이후에 주변을 살펴보게 되는 초점성, 물체로 보이는 부분을 전경으로 인식하고 그 외의 부분을 배경으로 보는 전경-배경의 원리를 말한다.[15] 이러한 원리를 이용하여 우리 시각은 생김새의 본질을 파악하기 위하여 통찰로써 탐색하게 된다. 다르게 표현하자면, 보이는 그대로를 수동적으로 보는 것뿐만 아니라 능동적인 개입을 통해 자신의 의지가 반영된 보고 싶은 것을 본다는 의미다. 한눈에 잘 들어오지 않고 뚜렷하지 않은 사물들 사이에서 인간은 간결한 집단성을 찾아낸다. 없거나 빠진 부분은 뇌가 그것을 메꾼 다음 완전한 물체로 종결지어버린다. 게다가 인간은 2차원의 윤곽선만 보고도 3차원의 형상을 상상해낸다. 3만 년 전 구석기 시대에 그려진 프랑스 라스코 벽화의 황소 그림은 구석기 원시인이라도 3차원 물체를 2차원으로 단순화하는 능력을 현대인과 똑같이 가졌음을 보여준다. 결국 인간의 시지각은 잘 보이지 않는 부분을 보이게 만들어 인지를 쉽게 하는 데 특화되어 있다. 얼굴을 인지하는 하측두엽의 얼굴반 세포들은 한 부분이 활성화되면 바로 동일 영역 내 다른 부분도 같이 활성화된다. 얼굴 인식 영역 세포들이 서로 연결망으로 이어져 있고 눈, 코, 입의 특정 윤곽선을 지각하면 전체 얼굴을 그려내게 되는데, 우리의 얼굴 인식 영역이 바로 게슈탈트 원리를 이용하고 있다는 의미로. 눈과 코와 입은 부분을 이루지만 전체인 얼굴은 새로운 하나의 아이덴티티로 표상된다. 그래서 전체는 부분의 합보다 크다.

열 살인 민기가 한 달간 무른 변을 보고 나흘 전부터 열이 나는데 정상으로 떨어지지 않아 응급실로 내원했다. 섭씨 39도를 넘을 때는 힘들어 보였고 복통도 동반하여 2차 병원에서 항생제를 투여받았다고 했다. 복부 초음파에서는 특별한 소견이 발견되지 않았는데 구토도 발생하고 원인을 밝히지 못해 전원된 것이다. 응급실 전문의가 바로 혈액을 채취하여 기본 검사를 시행했다. 급성 염증 수치가 매우 높았고 췌장염 수치도 높았다. 응급실 전문의는 민기를 소아소화기 팀에서 봐주기를 원했다. 감염병 가능성도 높았지만 설사 같은 무른 변도 오래 봤고 췌장염도 의심되었기 때문에 민기는 내가 속한 소화기 파트로 입원됐다.

2004년에 방영되기 시작하여 2012년 당시 전 세계 66개국에서 8000만 명이 넘는 시청자 수를 기록해 '세계에서 가장 인기 있는 TV 프로그램'으로 기네스북에 오른 「닥터 하우스」를 기억하는 사람이 많을 것이다.[16] 천재성을 보유한 주인공 그레고리 하우스 진단의

학과 과장을 중심으로 희귀한 병을 찾아가는 스토리라인을 가진 각 에피소드는 시청자들을 TV 앞에 붙들어두는 데 성공했다. 드라마에 나오는 진단의학과는 사실 병원에 없다. 진단검사의학과가 존재하지만 직접 환자를 보지 않고 검체에 대한 진단적 검사만 한다. 진단의학과는 아마도 드라마 플롯에 맞춰 희귀병의 어려운 진단을 한다는 의미를 강조하기 위해 창조해낸 진료과로 보인다. 소아소화기를 전공한 내가 보는 질환들의 증상은 기본적으로 복통, 구토, 설사, 변비, 혈변 같은 일반 증상이 대부분이다. 소아소화기 파트도 희귀병을 많이 보는데 환자들의 증상이 희귀한 것은 아니다. 즉 증상으로는 일반적인데 진단명이 희귀하게 나오는 것이다. 그러다보니 어떤 환자가 복통과 설사로 오면 일단 소아소화기 파트에서 관여해 진단 과정을 시작한다. 많은 질환이 복통이나 설사 혹은 구토 같은 일반 증상으로 나타나기 때문에 처음에 환자의 입원은 소아소화기 파트로 되지만 최종 진단명은 혈액종양이나 면역 파트의 병으로 밝혀지는 경우가 허다하다. 그 덕분에 소아소화기 파트의 희귀 질병을 진단하는 실력이 매우 높아졌다고 볼 수 있다. 마치 「닥터 하우스」의 에피소드처럼 희귀병 진단이 내 분야에서 자주 벌어진다고 보면 된다. 사실 희귀병보다 일반적으로 자주 보는 다른 분야의 질환이 소아소화기 파트로 입원되는 경우도 꽤 많다.

민기가 그런 사례였다. 입원 첫날 민기의 혈액검사에서 또 하나의 흥미로운 결과를 볼 수 있었다. 간 수치가 높아져 있었고 황달도 발견되었다. 물론 내 진료 분야에 간 질환도 들어가므로 설사와 구토 그리고 췌장염을 포함해 간염도 동반했다면 영락없이 소화기 질환으로 진단되리라 생각하겠지만 처음부터 우리 팀의 생각은 달랐다. 간염은 보통 열이 나지 않는다. 게다가 열이 닷새 가까이 나는 간염은 더욱 드물다. 첫 회진을 마치고 우리 팀은 모여 토의를 했다. "간 담도나 췌장을 침범하는 열나는 질환 중에는 가와사키병도 있어. 진행되는 모습을 잘 봐야 할 것 같아." 내 말에 우리 팀 모두 고개를 끄덕였다. 가와사키병은 소아에서 주로 보이는 원인 불명의 전신적 혈관염으로 닷새 이상 지속되는 발열, 손가락과 발가락의 부종 및 피부 벗겨짐, 불규칙한 모양의 피부 발진, 안구 결막의 충혈, 입술 홍조와 딸기 혀, 목의 임파절 종창이 특징이다. 심장의 관상동맥에 혈관염이 와서 자루 모양으로 늘어나고 혈전이나 자루 파열에 의해 돌연사도 올 수 있어 주의를 요한다. "아직은 가와사키병의 증거가 없습니다." 환자를 맡은 전공의가 확인해주었다. 하지만 나와 같이 일하는 젊은 교수는 바로 심장 초음파 예약을 하도록 지시했다. 지금으로서는 아닐 것 같은데 혹시라도 가와사키병으로 진행된다면 관상동맥자루가 빠르게 진행되는 것을 놓칠까봐 예약 시간을 잡아놓은 것이었다. 입원 3일 후 민기는 턱밑이 부어오르면서 아프다고 했다. 임파절이 만져졌다. 전공의는 민기의 눈을 보고 급하게 보고했다. "방금 결막 충혈이 나타났습니다." 마침 3일 전 예약해놓은 심장 초음파가 오후에 예정되어 있어 민기는 초음파실로 이송되었다. 그 자리에서 진단 기준을 넘어 이미 많이 늘어난 심장의 관상동맥자루가 확인되었다. 아찔했다. 모든 증상이 다 나타나진 않았지만 비전형적으로 진행된 가와사키병이 진단되는 순간이었다. 민기는 곧바로 심장 파트로 전과되었고 다행히 빠르게 제대로 된 치료를 시작할 수 있었다.

가와사키병은 전체다. 그리고 지속되는 발열과 간 기능 이상, 목 림프절의 종대, 결막 충혈은 모두 부분이다. 민기가 보여준 부분 증상들을 다 합쳤더니 커다랗게 가와사키병이라는 하나의 진단명이 붙여졌다. 이렇게 의학적인 진단도 게슈탈트 원리를 이용한다. 전체는 부분의 합보다 분명히 크며 대부분 환자의 병은 하나다. 환자의 증상이 여러 개일 때 하나의 진단으로 모든 증상을 설명하지 못하면 의사가 틀린 것이다. 의사는 알게 모르게 다양한 증상들로부터 간결한 집단성을 찾아내도록 훈련받는다. 「닥터 하우스」나 우리 소아소화기 팀이나 그동안 쌓아온 지식과 경험을 토대로 환자를 살펴봤고, 증상 간에 잘 보이지 않는 연결 고리를 찾아내서 올바른 진단에 이르는 것이다. 진단명과 증상을 설명해주는 병리학적 이론들을 의학적으로 표현할 때 기전이라 부르는데 각 기전은 세상이 말하는 맥락과 동일하다. 맥락은 형태가 없어 시지각으로 보이지 않는 것이다. 하지만 우리는 마음과 머리로 맥락을 본다.

시지각에서 비롯된 게슈탈트 원리는 게슈탈트 심리학으로 발전되었다. 게슈탈트 원리에 따르면 어떤 사물을 시각으로 인지할 때 인간은 도형으로 보이는 전경과 그 외의 배경으로 구분해서 보려는 경향이 있다. 즉 보고 싶어하는 것이 도형이면 여기에 관심이 집중되고 나머지는 배경이 되어, 보고 있더라도 그다지 주의를 기울이지 않는 부분이 된다. 도형만 보고 있으면 배경은 곧 잊히는데 문제는 이 배경이 맥락이 된다는 점이다. 맥락을 놓치면 본질을 알아내기 어려워지며 인간의 실수는 내 눈앞의 도형만 쳐다보다가 보이지 않는 배경, 즉 맥락을 보지 못하는 데서 시작된다. 쿠르트 레빈은 베르트하이머의 영향을 받은 게슈탈트 심리학자로 게슈탈트 이론을 시지각을 넘어 인간의 경험으로 확대했고 현대 사회심리학의 발전을 이루는 데 일익을 담당했다. 심리학 용어 사전에 따르면 사회심리학은 사람들의 생각, 느낌, 행동이 실제로 존재하거나 상상되거나 암시되는 타인의 존재에 의해 어떻게 영향받는지를 과학적으로 연구하는 학문이라고 정의되어 있다. 레빈은 장 이론field theory을 펼쳤는데 인간의 행동이 자신을 둘러싼 필드, 즉 환경의 영향을 받는다는 것이다.[17] 필드 안에서 벌어지는 일들은 단지 하나하나의 요소를 분석한다고 예측되는 것이 아니다. 부분적인 인간의 경험이 모여 상황이 벌어지고 상황들이 모인 곳이 필드, 즉 전체가 된다. 그래서 곳곳에 숨어 있는 맥락이 드러나지 않을 때 오해와 반목이 일어나고 시비를 따지게 되는 것이다.

환자가 보이는 여러 증상 가운데 다른 것은 무시하고 하나에만 집중할 때 의사는 오진하게 된다. 도형을 바라보며 느끼는 착시는 보고 싶은 것만 볼 때 나타난다. 주변에 숨겨진 맥락을 파악하지 못할 때 확증 편향에 가득 찬 인간은 자기주장만 내세운다. 그러니 게슈탈트 원리를 이해하고 세상을 바라보면서 큰 그림을 그려낼 수 있다면 우리도 「닥터 하우스」처럼 희귀한 일을 생각보다 수월하게 알아낼 수 있을 것이다.

보이게 만들기 :
조선의 단발 기생 강향란

I Q + E Q < I n Q

1920년대에 우리나라에서 단발머리에 모자를 쓰고 다니는 여성을 봤다면 어땠을까? 실제로 그런 일이 있었다. 1926년 10월 8일자 『동아일보』에는 이런 모습을 한 여성 강향란이 '기생에서 배우까지'라는 제목으로 올라와 있다. 일제 치하에서 남자는 강제로 단발령을 따라야 했지만 여자는 예외였다. 여자의 단발은 전통적인 조선의 여성상을 거부하는 행위로서 서구식 허영과 퇴폐를 의미했고 실제로 단발을 한 여성들은 주로 기생이나 배우, 지식인이 많았다.

강향란은 1900년 대구에서 태어났다. 14세에 기적妓籍에 이름을 올리고 가야금과 병창 등의 기예를 익혔는데 실력이 탁월하여 17세에 이미 서울 화류계에서 모르는 사람이 없을 정도였다. 방년 20세에 강향란은 어느 부유한 청년 문사와 사랑에 빠졌고 그해 기생 신분에서 벗어나 배움의 길로 들어선다. 서울 적선동에서 김씨라는 남자를 통해 글을 배우고 1921년 배화학교 보통과 4학년에 입학한 그녀는 새 학기 들어 우등 성적으로 고등과 1학년에 진급했으나 애인에게 버림받았다. 슬픔을 이기지 못한 그녀는 자살을 생각한다. 한강 철교 위에서 몸을 던지려는 순간 글을 가르쳐준 김씨에게 발견되어 목숨을 건지고 그날 밤 어머니와 밤새 통곡하면서 자신을 돌아봤다. "나도 남자와 똑같이 당당한 사람이다. 남자에게 의뢰하고 남에게 동정을 구하는 것은 근본부터 그릇된 일이다. 세상 모든 고통은 자기가 자신을 알지 못한 것에서 비롯한다. 여자로서의 고통도 내가 나를 알지 못하는 것에 있다." 이 말은 강향란이 했다고 전해지는데 이제 자신의 정체성을 발견한 그녀는 단호하게 머리카락을 잘라냈다. 단발을 이유로 배화학교에서 퇴학당한 강향란은 남장을 한 채 서대문에 있던 정측강습소에 남자들과 같이 공부를 하겠다며 등록했다. 새로운 인생을 시작하겠다는 의지를 보여준 것이다. 1922년 6월 24일자 『동아일보』에 남장을 한 그녀의 사진이 실릴 정도로 당시에는 사회적 반향이 매우 컸다. 도쿄를 거쳐 상하이로 건너간 그녀는 외로움을 견디지 못하고 23세 가을에 서울로 돌아와 삶을 비관하며 두 번째 자살을 시도하지만 실패한다. 이후 영화에 출연하며 배우가 된 그녀는 앞서간 생각과 열정 그리고 신분에서 오는 불이익을 깨려는 모습을 보이며 1926년 『동아일보』의 한쪽 지면을 차지하게 된 것이었다.[18]

당시로서는 감히 상상할 수 없는 행동과 사고를 강향란은 보여주었다. 단지 그녀 심성의 용감성이 돌출 행동으로 나타난 것일까? 머리카락을 남들과 확연히 다르게 잘라내는 것은 오늘날에도 의미가 부여되는 일이다. 요즘 언론에서 보듯이 투쟁을 위해 굳은 의지를 보여주려고 사람들은 가끔 삭발을 한다. 그렇더라도 현대의 삭발은 일반 사람들에게 용인되는 행위로 느껴지지만 1920년대 여성의 단발은 조선 남자들이 일제의 단발령에 저항했듯이 우리나라 고유의 정서를 무너뜨리는 행동이었던 터라 전 국민으로부터 곱지 않은 시선을 받았다.

남극 바다의 얼음 위에 일렬로 서 있는 펭귄들을 본 적이 있을 것이다. 알을 낳으면 펭귄은 수컷이 알을 품고 암컷은 바다로 먹이 사냥을 떠난다. 여러 마리의 어미 펭귄이 얼음 위에 서서 바다에 뛰어들지 않고 머뭇거리는 이유는 바로 앞 바닷속에 바다표범이 기다리고 있기 때문이다. 잘못하면 먼저 뛰어드는 펭귄이 바다표범의 먹이가 될 확률이 높기 때문에 펭귄 또한 생존을 위해 머뭇거릴 수밖에 없다. 결국 어느 한 마리가 바다로 뛰어들고 뒤이어 다른 펭귄들도 따라 들어간다. 위험하고 어려운 상황에서 이렇게 먼저 모범을 보이고 동료들의 참여를 끌어내는 펭귄을 우리는 '퍼스트 펭귄first penguin'이라고 부른다. 강향란은 퍼스트 펭귄이었다. 그리고 단발은 자신의 본모습을 드러내는 결단력 있는 행위였다. 조선 여성이라는 굴레로부터 빠져나오기 위한 강향란의 처절한 몸부림은 단발과 남장이라는 아이콘으로 간결하게 표현되었다. 그녀의 의사를 나타내기 위한 방법으로 이보다 더 확실한 묘책이 있었을까? 그녀를 보는 순간 모든 사람은 알아챌 수 있었다. 나와는 다른 사람이라는 것을. 또한 누구는 강향란의 모습을 보고 뒤를 따르기로 했을지도 모른다. 보이지 않던 것을 보이게 만드는 것이 완성된 순간이었다. 남들이 나를 잘 알지 못하는 것 같아 나 자신을 남에게 드러내고 싶을 때 우리는 의식적으로 특별한 행동을 한다. 평소에 잘 웃고 짜증 한번 내지 않던 사람이 화를 내면 남들이 한 번 더 쳐다본다. "너 정말 화났구나." 모두가 눈을 동그랗게 뜨기 마련이다. 술 담배 좋아하던 친구가 어느 날 갑자기 끊어버리면 그 친구 몸에 무슨 이상이 생기지는 않았는지, 아니면 마음에 큰 변화가 일어난 건 아닌지 궁금해한다. "너 괜찮니?" 우리는 새로운 행동에서 변화를 읽는다.

인간에게서 행동을 읽는다면 사물에서는 무엇을 읽어야 할까? 미국 자연보호협회는 개발이나 벌목 같은 자연 파괴 행위로부터 자연을 보호하기 위해 보존 가치가 있는 지역의 토지를 사들이는 방법으로 수십 년간 세계의 주요 자연환경을 지켜왔다. 지구 면적의 2퍼센트에 불과하지만 식물 종의 20퍼센트 이상이 분포되어 있는 보존 가치가 매우 높은 지역으로서 캘리포니아는 지중해 연안, 남아프리카 핀보스, 칠레 마토랄, 호주의 쿵간과 함께 지중해성 기후를 가진 다섯 지역 중 하나다. 협회가 지도를 가져다놓고 보존될 필요가 있는 지역을 그려봤더니 캘리포니아의 40퍼센트가 해당되었다. 너무 큰 면적이라 정말로 보존이 필요한 지역만 다시 추려봤더니 그래도 9퍼센트나 되었다. 아무리 노력한다 해도 그 큰 땅을 살 수는 없었다. 그래서 전략을 바꾸어 토지를 직접 사지는 않지만 토지 소유주들에게 그 지역을 개발하지 않는 대가로 돈을 지불하고 보존지역 권리를 보장받기로 했다. 예산을 절감하는 방안을 내기는 했지만 문제는 후원금이었다. 협회는 후원금을 받아 운영하고 있는데, 지중해성 기후라고 하면 아름다운 경치와 삼나무 숲과 해변을 떠올리는 사람들에게 지중해성 기후 지역이라는 것을 핑계로 실리콘 밸리 동쪽에 펼쳐진 갈색 황무지를 보존해야 한다고 설득하기에는 어려움이 있어 보였다. 고민 끝에 자연보호협회는 스마트한 아이디어 하나를 냈다. 이 지역에 이름을 붙인 것이다. '해밀턴 황야Mount Hamilton Wilderness'라고 명하자! 이렇게 이름이 붙자 사람들 머릿속에 확연히 인식되기 시작했다. 후원금을 모을 때 "실리콘 밸리 동쪽에 환경적으로 중요한 지역이 있어요"라고 설명한다면 흥미도 끌지 못하고 막연하게 느껴질 텐데 "해밀턴 황야를 보호합시다"라고 캠페인을 벌였더니 관심을 끌었다. 곧 캠페인은 성공해 후원금이 물밀 듯이 들어왔다. 보이지 않던 것이 보이니 사람들은 그것을 쳐다보기 시작했다.[19] 이름을 붙이는 네이밍naming의 위력은 대단하다. 사람의 이름을 짓는 것부터 회사 이름, 동네 이름, 지하철역 이름까지 우리는 수없이 많은 이름과 같이 살고 있다. 너무 많아 그냥 스치고 지나가며 관심을 두지 않게 되지만 한번 잘 지은 이름은 사람의 기억에 쉽게 박힌다.

다음 글을 읽어보자. "중증급성호흡기증후군은 2002년 11월 중국 광둥성에서 시작되어 홍콩, 싱가포르, 베트남 등을 거쳐 세계로 확산된 바이러스 전염병으로 코로나바이러스에 의해 발병된다. 치료제와 백신이 없고 치사율이 10퍼센트 정도로 높았기 때문에 전 세계 사람들을 공포에 빠뜨렸다." 혹시 여기에 언급된 중증급성호흡기증후군이 기억나는가? 고개를 갸우뚱하는 사람이 꽤 있을 것이다. 그러면 이렇게 물어보겠다. '사스'는 기억나는가? 아마도 훨씬 더 많은 사람이 안다고 대답할 것이다. 중증급성호흡기증후군은 당시 사스SARS, Severe Acute Respiratory Syndrome로 명명되어 언론에 발표되었고 사람들 입에 쉽게 오르내린 명칭이었다. 2015년 우리나라를 강타한 중동호흡기증후군도 '메르스MERS, Middle East Respiratory Syndrome'라는 이름으로 기억되고 있다. 메르스라는 이름만 들어도 우리는 공포에 떨어야 했다. 그 이름 안에 질병에 대한 지식과 파급 효과를 비롯하여 언론에 나왔던 많은 스토리가 내포되어 이름을 듣는 순간 직관적으로 떠올릴 수 있다. 이름 하나만으로 많은 것을 보게 되는 것이다.

『동아일보』의 1926년 기사는 강향란의 삶을 6막으로 정리했다. 기생직을 던지고 배화학교에서 공부를 시작한 '공부막', 실연 때문에 한강에 투신 소동을 벌인 '실연막', 남자와 다를 바 없다며 머리를 깎고 남장을 한 '단발미인막', 조선 여자에게는 세 길이 있는데 민족을 위해 독립운동에 헌신하는 길, 춤추고 노래하며 질탕하게 놀아보는 길, 그리고 자살하는 길이 있으며, 첫 길은 몸이 약해 못 가겠고, 둘째 길은 가본 길이라 다시 갈 수 없고, 마지막 길을 택했지만 또 살아난 '자살막', 도쿄와 상하이로 무턱대고 돌아다니던 '방랑막', 그리고 맨 끝에 영화계로 나선 '배우막'이 그것이다.[20] 네이밍을 하니 그녀의 삶이 일목요연하게 파노라마처럼 보인다. 인간이 살아가는 행위가 막처럼 중단되고 다시 이어지는 것은 아니지만 기사는 강향란의 일대기를 순서대로 정리하여 잘 보이게 만들었다. 보이니까 우리는 강향란을 더 잘 이해하게 되는 것도 같다.

네이밍은 바로 은유로 이어진다. 우리는 사물을 관찰할 때 그것에 관심을 갖는 순간부터 이름을 붙이건 아니면 특징을 콕 집어 표현하건 대상이 쉽게 보이도록 손질하는 재주가 있다. "침대는 과학이다." 오래전 모 광고에서 나왔던 문구인데 사람들 입에 많이 오르내리다보니 유행어가 되었고 초등학교 시험문제에서 '침대'는 '가구'가 답인데 이것을 '과학'이라고 우긴 학생이 있었다는 우스갯소리도 있었다. 비유는 인간이 창조해낸 최고의 해학이다. 사고는 은유에서 비롯된다. 묘사의 대상과 그 표현이 서로 거리가 멀수록 사유의 깊이와 넓이는 무제한으로 확대된다. 직유는 생각보다 그리 맛나지 않다. 하지만 은유는 사고의 긴장도를 고급스럽게 높여준다. 사물을 제대로 보이게 만들어준다. 다시 말하자면 사물의 고유한 특성과 그것이 지닌 주변과의 관계성이 은유를 통해 잘 읽힌다는 의미다. 우리는 은유를 통해 사고하며 관계의 맥락도 볼 수 있다. 인류학자이면서 언어학자이자 심리학자인 그레고리 베이트슨은 항상 장황한 은유로 의미를 풍부하게 전달하고자 노력했다고 한다. 그는 이렇게 말했다. "은유는 정신적 상호 연관성의 피륙을 짜는 방법이다." 은유를 은유로 표현한 이 말의 진정한 의미는 관계가 은유의 핵심이라는 것이다.[21] 관계를 볼 수 있으면 맥락을 보는 것이고 그것은 본질에 다가가는 지름길이다. "빛깔이 나를 갖는다. 나와 색은 일체다. 나는 화가다." 현대 추상회화의 시조로 불리는 파울 클레의 말이다.[22] 색채에 대한 자각을 독특하게 실현한 클레는 보는 것, 즉 관찰에 대해 유명한 말을 남겼다. "관찰은 보이는 것을 재현하는 것이 아니라 보이지 않는 것을 보이게 하는 것이다."[23] 관찰은 은유로 표현되고 은유는 관계를 불러일으킨다.

보이는 것을 잘 보는 것은 중요하다. 보이지 않는 것을 볼 줄 아는 것도 참으로 중요하다. 그런데 더 중요한 것은 보이지 않는 것을 보이게 만드는 것이다.

제 3 장

인간이 보이지 않는 것에 취약한 이유

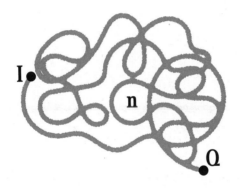

통찰은 경험이다

지금부터 내가 해야 할 일이 있다면 이것은 미래에 이루어지는 것이다. 그런데 그 일을 위해 준비하는 내 마음의 판단과 결정은 나의 과거 경험으로부터 나온다. fMRI를 이용한 뇌과학 연구에서도 미래를 시뮬레이션할 때 당연히 활성화되는 판단과 결정의 뇌 전전두엽 외에 활활 타오르는 부위가 더 있는데 그곳이 바로 기억의 뇌 해마다. 그동안 쌓아온 나의 경험은 기억으로 남고 이 기억을 기반으로 미래 계획이 만들어지는 것이므로 올바르지 못하고 나쁜 기억이 가득한 사람은 밝은 미래를 만들어내기가 아마도 어려울 것이다. 그리고 내 앞에 보이는 것이 다 옳은 것은 아닌데 그것을 구분할 만한 지식이 부족하고 타인의 진심 어린 충고를 무시하는 사람들은 아집에서 헤어나오지 못하므로 남들로부터 배척당할 수밖에 없다. 소수가 아닌 다수의 사람이 나와 가까이하기를 꺼린다고 느낀다면 자신을 성찰해봐야 하는데, 이때 내 경험들에서 문제를 찾아보는 것이 우선시되어야 한다. 그러니 아직 늦지 않은 지금 경험을 바꾸는 것이 필요하다. 어려서부터 좋은 경험을 많이 하는 것은 그래서 중요하다.

아이의 오래된 설사에
약을 주지 않는 의사 선생님
IQ + EQ < InQ

10개월 된 승수의 엄마는 고개를 갸우뚱했다. 아이가 3주 전에 장염에 걸린 것 같았고 그 후 회복되는 듯하다가 다시 설사를 계속하고 있기 때문이다. 초기에는 하루에 열 번도 넘는 물 설사를 해 동네 의원을 방문했고 의사가 지어준 지사제와 유산균을 먹이자 약간의 차도를 보였다. 분유와 이유식을 먹이고 있었는데 의사가 분유를 끊으라고 해서 야채죽 위주로 먹였더니 승수가 자주 배고파하는 것 같았다. 그래서 다시 분유를 예전만큼은 아니더라도 틈틈이 먹이기 시작했다. 처음에는 의사가 2주면 나을 것이라고 해서 기다렸지만 3주째 접어들었는데도 하루 대여섯 번의 설사가 지속되고 있다. 아이가 아파 보이지는 않는다. 잘 놀고 잘 먹고 있어 큰 걱정이 되지는 않지만 설사가 너무 오래가는 것 같아 동네 의원에 들렀더니 의사도 생각보다 오래 설사가 진행된다며 큰 병원에 가보기를 권유했다. 하지만 썩 내키지는 않았다. 대학병원에 가려고 보니 예약도 해야 하고 멀기도 하고 이것저것 귀찮은 데다 승수가 워낙 멀쩡하게 지내고 있어 꼭 검사를 받으러 가야 하는지 궁금해진 것이다. 그래도 늘 승수를 봐주는 동네 의사 선생님이 가보라고 했으니까 확인은 받아야겠다는 생각이 들었다.

내 외래에 온 승수는 정말로 멀쩡했다. 앞서 있었던 일을 다 듣고 내가 물었다. "아이의 설사가 오래가는 것 말고 또 걱정되시는 게 있나요?" 엄마는 혹시라도 무슨 나쁜 병의 시작일까봐 온 것이라고 답했다. "아이 체중이 빠졌나요?" 내 질문에 엄마는 아니라고 했다. 그러잖아도 체중이 줄었을까봐 걱정했는데 3주간 오히려 약간 늘었다고 답했다. 진찰을 끝내고 엄마로부터 들은 이야기를 종합하여 추론해보니 승수는 바이러스 장염을 앓고 난 후 오는 후유증인 유당불내증 증상을 보이고 있었다. 우리 몸의 장점막의 끝부분에는 모유나 우유에 들어 있는 유당을 분해하기 위한 유당분해효소가 [그림 4]와 같이 위치하고 있다. 정상적으로는 우유가 장으로 들어왔을 때 유당분해효소가 작동하여 유당을 분해하고 몸 안으로 흡수한다.

바이러스가 장을 침범하면 주로 장점막의 끝부분 세포가 탈락되는데 이때 [그림 5]와 같이 유당분해효소가 같이 사라진다. 효소가 없어지면 우유가 들어왔을 때 우리 몸은 유당을 분해할 수 없게 된다. 분해가 되지 않은 유당은 장 안에서 수분을 흡수하고 몸집을 키

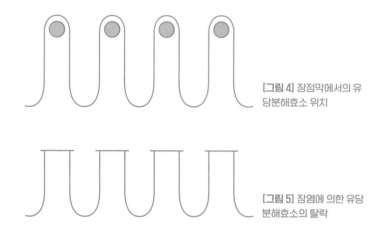

[그림 4] 장점막에서의 유당분해효소 위치

[그림 5] 장염에 의한 유당분해효소의 탈락

운 뒤 장 밖으로 배출되는데 이것을 우리는 설사라고 부른다. 즉 소화가 안 되었기 때문에 설사를 일으키는 것이다.

설사가 계속되면 아이가 힘들어하고 탈수 현상도 있어 엄마는 의사를 찾는다. 승수 엄마가 내게 와서 한 첫 질문은 "언제쯤 좋아질까요?"였다. 이 질문은 두 가지 의미를 포함한다. 하나는 말 그대로 설사가 언제 나아질지 물어본 것이고, 다른 하나는 빨리 낫게 할 방법이 없는지를 물은 것이다. 나는 메모지를 꺼내 장점막 그림을 그려가며 설명하기 시작했다. 장점막이 탈락되고 효소가 일시적으로 사라진 것을 의사가 낫게 해줄 수는 없다. 약을 준다고 설사가 멈추는 것도 아니다. 단지 시간이 흘러 장점막이 재생되면 [그림 6]과 같이 효소도 회복되고 그제야 설사가 멎는 것이다. 그 기간은 짧으면 일주일이고 늦으면 2개월도 될 수 있다. 승수는 이 기간 안에 있는

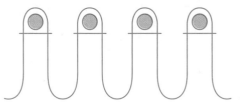

[그림 6] 시간 경과 후 재생되는 유당분해효소

것이다. 피부에 상처가 나면 의사는 항생제 같은 약으로 감염 방지에 도움을 줄 수는 있지만 상처가 회복되는 것은 우리 몸이 스스로 하는 일이다. 마찬가지로 장점막의 재생은 몸이 알아서 한다.

이렇게 말하며 승수 엄마에게 아이의 설사는 걱정하지 않아도 된다고 했다. 그 이유는 승수가 체중 감소도 없이 잘 놀고 잘 먹고 있었기 때문인데, 나는 메모지에 네모를 크게 그리고 이 네모는 장 전체를 넓게 펼친 가상의 모습이라고 설명하며 엄마의 걱정을 사라지게 할 가장 중요한 포인트를 말하기 시작했다. [그림 7]처럼 네모 안에 군데군데 짙은 부분을 표시한 뒤 이곳이 바이러스 때문에 장점막이 다친 영역이라고 가정했다.

"어머니, 여기 짙은 부분이 다친 곳이에요. 점막에 효소가 없으니까 여기서는 설사가 나옵니다." 엄마가 수긍하는 모습을 보였다. 나는 네모의 오른쪽 빈 공간을 가리키며 엄마에게 물었다. "그런데 여기 빈 부분이 뭔지 아세요? 이곳은 정상 부위입니다." 나는 '정상'이라고 메모지에 적고 설명을 이어갔다(그림 8). "정상 부분에서는 우유나 음식이 정상적으로 흡수가 되는 겁니다. 그 부분이 다친 부분

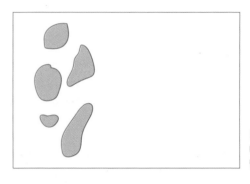

[그림 7] 장의 전체 표면 중에서 바이러스에 의해 손상받은 부분

정상

[그림 8] 장의 전체 표면 중에서 대부분을 차지하는 정상 부분

보다 훨씬 더 넓어요."

점막이 손상받아 일시적으로 유당분해효소가 결핍된 부분에서는 설사가 만들어지기 마련이다. [그림 9]처럼 설사는 이곳에서 나오게 되어 있지만 정상 부분에서는 음식물이 잘 흡수되고 있다. 다친 부위와 비교도 안 될 정도로 정상 부위가 넓기 때문에 승수의 영양 흡수에는 전혀 문제가 없었다. 그러다보니 체중이 감소할 리 없고 아이가 힘들어 보이지 않는 것이다. 보통 엄마들은 잘게 썬 당근

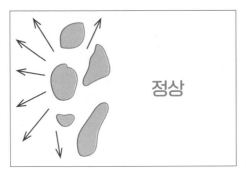

정상

[그림 9] 손상받은 부분에
서만 나오는 설사

이 포함된 이유식을 먹이면서 당근이 설사변에 섞여 나오면 소화가
안 되고 있다고 판단한다. 과연 그럴까? 예를 들어 당근 조각 10개
를 아이에게 먹였는데 대변에서 당근이 나오면 엄마는 아이의 소화
기능에 장애가 왔다며 크게 걱정한다. 이럴 때 엄마에게 물어야 한
다. 몇 개의 당근 조각이 나왔는지. 아마 서너 개 정도가 엄마 눈에
띄었을 확률이 높다. 그렇다면 나머지 예닐곱 조각의 당근은 어디로
간 것일까? 그렇다. 정상 장점막 부위에서 이미 소화가 이뤄져 흡수
되었으므로 대변으로 나오지 않은 것이다.

엄마는 보이는 것만 보고 있는 것이다. 실제 아이 장점막의 정상
부위가 작동하고 있는 것을 보지 못하기 때문에 대변에만 집중하는
것은 당연해 보인다. 변의 색깔, 횟수, 양 등등 엄마의 머릿속에는 아
이의 설사변으로 가득 차 있다. 여기까지 설명한 뒤 나는 메모지를
손에 집어든다. 그리고 반을 접어 설사가 나오는 부위 그림 쪽을 엄
마에게 보여주며 말한다(그림 10). "우리 눈에는 이렇게 설사만 보이

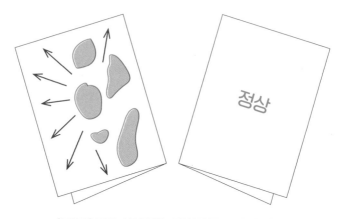

[그림 10] 우리는 보이지 않는 정상 부분을 고려하지 못하고
보이는 설사에만 반응한다

는데요. 사실은……" 종이를 쥔 손을 뒤집어 이번에는 정상 부위가
앞으로 보이게 만든다. "우리 눈에 안 보이는 훨씬 넓은 정상 부위에
서 우유 같은 음식이 잘 소화 흡수되고 있는 겁니다." 나는 반으로
접은 종이를 여러 번 뒤집으며 엄마에게 한 번 더 강조한다. "우리는
언제나 이렇게 보이는 것만 보고 판단하고 있는 거예요." 이제 엄마
의 얼굴이 밝아지며 바로 이해한다.

그리고 나는 설사의 장점 하나를 덧붙인다. "바이러스가 내 장 안
에 들어오면 어디로 나가요?" 엄마는 당연하다는 듯 대답한다. "대변
으로 배출되죠." "맞습니다. 설사는 우리 몸에 들어온 나쁜 균이나
바이러스 혹은 독소를 내보내는 역할을 합니다. 몸을 보호하는 거
예요. 어머니는 몸 안에 바이러스를 가지고 있기를 원하세요, 아니

면 내보내길 원하세요?" 엄마는 내보내야 한다고 답한다. "그러면 지사제를 써서 바이러스가 장 밖으로 덜 나가게 하는 것이 좋을까요?" 엄마는 고개를 절레절레 흔든다. "지사제를 쓸까요 말까요?" 내 마지막 질문에 엄마는 쓰지 않는 게 낫다며 내가 바라던 정답을 댄다. 물론 상황에 따라 지사제를 사용해야 하기도 하지만 이렇게 해서 유당불내증에 의한 만성 설사는 엄마의 동의 아래 약 처방 없이 해결된다. 그리고 나는 탈수를 막아야 하므로 충분한 수분과 영양의 섭취를 위해 원래 먹던 것을 잘 먹이도록 다시 한번 강조한다. 이것이 내가 생각하는 진정한 치료다. 엄마는 내가 건네준 메모지를 들고 기분 좋게 진료실을 나간다. 그보다 더 좋은 처방전은 없다.

시야 사고 :
실패한 연구 결과는 발표되지 않는다
I Q + E Q < I n Q

4차 산업 혁명 시대에 학문의 경계는 없다. 융복합은 이미 대세이고 태양 아래 새로운 것은 더 이상 없어 A와 B를 합쳐 새로운 C를 만들어내는 작업이 창의성을 표방하게 되었다. 의과대학의 연구도 다른 학문을 만나 도움을 주거나 크게 신세 지기도 한다. 서로에게 시너지가 나는 것이다. 하루는 협업 중인 연구 과제 미팅에 공대 교수님이 대학원생들을 데려왔다. 한 석사 학생이 공대의 연구 성과를 발표하기로 했다. 코로나19 사태 중이어서 그 학생은 마스크를 쓴 채 프레젠테이션을 시작했다. 석사 과정 2학기인데도 발표 수준이 매우 높았고 어려운 부분을 차근차근 이해하기 쉽게 설명하는 모습이 인상적이었다. 중간에 불쑥 나오는 질문에도 차분하게 답해 나를 포함한 의대 연구팀원 모두 그 학생을 마음에 들어했다. 특이한 것이 하나 있었는데 발표 중간에 나오는 영어 단어 발음이 원어민 수준이었다. 요즘 학생들은 어려서 외국에 머물렀던 경험이 많아서 그런가보다 생각하고는 발표가 끝나자 칭찬도 해줄 겸 그 학생에게 질문을 던졌다. "수고했습니다. 발표를 참 잘하네요. 그런데 이런 것 물어봐도 되나 모르겠지만 혹시 영어권 국가에 몇 년이나 있었어요?" 바로 그 학생의 마스크 위로 웃음 짓는 눈 모양이 그려졌다. 처음엔 예쁘게 처진 양쪽 눈꼬리가 무슨 의미인지 몰랐지만 학생의 답변을 듣고 의대 연구팀은 뒤로 나자빠지며 상황을 이해하게 되었다. "저 외국인입니다." 이 말에 우리 팀 모두는 "네?"라고 외마디를 던질 수밖에 없었다. 정말 한국인이 아니라고는 생각하지 못했다. 완벽한 한국어 구사에 영어 발음이 좋았다고 느낀 것인데 실은 외국인이 한국말을 굉장히 잘한 것이었다. 그녀는 말레이시아인으로 우리나라에 유학 와서 5년째 공부하고 있다고 했다. 말레이시아어와 중국어, 영어, 한국어 총 4개 국어를 원어민처럼 구사할 줄 안다고 수줍게 말하는 모습에서 자부심도 엿볼 수 있었다. 마스크를 벗은 모습을 보고 나서야 한국인의 얼굴과 조금 다를 수도 있다는 생각이 들었다. 사실 처음부터 마스크를 벗고 발표했어도 우리는 모두 속았을 것이다. 그러고 보니 발표 중에 한국어 발음이 약간 어눌한 것 같았다는 기분이 들기도 했다. 완벽한 반전이었다.

　우리 인간의 뇌에서 시각 피질은 쳐다볼 때 활성화된다. 시신경은 눈에서 시작되고 신경 섬유가 후두엽의 시각 피질로 이어지므로 당연한 사실이 된다. 그런데 보지 않고도 뇌의 시각 피질이 활성화될 때가 있다. 마음의 눈을 뜨면 된다. 말뜻 그대로 눈을 감고 어떤 사물을 상상하면 시각 피질에 보관되어 있던 기억으로부터 그 형상을 꺼내 마음속에서 사물을 보게 된다. 이때 시각 피질 역시 활성화되는 것이다.[1] 노래를 들으면 귀를 통해 청각 피질이 반응한다. 마찬가지로 노래를 상상하면 청각 피질에 들어 있던 노래의 기억을 꺼내와야 하기 때문에 역시 청각 피질이 활성화된다. 우리 뇌는 실제로 벌어지는 상황이나 형상을 상상할 때 뇌의 감각 영역의 도움을 받고 있는 것이다. 감각에 의해 획득한 상이 마음에서 재생될 때 이것을 심상imagery이라 부른다. 시각 심상visual imagery이나 청각 심상auditory imagery 외에도 우리는 후각, 미각, 촉각 등을 다양하게 마음에서 그려볼 수 있다. 보이는 것을 보려고 할 때 혹은 봤던 것을 마음속에서 보려고 할 때 인간은 시각 피질이라는 똑같은 뇌 영역을 사용한다. 즉 눈앞에 보이는 사물에 대하여 그것에 대한 사고는 시각 피질의 범위를 벗어나지 못한다는 말이다. 다음 숫자들을 보자.

458, 209, 137, 953, 702

이 숫자들의 공통점은 무엇일까? 누구는 세 자릿수라고 답할지도 모르겠다. 하지만 앞서 설명한 내용을 고려하면 분명히 쉽게 풀수 있는 문제는 아닐 것 같다. 답은 뒤에 나오니까 시간을 가지고 도전해보자. 홀수, 짝수, 세 자릿수…… 우리가 아는 수에 관한 지식을 총동원하여 고민해봐도 마땅한 답이 떠오르지 않을 것이다. 힌트는 프랜시스 베이컨이 쓴 글에서 찾을 수 있다. 베이컨은 1620년에 저술한 『신기관New organon』에서 이렇게 말했다. "인간의 사고는 시각에서 그만 멈춰버린다. 그러므로 인간은 자신의 눈에 보이지 않는 것을 분별할 여력이 없다."[2] 이 말이 어떻게 힌트가 되는지 궁금할 것이다. 어떤 것이 내 눈앞에 나타난다. 우리는 그것에 관심을 준다. 뇌의 시각 피질은 이에 대한 정보를 알려준다. 보고 있거나 봤던 것이나 둘 다 시각 피질이 작동하여 반응하게 만드는 것이다. 그렇기 때문에 우리는 시각을 신뢰할 수밖에 없다. 보이는 것을 믿지 못하는 인간은 없다. 보이는 부분에 신경을 쓰다보니 우리는 동시에 다른 부분을 고려하는 데 취약하다. 여하튼 사물을 보고 그것에 대해 상상하더라도 상상을 담당하는 뇌의 영역이 바로 시각이나 청각 피질처럼 감각을 관장하는 부위가 되므로 우리는 스스로 경험했던 기억의 한계를 벗어나기 어려운 것이다.

공대의 말레이시아인 석사 학생에 대한 정보 없이 무심코 들은 발표에서 우리는 발표자의 모습을 쳐다본다. '영어 발음이 좋구나.' '아주 스마트하네.' 우리는 시각에서 멈춰 선 것이었다. 보이는 범위, 즉 시야 내에서 생각할 수밖에 없고 이것은 인간의 한계로서 너무나 당연하다. 이렇게 당연하지만 시야 사고thinking는 사고accident로 이어질 수 있다. 앞서 나온 세 자리 숫자의 문제가 큰 상금이 걸린 퀴즈쇼 결승전의 한 장면이었다면 우리는 맞히지 못했을 때 아마 땅을 치며 자책했을 수도 있다. 그 퀴즈의 답은 숫자 중에 6이 없다는 것이다. 물론 이미 눈치채고 답을 댄 사람도 있겠지만 대부분은 이 문제를 맞히지 못한다. 집중하고 있는 상황에서 보이지 않는 것을 고려하기는 참으로 어렵다. 보는 것만으로 인간의 사고는 매 순간 꽉 찬다. 2008년 세계적인 의학 저널 『뉴 잉글랜드 저널 오브 메디신』에 발표된 한 논문은 인간의 시야 사고에 대하여 중요한 시사점을 던져주었다. 미국 식품의약국FDA에 등록된 1만2564명에 대한 12개 항우울제 임상 연구의 데이터를 조사한 연구인데 74개의 임상 연구 중 긍정적인 결과가 나온 37개는 논문으로 게재되었고 23개는 미발표였다. 그리고 이 23개 연구 중 22개는 '효과 없음'의 결론이 난 상태였다.[3] 새로운 약물에 대한 임상시험에서 연구 결과가 예상대로 나오지 않았다고 해서 폐기해버리고 긍정적 결과가 나온 것만 출판되면 마치 모든 연구 결과가 기대대로 나온 것처럼 오인하게 된다. 보이는 것을 믿을 수밖에 없으니 신약이 최고의 약물로 변신하게 되는 것이다. 그랜트 윌킨슨 박사 역시 『뉴 잉글랜드 저널 오브 메디신』에 낸 연구에서 이미 널리 알려진 약물들도 40~75퍼센트의 환자에게는 효과가 없다고 발표했다. 특히 효과와 부작용의 변동 폭이 심한데 그 이유는 임상 연구의 결과라는 게 평균을 보여줄 뿐 환자마다 각자의 편차가 있기 때문이라고 설명했다.[4] 실제로는 절반 정도에서 효과를 보지 못할 수 있는 것인데도 효과가 뛰어나다는 연구 결과만 본 의사와 그의 처방에 따른 환자는 영문도 모른 채 병이 호전되지 않는 피해를 입는다. 우리는 이것을 '출판 편향publication bias'이라고 부른다. 과학 저널에서는 늘 부정적 결과보다 긍정적 결과를 보고하는 연구 논문이 출간됐을 가능성이 높다는 것을 잊지 말아야 한다.

환자 입장에서는 출판 편향과 개념상으로는 유사하지만 완전히 반대의 성질을 가진 시야 사고를 경험할 수 있다. 내가 병원에서 주로 진료하고 연구하는 크론병은 치료를 제대로 받지 못하면 세월이 흐른 뒤 소장과 대장의 협착으로 수술하게 될 가능성이 꽤 높다. 장이 막히면 장 천공도 일어나서 응급 수술이 필요할 수 있고 장 벽 염증의 진행으로 누공이나 고름주머니를 생성하기도 한다. 하지만 소아청소년 크론병에서 우리 연구팀은 일찍이 생물학적 항체 치료를 이용하여 약물 농도 모니터링과 톱-다운 전략으로 조기 집중 치료를 수행해왔다. 소아청소년 크론병은 어른과 달리 협착보다는 염증 단계에 주로 있기 때문에 협착으로 가기 전 조기에 염증을 치료하면 수술할 확률을 확실히 줄일 수 있다. 내가 근무하는 병원에서 충분한 기간을 거치며 치료가 성공적으로 끝난 환자들은 모든 약을 끊기도 한다. 평생 약을 투여받아야 하고 완치가 없다고 알려진 크론병도 이제는 완치에 도전하는 시대에 와 있는 것이다. 일반적으로 환자들은 질병에 걸렸을 때 인터넷을 통해 먼저 정보를 접한다. 크론병이라고 진단이 나오면 본인이나 가족 모두 검색을 통해 정보를 전달받는다. 그리고 전문가를 방문하여 진료를 받기 시작한다. 문제는 인터넷에 올라 있는 대부분의 정보가 부정적인 결과를 보여주기 쉽다는 것이다. 치료가 잘된 사람은 사실 인터넷에 글을 잘 올리지 않는다. 치료가 안 되고 고생하는 사람들이 주로 인터넷 사이트에 질문하고 자신의 경험을 올리게 된다. 나에게 처음 온 환자와 보호자는 모두 비슷한 이야기를 했다. "크론병은 대부분 협착이 오고 반 이상이 수술하며 치료도 잘 안 되는 병이라고 알고 왔습니다." 사실은 그렇지 않다. 좋은 약으로 적절한 치료를 적기에 받으면 많은 환자가 호전되고 인터넷에 고민을 상담할 필요가 없다. 반면 치료 혜택을 제대로 보지 못한 환자들은 부정적인 내용을 인터넷이나 SNS를 통해 호소할 수밖에 없다. 희귀병이면서 치료도 어려운 질환에서 환자와 가족이 초기부터 절망에 빠지는 것이 치료에 도움이 될 리는 없다. 부정적인 정보에 의한 시야 사고는 약물의 부작용보다 훨씬 더 나쁜 영향을 미칠 수 있음에도 더 멀리 그리고 빠르게 퍼져 나간다. 왜냐하면 인간은 선천적으로 긍정적인 정보보다 부정적인 정보에 더 민감하게 반응하기 때문이다. 이것을 '부정 편향negativity bias'이라고 부르는데 예로부터 인간은 부정적인 정보에 예민할수록 생존 확률이 올라간다고 믿고 있다.

피카소의 그림은 오묘하다. 오종우의 『예술 수업』을 보면 다음과 같은 글이 나온다. "피카소가 사물을 보이는 대로 정확하게 그리지 못해서 그렇게 그린 것은 아닙니다. 열다섯 살 때 그린 「첫 영성체」에서 확인할 수 있듯이 그는 처음에 다른 화가들처럼 사물을 정확하게 묘사했습니다. 그러나 그런 그림이 사물을 정직하게 포착하는 것인지에 대해 점차 의문을 품게 되었습니다. 그는 대상의 진실을 그리고자 했습니다. 그래서 피카소의 그림은 차차 사물을 보이는 그대로만 담지 않게 되었습니다."[5] 피카소의 그림을 보고 그 정도면 자신도 그릴 수 있겠다고 만용을 보이는 사람이 꽤 있을 것이다. 그가 유명해지기 시작한 무렵에도 이미 사람들은 피카소 앞에서 허세를 부렸다. 한번은 피카소가 기차를 타고 여행하던 중 옆자리에 있던 신사와 대화를 나누게 되었다. 이야기 끝에 옆 사람이 피카소임을 알게 된 신사는 현대 미술이 실재를 보여주지 못한다면서 괜한 트집을 잡았다. "왜 사실적으로 그림을 그리지 않나요?" 이 질문에 피카소는 잠깐 생각하다가 신사에게 되물었다. "사실적이라는 게 어떤 것을 의미하나요?" 신사는 주섬주섬 지갑에서 아내의 사진을 꺼내 피카소에게 보여주었다. "이런 것을 말합니다." 피카소는 사진을 받아 여러 각도에서 보기 시작했다. 이리저리 사진을 보던 피카소가 말했다. "당신의 아내는 매우 작고 납작하군요."[6]

피카소는 시야 사고를 시야 사고로 비판했다. 그래도 우리 인간은 시야 사고를 벗어나지 못한다. 피카소가 자신이 포착한 대상의 진실을 표현하기 위해 4차원적인 추상화를 그렸다지만 그의 해부학적인 시야가 우리와 다를 리는 만무하다. 단지 진실은 보는 각도에 따라 다르다.

지식 사고 :
생일 축하 노래를 모르는 사람이 있네?

I Q + E Q < l n Q

스탠퍼드대학의 엘리자베스 뉴턴은 1990년 매우 흥미로운 연구 하나를 수행했다. 실험에 참여한 80명의 피험자를 대상으로 한 군은 '두드리는 사람', 다른 한 군은 '듣는 사람'으로 나누어 역할을 부여했는데, 두드리는 군에 미국 국가나 생일 축하 노래같이 널리 알려진 곡명 25개를 주고 듣는 사람 앞에서 한 곡을 골라 리듬에 맞춰 테이블을 두드리게 했다. 듣는 사람은 리듬 소리만 듣고 그 노래가 무엇인지 맞히는 것이 임무였다. 그리고 실험을 시작하기 전 두드리는 군에게 듣는 사람이 얼마나 답을 맞힐 수 있을지 예측해보라고 했다. 곡목이 워낙 쉽다보니 두드리는 사람들은 상대방이 맞힐 확률을 50퍼센트로 예상했다. 실험이 시작되고 120곡의 두드림이 있었는데 막상 정답률은 세 곡, 단 2.5퍼센트였다.[7] 이 글을 읽는 독자들에게 똑같은 실험을 권유해본다. 생일 축하 노래를 머릿속으로 부르며 책상을 두드려보라. 듣는 사람이 쉽게 맞힐 것 같은 느낌이 들 것이다. 하지만 상대방은 책상을 불규칙하게 두드리는 소리가 노래인지 아닌지조차 모른다. 그 사람의 표정은 이렇게 읽힐 것이다. '도대체 뭘 하고 있는 거야?' 내가 보기에는 정말 쉬운 일인데 남은 그것을 전혀 이해하지 못한다. 우리는 이것을 '지식의 저주'라고 부른다. 학교에서 강의를 들을 때 교수는 열심히 설명해보지만 듣는 학생의 태반은 강의 내용이 무엇을 의미하는지 모를 수도 있다. 교수는 시험 결과를 보며 화를 낸다. '그렇게 쉽게 가르쳤는데 평균 성적이 고작 이 점수야?' 학생의 원망도 만만치 않다. '교수님이 뭘 강의하시려고 하는지 잘 모르겠습니다.' 우리 주변에서 지식의 저주 현상은 쉽게 찾아볼 수 있다. 서로는 상대방을 이해하지 못해 각자 답답해한다. 지식의 격차는 그 순간에 결코 극복되지 않는다. 서로 이해 못 했다고 무슨 저주에까지 이르나 싶겠지만 오해와 답답함을 경험하고 나면 기분은 썩 좋지 않다.

지식의 수준과 양의 차이로 인하여 인간 사고의 불합리성을 보여주는 것도 문제지만 더 큰 문제는 자기 지식의 폭과 깊이를 헤아리지 못하고 나는 안다고 믿는 것이다. 집 안에서 어느 곳을 가든 가전 기구가 놓여 있다. 그리고 기구에는 스위치가 달려 있어서 켜고 끄는 작동을 한다. 당연히 스위치를 켜면 기구가 작동하고 끄면 멈춘다. 이렇듯 우리는 스위치가 무엇을 하는지 잘 알고 있다. 그런데 스위치가 어떤 메커니즘으로 전등의 불을 켜게 하는지 원리를 조금만 깊이 들어가보려고 하면 우리는 사실 모른다. 주변에 흔히 보이고 단순하게 느껴지는 물건인데도 우리 대부분은 작동 원리를 알지 못한다. 인지과학자 스티븐 슬로먼과 필립 페른백은 그들의 책에서 인간이 가진 '지식의 착각' 현상을 신랄하게 비판한다.[8] 변기를 예로 들어보자. 변기의 레버를 움직이면 물이 내려간다. 우리가 아는 지식은 여기까지다. 우리는 변기가 무엇이고 어떻게 작동하는지 안다고 생각하지만 실은 그렇지 않다. 변기를 완전하게 이해하려면 상당한 수준의 지식이 필요하다. 재료와 화학적 지식, 그리고 인간의 신체 구조도 알아야 변기에 관한 모든 것을 이야기할 수 있다. 우리 인간은 정말 무지하다. 그렇지만 익숙하기 때문에 잘 알고 있다고 착각하며 살아간다.

지식의 저주와 지식의 착각은 인간이 스스로 가지고 있는 지식의 범위 안에서만 사고함으로써 벌어지는 현상이다. 그렇기 때문에 이러한 지식 사고를 올바르게 수행하려면 직간접적으로 지식을 넓혀나가는 것이 당연한 과제가 된다. 몸을 부딪혀 직접 경험하며 알아내거나 아니면 책이나 미디어를 통해 타인의 성과를 간접적으로 배워가는 우리는 새로운 지식을 갈구하는 본능이 엄청나다. 그러다보면 인간이 가진 한계 때문에 벌어지는 또 하나의 착각을 자연스럽게 경험한다.

조용한 월요일 아침 의과대 학생 한 명이 병원 의료진과 응급실

회진을 돌고 있었다. 마침 할머니 한 분이 호흡 곤란으로 엑스레이와 CT 촬영을 마친 상태여서 팀원 모두는 결과를 기다리는 중이었다. 폐색전증pulmonary embolism이 의심되는 상황이어서 학생은 증거를 찾기 위해 여러 검사 결과를 살펴보고 있었다. 그동안 공부한 지식으로 영상 결과를 유심히 관찰했지만 아무 이상이 없는 것으로 보였다. 곧이어 영상의학과의 판독 결과도 이상이 없다고 나왔는데 '우牛형 대동맥궁bovine aortic arch'이 우연히 발견되었다고 보고되었다. '우형 대동맥궁이 뭐지?' 처음 보는 용어에 학생은 바로 검색을 해봤다. 이것은 선천적으로 발생하는 대동맥궁 기형의 일종으로 대부분 문제는 없지만 다른 흉부 대동맥 질환과 관련될 수 있다고 적혀 있었다. 그리고 CT 영상을 다시 살펴봤더니 아까는 보이지 않던 우형 대동맥궁이 확실히 보이는 것이었다. 그로부터 24시간 동안 응급실에 머무르면서 학생은 추가로 다섯 명 환자의 흉부 CT 사진을 볼 수 있었다. 그런데 놀라운 일이 벌어졌다. 이들 중 세 명에게서 우형 대동맥궁을 찾아낸 것이다. 다른 때 같으면 간과하고 지났을 소견인데 갑자기 학생의 눈에 띄기 시작한 것이다. 일반적으로 우형 대동맥궁은 인구의 7~21퍼센트에게서 발견된다고 보고된다. 그날 응급실에서 본 흉부 CT 결과 중 50퍼센트가 이 변이를 가지고 있었던 것이다.[9]

'바더-마인호프 현상'으로 불리는 빈도 착각frequency illusion은 어떤 일에 관해 처음 알게 된 후부터 갑자기 곳곳에서 그것이 보이는 것을 의미한다. 남들이 잘 안 입는 보라색 재킷을 마음먹고 장만했는데 그 옷을 입고 길에 나가 보니 왜 이렇게 많은 사람이 보라색 옷을 입고 있는지 신기하게 느꼈던 경험을 해본 사람들이 있을 것이다. 내가 새 차를 사면 길거리에 그 차가 갑자기 많이 나타나 남들도 모두 동일한 차종을 선택한 것처럼 착각하게 된다. 빈도 착각은 시각 사고와 지식 사고 모두에서 빈번하게 일어난다. 그리고 특이한 점은 새로운 것을 알게 된 그 순간부터 과거로 돌아가기 어렵다는 사실이다. 이 같은 방식으로 지식은 늘어나는데 지식 안에서의 사고는 안타깝게도 그 방식에서 좋은 방향으로 늘어나지 않는다. 지식 사고가 개선되기는커녕 우리는 스스로의 편향에 빠져 허우적대기 일쑤다.

학창 시절을 돌이켜보면 시험과 성적이라는 힘들었던 경험이 기억의 한 자리를 차지하고 있다. 매번 1등을 하면서 시험을 보기만 하면 잘 못 본 것 같다고 엄살 떨던 친구도 기억나고, 평상시에는 공부에 주력하지 않다가 몰아치기로 공부하고선 시험 잘 본 것 같다고 으쓱하던 친구도 기억날 것이다. 1999년 코넬대학 사회심리학 교수인 데이비드 더닝과 대학원생인 저스틴 크루거는 대학생들을 대상으로 인지 실험을 진행해 어떤 분야에 대해 얕은 지식이 있는 사람이 자신의 능력을 과대평가하는 경향이 있는 반면, 유능한 사람은 자신을 과소평가하는 경향이 있다는 인지 편향 이론을 발표했다.[10] '더닝-크루거 효과'로 알려진 이 편향에서 둘은 사람들이 자신의 부족한 역량을 인식하지 못하는 원인을 이렇게 분석한다. "사람들은 다행히 그들 자신의 무능을 모르기 쉽다. 이 무지는 능력이 부족한 사람들의 두 가지 면에서 드러나게 되는데, 역량의 부족함이 그들로부터 올바른 답을 낼 수 있는 능력을 빼앗았을 뿐만 아니라 그들이 정답을 낼 수 없음을 인식하는 메타인지 능력마저 없었기 때문이다." 더닝은 이것을 '이중 저주double curse'라고 불렀다.[11] [그림 11]에서 보듯이 실제로 사람들은 실력이 모자람에도 스스로 자신 있다고 과대평가하며 최상위권 사람들은 스스로를 낮추어 결과적으로는 중상위권으로 수렴되고 있음을 알 수 있다.[12] 우리나라에서는 더닝-크루거 효과가 나오기 훨씬 전부터 아래의 두 속담으로 이 커브를 설명하고 있었다. '빈 수레가 요란하다.' 그리고 '벼는 익을수록 고개를 숙인다.'

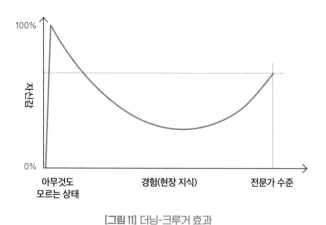

[그림 11] 더닝-크루거 효과

이렇듯 지식 사고는 자신이 보유한 보이는 지식에만 매몰되어 나타나는 현상이다. 자신이 갖고 있지 않은 지식을 배제한 채 추론하는 것은 시각 사고의 오류와 판박이로 볼 수 있다. 잘못된 지식 사고는 바로 편견으로 이어지고 세상을 보는 방식을 더욱 협소하게 만들어간다. 흔한 예로 정치관이 다른 사람들과 아무리 토론을 많이 하고 설득해도 상대방의 정치적 입장은 쉽게 바뀌지 않는다. 얘기를 꺼낸 사람도 듣는 사람도 자신을 성찰하고 분석하여 올바른 결론을 내리려고 하지 않는다. 그저 자신이 살아오고 만들어온 범주 안의 가치관에 따를 뿐이다. "무엇인가를 모를 수도 있다는 생각은 우리를 두렵게 만든다. 하지만 그보다 더 두려운 점은 세상이 어떻게 돌아가고 있는지 자신이 정확히 알고 있다고 믿는 사람들에 의해 세상이 움직인다는 것이다."[13] 행동경제학자 아모스 트버스키의 말이다.

'지식의 저주'라는 인간의 한계에서 시작되어 '지식의 착각' 그리고 더닝과 크루거의 '이중 저주'를 겪는 우리는 우리의 문제가 무엇인지도 잘 인식하고 있다. 아니 아는 것처럼 믿고 있다. 그런데 지식 사고의 더 큰 문제는 자신이 아는 지식을 벗어나면 혹은 아는 지식이라도 내 생각과 다르다면 더 이상의 생각을 하려들지 않는다는 것이다.

만족 사고 :

사람들이 사주팔자를 보러 가는 이유

IQ + EQ < InQ

19세기 말 미국의 하원의원을 지낸 피니어스 테일러 바넘은 정치인이면서 쇼 비즈니스에도 수완을 보였던 인물이다. 1881년 창단한 '바넘 앤 베일리 서커스'는 그의 사후에 '링링 브러더스 앤 바넘 앤 베일리 서커스'로 재탄생하고 1960년대에 큰 인기를 누리다가 2017년 해체됐다.[14] 2017년 개봉된 「위대한 쇼맨」은 바넘이 서커스단을 이끌며 보여주었던 희로애락의 길을 담은 영화다. 바넘에 대한 후세의 평이 엇갈리기는 하지만 어쨌든 바넘은 심리학 용어 '바넘 효과'의 주인공이다. 바넘 효과는 사람들이 보편적으로 가지고 있는 성격이나 특성을 자신만의 것으로 여기는 심리적 경향을 말한다. 쉽게 말해 자신의 별자리 설명을 읽으면서 그것이 자신과 거의 동일하다고 믿는 것이다. 서커스 공연을 하면서 바넘은 관객들을 무대로 불러올렸고 대화를 나누는 중에 상대방의 성격과 특징을 잘 맞힌 것으로 유명했다. 특히 그는 "모든 사람을 만족하게 할 수 있는 무언가가 있습니다"라는 말을 남겼고 이런 이유로 심리학 용어가 생겨난 것으로 보인다.[14] 같은 말로 '포러 효과'가 있다. 버트럼 포러는 심리학자로 1948년 심리학 입문 강의 수강생 39명을 대상으로 성격에 대한 가짜 검사를 시행했다. 그리고 일주일 후 학생들은 모두가 똑같이 적힌 결과지를 받았는데 다음과 같았다.[15]

당신은 다른 사람들이 당신을 좋아하고 존경하기를 바라는 큰 욕구를 갖고 있다.

당신은 자신에게 비판적인 경향이 있다.

당신은 당신에게 득이 되지 않는 상당량의 전혀 사용되지 않은 능력을 갖고 있다.

당신은 다소의 성격적 결함을 갖고 있는 반면, 일반적으로 그것들을 상쇄할 수 있다.

당신은 성적 조절에 있어서 문제를 갖고 있다.

외면적으로는 규칙을 따르며 자제심 있는 당신은 내면적으로는 걱정하며 불안해하는 경향이 있다.

가끔 당신은 당신이 옳은 결정을 내렸는지 또는 옳은 것을 했는지에 대해 심각한 의심을 품게 된다.

당신은 어느 정도의 변화와 다양성을 선호하며 구속과 규제로 갇히게 되면 불만스러울 것이다.

당신은 자신이 독립적인 자유로운 사고를 지닌 사람임을 자랑스러워하며, 납득할 만한 증거가 없는 다른 사람의 말은 받아들이지 않는다.

당신은 너무 솔직하게 당신을 다른 사람에게 드러내는 것은 어리석은 짓이라고 생각한다.

때로는 당신은 외향적이고 친절하며 사교적이지만, 때로는 당신은 내향적이고 경계하며 내성적이다.

당신의 염원 중 일부는 매우 비현실적인 경향이 있다.

안전은 당신의 삶에 있어서 주요한 목표들 가운데 하나다.

그리고 이 성격 진단 결과의 만족도를 0점에서 5점으로 평가하도록 했는데 평균 4.26점이 나왔다. 대부분의 학생은 진단 결과를 자신의 성격과 일치한다고 생각했다. 위에 적힌 13가지 성격 진단은 사실 여러 점성술 문안에서 따온 것이었다. 이 글을 읽고 있는 독자들도 한번 점수를 내보자. 자신의 성격과 매우 유사하지 않은가? 우리는 이처럼 포괄적이고 막연한 문장들로부터 자신과 일치한다고 생각되는 단어와 맥락을 찾게 된다. 찾는 순간 그 문장은 나의 것으로 변한다. 점을 보러 가서도 마찬가지다. 점쟁이가 말해주는 수많은 이야기 중 몇 개만 맞아도 그 점쟁이는 용하다는 평을 받게 된다. 혈액형별 성격, 별자리 운세, 관상과 손금, 타로점 등 모두가 바넘 효과를 기반으로 하고 있다. 자신의 별자리에 나와 있는 성격 항목 하나하나를 객관적으로 평가해보라. 반은 맞고 반은 틀리다. 그래도 인간은 믿고 싶은 것만 믿는다. 보고 싶은 것만 보려 하고 듣고 싶은 것만 듣는다. 이것이 우리가 오늘도 사주팔자를 보러 점집을 찾아가는 이유다. 그런데 궁금한 점이 있다. 왜 인간은 남이 얘기해주는 자신의 성격이나 운세를 두고 그 순간 한 번 더 의심하려 하지 않을까? 묘하지만 아주 일반적으로 벌어지는 일로서, 자신에게 맞는다는 생각이 들면 거기서 멈춘다. 우리는 보이는 것에서 멈춘 뒤 거기에 만족하고 더 이상의 사고를 하려 하지 않는다. '만족하기 satisficing'는 인간이 가진 또 하나의 한계점으로 우리는 모든 일상에서 '만족'한 순간 상황을 종료시킨다.

허버트 사이먼은 미국의 심리학자이면서 경제학자로서 제한된 상황에서의 의사 결정 모델에 관한 이론으로 1978년 노벨 경제학상을 수상했다. 그는 '제한적 합리성bounded rationality'이라는 인간의 인지 능력의 한계를 내세워 주류 경제학이 가정하는 합리성에 대해 비판한 최초의 학자였다. 이 개념은 처음에는 모델화가 가능하지 않아서 대부분의 경제학자로부터 인정받지 못했지만 나중에 경제학과 심리학이 융합된 행동경제학으로 발전하는 기틀을 마련하게 된다.[16] 그는 경제학과 심리학 외에도 인지과학, 경영학, 조직학, 컴퓨터과학, 인공지능 등 다양한 분야를 섭렵하고 각 분야에 막대한 영향을 끼친 대학자로 평가받는다. 사이먼은 최선의 해결책이 제시되지 않은 상황에서 의사 결정을 해야 할 때 보이는 행동을 설명하기 위해 '만족하기'라는 단어를 사용했다. 노벨 경제학상 시상식 연설에서 그는 다음과 같이 말했다. "의사 결정자들은 단순화된 세상에서 최상의 솔루션을 발견하거나 혹은 조금 더 현실적인 세상에서는 만족할 만한 솔루션을 발견함으로써 만족합니다."[17] 현실에서의 의사 결정은 모든 부분을 빠짐없이 고려해서 이뤄지는 것이 아니고 원래 하던 방식대로 만족할 만한 수준에서 해결된다. 대안은 많을 수 있지만 인간이 가진 인지적 자원은 제한적일 수밖에 없기 때문이다. 결국 인간은 이런 한계로 인해 의사 결정 상황에서 제한된 정보만을 이용하면서 만족해한다.

인간의 제한적 합리성은 사고의 연속성을 제한한다. 결론을 내리기 어려운 상황에서 우리는 사고를 멈추고 나름 만족하는 결론을 잘도 도출한다. 어떻게 자신의 성격을 한두 가지로 정의할 수 있고 어떻게 자신의 미래 운세를 손쉽게 내다보는 것에 동의할 수 있는가? 우리의 만족 사고는 비합리적 결론을 조장한다. 제한된 정보는 바로 자신의 제한된 경험과 지식을 의미하며 그 범주 안의 사고는 늘 만족스러운 것이다. 혹시라도 만족 사고를 피할 방법이 있을까? 다음 사례를 보면 아이디어가 떠오를 수도 있겠지만 약간은 어려울 듯도 하다.

허버트 사이먼은 '만족'하는 것에 만족하지 않은 학자였다. 물론 그렇기에 대학자로 거듭날 수 있었을 텐데 그의 사고는 언제나 벽을 넘고 틀을 깨는 방식이었다. 한번은 그의 제자 페이젠바움이 사이먼에게 어떻게 그리도 많은 학문 분야를 탐구하게 되었는지 물은 적이 있다. 사이먼은 이렇게 답했다. "나는 편집광적인 사람이야. 그래서 의사 결정에 대해 편집광적이지."[18] 그는 결코 '만족하지 않는 사고' 를 한 사람이었다.

보이지 않는 것에 취약한 사고의 한계성 :
헛똑똑이
IQ + EQ < InQ

초콜릿은 카카오 열매의 씨앗으로부터 만들어진다. 카카오의 원산지는 남아메리카의 아마존강과 베네수엘라의 오리노코강 유역으로 알려져 있다. 카카오 씨의 별명은 '슈퍼 과일super fruit'이다. 사람의 건강에 유익한 폴리페놀을 많이 함유하고 항산화 효과가 뛰어나기 때문에 붙여진 이름이다.[19] 폴리페놀의 한 종류인 플라보노이드는 인지 능력을 개선하는 데 도움을 주는 것으로 알려져 있다. 플라보노이드의 한 계열인 플라바놀은 코코아, 녹차, 적포도주에 많이 들어 있고 노화에 따라 발생하는 인지 능력의 저하를 감소시킨다고 한다. 2012년 스위스의 프란츠 메설리 교수는 초콜릿과 인지 기능에 관련된 매우 흥미로운 연구를 세계적인 의학 저널 『뉴 잉글랜드 저널 오브 메디신』에 실었다.[20] 초콜릿 소비량이 많으면 국민의 인지

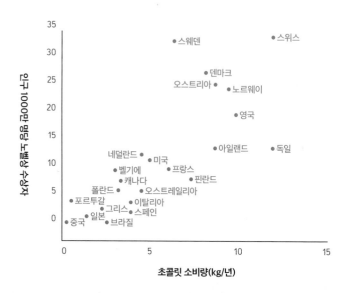

[그림 12] 국가별 초콜릿 소비량과 인구 1000만 명당 노벨상 수상자 수의 관련성
(『뉴 잉글랜드 저널 오브 메디신』)

능력도 향상되리라 상상해볼 수 있지만 실제로 둘 사이의 연관성에 대해서는 밝혀진 바가 없었다. 하지만 국민의 인지 능력이 향상된다면 노벨상 수상자가 많아질 것이므로 대체 방법으로서 국가별 초콜릿 소비량과 노벨상 수상자 수의 연관성을 조사하여 그래프로 그려봤다. 그랬더니 그림에서와 같이 r값 0.791로 매우 연관성이 높은 것으로 나타났다. 메설리는 초콜릿 소비가 사람의 인지 능력을 향상시켜 그 나라의 노벨상 수상자 수를 늘리는 데 기여했다고 결론 지었다.

이 논문이 발표된 후 몇 주 지나지 않아 이 결과에 발끈한 몇몇 사람이 반박 글을 실었다.[21] 그들은 우선 상관관계correlation가 인과관계causation는 아니라는 중요한 포인트를 짚었다. 물론 메설리도 그 점은 알고 있었다. 인간이 자주 행하는 실수 중 연관성이 있는 두 가지 사건을 두고 하나는 원인으로 다른 하나는 결과로 착각하는 것이 있다. '제비가 낮게 날면 비가 온다.' 자주 들어봤고 실제로 경험했던 자연 현상이다. 하지만 자세히 들여다보면 우리가 보지 못했고 알지 못한 진실이 숨어 있다. 워낙 높이 날아다니는 제비가 땅에 가깝게 비행하는 것은 곤충을 잡기 위함이다. 비가 오기 전에 습도가 높아지면 곤충의 날개도 습기 때문에 무거워져 곤충이 낮게 날고 이를 잡으려는 제비도 낮게 나는 것이다. 그리고 비가 오면 사람 눈에는 제비가 낮게 나는 것이 선행 원인이 되고 곧 비가 오는 것이 결과가 되어버린다. 곤충이라는 변수는 눈에 보이지 않았기 때문에 사고에 넣지 못한 것이다. 반박 글을 쓴 팀이 내세운 두 번째 포인트는 '생태 오류ecological fallacy'다. 생태 오류란 연구를 수행할 때 집단에 대한 관찰만으로 개인에 대한 결론을 이끌어내는 잘못을 의미한다. 즉 분석하는 단위 자체가 잘못 설정된 것이다. 그들은 메설리의 연구 방법이 틀렸다는 것을 보여주기 위해 비슷한 연구를 수행했다. 인구 1000명당 최고급 럭셔리 카의 수를 X축으로 놓고 노벨상 수상자 수를 Y축으로 한 뒤 똑같이 국가별로 비교해봤다. 그랬더니 r값이 0.85로 메설리의 연구보다 더 일직선에 가까운 그래프

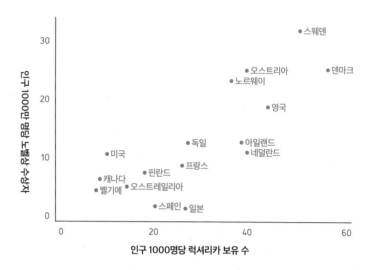

[그림 13] 국가별 럭셔리 카 보유량과 노벨상 수상자 수의 관련성

를 얻었다. 초콜릿이 인지 능력을 향상시켜 노벨상을 많이 수상하게
한 것이 아니라 잘사는 나라일수록 초콜릿 판매량이 많고 고급 차
의 수요가 높으며 과학과 사회 발전이 앞서 자연스럽게 노벨상 수상
자가 많아진 것이다. 우리는 상관관계와 인과관계를 혼동해서는 안
된다. 반박 글은 다음과 같이 마무리된다. "아우디를 사는 것이 당신
을 더 똑똑하게 만드는가?"[21]

물론 아니겠지만 혹시 이렇게 가정해볼 수도 있다. 메설리의 초
콜릿-노벨상 글과 아우디-노벨상 반박 글을 뒤집어 생각해보면 의
미가 완전히 바뀐다. 메설리가 일부러 이런 반발을 의도하고 의학계

의 가장 유명한 저널에 게재했을 수도 있다. 의학계와 독자들의 반응을 보고 싶어했는지도 모른다. 반박 글이 나오지 않았다면 오히려 더 실망했을 수도 있다는 말이다. 메설리의 속마음이 보이지 않으니 우리는 알 수 없다. 럭셔리 카를 노벨상과 연관시킨 팀은 그들의 지식 한도에서 올바른 반박 그래프를 만들었고 순진하게 이것을 발표했을 수도 있다. 논문이 게재되고 큰 반향을 일으킨 후에 메설리는 로이터와의 인터뷰에서 이렇게 말했다. "전체 아이디어는 터무니없지만 데이터는 타당했고 과학이 오류를 범하기 쉽다는 교훈도 포함합니다."[22]

보이는 것은 데이터로 표현된다. 분석하는 것은 지식의 한도 내에서 이루어진다. 그리고 만족할 만한 결과가 나왔을 때 연구자는 발표한다. 이것은 연구하는 사람의 입장이다. 독자 입장에서도 비슷한 맥락으로 해석할 수 있다. 보이는 것은 논문이다. 연구 결과를 판단하는 것은 지식의 한도 내에서 이루어진다. 그리고 그 결과가 자신의 마음에 쏙 들면 그 연구를 신봉하게 된다. 진실이 담기고 본질을 꿰뚫은 완벽한 연구라면 양자 모두에게 득이 되겠지만 그렇지 않은 경우가 많아 문제다. 인간이 가진 한계인 시야 사고, 지식 사고, 만족 사고에서 벗어나지 못했을 때, 보이는 것만 보고 아는 것만 다시 보며 자신이 본 것만으로 만족함으로써 인간은 편향에 쉽게 빠진다. 대표적으로 확증 편향과 사후 확증 편향이 있다. 똑똑하지 못한 사람이 되어버리는 것이다. '헛똑똑이'를 사전에서 찾으면 겉으로는 아는 것이 많아 보이나, 정작 알아야 하는 것은 모르거나 어떤 것을 선택해야 하는 상황에서 판단을 제대로 못 하는 사람을 놀림조로 이르는 말이라고 나와 있다.[23] 본인이 원하는 바가 아니었어도 어떤 사건이 발생하고 시간이 흘러 결과가 모두 나온 후에는 자신이 헛똑똑이가 되어 있음을 자각할 수도 있다. 또는 헛똑똑이라고 남이 알려주기도 한다.

1996년 뉴욕대학의 물리학 교수인 앨런 소칼이 포스트모더니즘의 인문학 저널을 상대로 벌인 지적 사기극은 똑똑한 사람들도 당할 수 있는 인간 사고의 한계성을 극명하게 보여주었다. 소칼은 포스트모더니즘이 급진적으로 흐르며 과학의 객관성을 부인하는 정도에 이르자 논문이 그럴듯하게 쓰이고 편집자의 이데올로기에 맞추기만 하면 논문이 게재되는지 실험해보기 위해 가짜 논문을 투고했다. 당시 유명한 인문학 저널인 『소셜 텍스트Social Text』에 '경계를 넘어서: 양자 중력의 변형적 해석학을 위하여'라는 제목으로 양자 중력이 언어, 사회적 구성이라는 면을 부각시킨 논문을 보냈는데 매우 어려운 문장과 엉뚱한 표현을 사용한 이 글에 만족한 『소셜 텍스트』는 동료 평가와 물리학자에 의한 전문가 리뷰를 거치지 않고 논문을 게재했다. 그리고 곧 소칼은 『링구아 프랑카Lingua Franca』라는 학술지에 '문화 연구에 대한 어느 물리학자의 실험'이라는 제목의 논문을 실어 이 사실을 폭로했다. 이 일로 인해 포스트모더니즘 계열의 프랑스 철학계는 발칵 뒤집혔으며 언론과 학계에서 뜨거

운 논쟁이 이어지기도 했다.[24]

우리는 헛똑똑이가 되려고 일을 하거나 공부하지는 않는다. 그렇지만 의도한 바와 다르게 자주 헛똑똑이가 되곤 한다. 보이는 것에만 반응하고 사고하다보니 서로의 지식 수준이 다른데도 자신과 남의 지식을 착각하고, 하물며 자신의 지식을 과대 포장하고는 스스로 만족함으로써 실수를 저지르는 우리 인간은 언제나 헛똑똑이가 될 준비를 갖추고 있다.

제 4 장

보이지 않는 것을 보지 못하는 사람

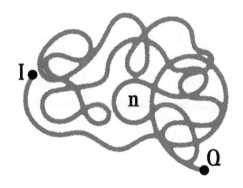

보이지 않는 것을 보는 것이
통찰이다

보이지 않는 것을 보는 것은 신의 영역인가? 그렇지 않다는 것을 우리는 너무나 잘 안다. 사물과 사건의 한 꺼풀만 벗기는 수고를 마다하지 않는다면 그 속에 숨어 있는 진실은 정말로 무궁무진하다. 보려고 노력하지 않기 때문에 보지 못하는 것일 뿐 자신이 마음만 먹으면 꽁꽁 싸맨 보이는 겉포장 하나를 까보는 것은 일도 아니다. 또 하나의 특이한 점은 남들에게 숨어 있던 본질이 노력하지 않아도 저절로 드러나 내가 볼 수 있게 된다는 것이다. 사람들은 말과 행동으로 자신이 가진 무의식을 누출하게 되어 있어서 사실 가만있어도 다 볼 수 있다. 보이는 것 혹은 보고 싶은 것만 보려 하지 말자는 것은 하도 많이 언급해서 지겨울 정도다. 여기에 더하여 보이지 않는 것을 보려고 내가 노력을 들이거나, 남들이 무의식적으로 보여주는 모습을 찬찬히 읽어 그 속내를 꿰뚫어보는 것이 반드시 필요한데, 그것이 통찰의 기본이다. 이렇게 둘 중 하나의 방식으로 드러나는 본질을 놓치는 나는 아무 일도 하지 않은 사람이다.

담석과 가족성 고콜레스테롤혈증이
의심되어 유전자 검사를 권유받은 아이

IQ + EQ < InQ

5개월 된 유미가 갑자기 열이 나자 엄마는 당황했다. 지금까지 잘 먹고 잘 자라며 아무 일도 없었던 터라 하루 동안 지켜봤지만 걱정은 더 심해졌다. 감기 기운은 없었지만 아이가 힘들어 보여서 바로 가까운 큰 병원으로 데려갔고 의사는 혈액검사와 소변 검사 그리고 엑스레이 촬영을 시행했다. 그리고 몇 시간 뒤 나온 혈액검사에서 염증 수치가 크게 높아진 것이 확인되었다. 감염이었다. 증거는 소변 검사에서 나왔다. 요로 감염. 의사는 유미가 입원하여 항생제 주사 치료를 받아야 한다고 말했다. 가느다란 팔에 보이지도 않는 혈관을 찾아 주사용 카테터가 삽입되었다. 다행히 항생제가 들어간 다음 날부터 열은 떨어졌다. 입원 3일째, 의사가 먹는 항생제로 바꾸면 집에 빨리 갈 수 있다고 하여 유미에게 항생제를 입으로 복용시켜

봤다. 그런데 유미가 거부했다. 얼마나 쓴지 바로 뱉어내고 토하기까지 했다. 하루 종일 시도하다가 지친 엄마와 의료진은 포기하고 나머지 기간에 주사 항생제를 쓰기로 결정했다. 일주일이 지나고 퇴원하기 전에 요로 감염의 후유증으로 콩팥 질환이 새로 생겼는지 알아보기 위해 초음파를 시행했는데 엉뚱한 소견이 발견되었다. 담낭에서 담석이 보인 것이다. 추가로 해본 혈액검사에서는 간 수치가 올라가 간염도 의심되고 총콜레스테롤 값이 최고치를 훌쩍 뛰어넘은 310이 나왔다. 놀란 의사가 부모의 콜레스테롤 값을 물어봤다. 엄마나 아빠 모두 200대 초반으로 정상 어른의 수치를 가지고 있었다. 가족력이 없는데도 의사는 갑자기 가족성 고콜레스테롤혈증이 의심되니 유전자 검사를 해보는 것이 좋겠다는 의견을 주었다. 엄마는 깜짝 놀랐고 또 이해가 되지 않았다. 퇴원을 하루 앞둔 가족에게 청천벽력 같은 소식들만 전해진 것이다. 모든 것이 혼란스러웠던 엄마는 유미의 요로 감염이 다 나았고 멀쩡했기 때문에 일단 딸을 퇴원시키기로 했다. 그리고 바로 내 외래를 찾아왔다. 나는 그 병원에서 가져온 기록지를 찬찬히 살펴봤다. 처치 기록지를 먼저 보며 곧 내가 예상했던 익숙한 항생제를 발견할 수 있었다. '세프트리악손.' 3세대 항생제인 이 약은 때때로 담낭에 가성 담석증을 일으킨다. 약을 끊으면 담석도 사라지기 때문에 이 경우의 담석증은 골치 아픈 병이 아니게 된다. 세프트리악손에 대한 설명을 하고 나서 나는 엄마에게 유미가 지금도 모유를 먹고 있는지 물었다. 엄마는 그렇다고 했다. "가끔은요 엄마의 식이 상태에 따라 모유 먹는 애들의 콜레스 테롤이 확 올라가기도 합니다. 한 번 300이 넘었다고 너무 걱정하지 마세요. 다음에 다시 검사해보면 좋아질 거예요. 그리고 간 수치가 뛴 이유는 요로 감염과 연관되어 일시적 간염이 나타난 것으로 보입니다." 나는 값비싼 가족성 고콜레스테롤혈증 유전자 검사도 지금 당장은 해보지 않아도 괜찮다고 말해주었다. 나중에 의심될 때 검사를 해도 늦지 않다는 의미였다. "의사든 보호자든 어른들이 궁금 해서 아이의 피를 자주 뽑고 다른 검사도 추가하는 것은 올바르지 않다고 봅니다. 다음 주에 채혈해봐도 되지만 제가 말씀드린 상황이 맞다는 가정하에 두 달 후 초음파와 혈액검사를 다시 해보면 어떨 까요? 유전자 검사는 빼고요." 아이의 입장을 고려해서 권유했더니 엄마의 얼굴이 밝아진다. 외래 진료실에 처음 들어올 때의 심각한 표정은 이미 사라져 있었다. "네, 저도 좋아요." 두 달이 지나 유미와 엄마가 외래에 오기 전날 미리 검사 결과를 확인해봤다. 담석은 초음파상 이미 사라졌고 간 수치도 정상이었으며 총콜레스테롤 값도 정상 범위 안이었다. 이튿날 외래에 올 엄마가 기뻐하는 모습이 그려 져 내 마음 역시 따뜻해지고 있었다.

인체의 과학을 전공한 의사들도 보이지 않는 것은 보지 못한다. 자신의 전공 지식 범위를 벗어나는 순간 일반인의 사고와 다를 바 없어진다. 지식의 범위를 넓히려는 노력을 하지 않거나 피드백이 돌 아오지 않으면 자기 삶에 만족하며 똑같은 패턴의 진료를 할 수밖에 없다. 의사만의 문제도 아니다. 모든 직종에서 이런 일이 벌어지고 있으며 아무 일이 생기지 않고 지나가버리면 원래 해오던 패턴대로 살아가게 된다. 사실 문제는 이 같은 일이 전문가 영역에서 주로 벌어지는 터라 그 피해가 일반인들에게 고스란히 전해진다는 것이다. 세프트리악손의 가성 담석증을 몰랐던 의사는 아마도 일주일 후 다시 초음파를 보겠다고 할 것이다. 당연히 엄마도 동의한다. 일주일 후에 담석이 남아 있으면 또 2~4주 후에 초음파를 재검할 것이다. 여기에도 동의한다. 하지만 초음파 비용은 엄마 몫이다. 총콜레스테롤 값이 유난히 높았다고 유전병을 의심하여 유전자 검사를 내자고 하면 큰 병에 대한 두려움 때문에 환자들은 대부분 동의할 수밖에 없다. 하지만 유전자 검사 비용은 생각보다 매우 비싸다. 돈으로 해결할 수 있는 것이면 차라리 낫다. 안 해도 될 수술을 하게 된다면 문제는 더 커진다.

13세 우진이는 두 달 전부터 윗배와 오른쪽 아랫배가 자주 아팠다. 원인은 잘 몰랐지만 1차 의료 기관에서 주는 대증 요법 약을 먹으며 경과를 관찰하던 중이었는데 복통이 지속되어 한 대학병원으로 의뢰되었다. 혈액검사를 비롯한 기본 검사 결과는 모두 정상이어서 바로 CT 촬영이 이루어졌다. 결과를 보니 담낭에 모래 같은 담즙 찌꺼기가 있었지만 담낭 벽에 염증 소견은 없었다. 의사는 염증이 없더라도 아이의 복통 원인이 담낭에 있는 것 같으니 담낭 제거 수술을 해야 한다고 권유했다. 담낭염의 가능성을 배제할 수 없다고 말한 것이다. 아이의 고통에 마음 아파하던 엄마는 즉각 동의했고 이튿날 담낭 제거 수술이 이루어졌다. 그러나 우진이의 복통은 사라지지 않았다. 가끔 설사도 하고 배가 아플까봐 밥도 잘 먹지 못해 체중도 약간 감소했다. 걱정 끝에 엄마는 우진이를 데리고 내 외래를 찾았다. 담낭염이 원인이었다면 담낭이 제거된 순간 복통은 사라져야 한다. 하지만 우진이는 수술 전과 후 모두 같은 복통을 호소하고 있었다.

우진이와 대화를 나누면서 느낀 점은 우진이가 걱정이 많고 예민한 아이였다는 것이다. 질병이 아니고 기능성 장애가 의심되었다. 정상적 반응이라는 의미다. 이런 아이들의 특징은 과거 경험이 현재를 지배하기 때문에 복통을 호소하게 되어 있다. 다시 말해 전에 심하게 아팠거나 아플 것에 대한 두려움이 있다면 지금은 심하게 아프지 않아도 과거의 기억을 소환하여 미리 아플까봐 걱정하고, 그러면 실제로 아프다고 느낄 수 있다. 우진이는 학교에서 대변 보는 것에 대해 두려움이 있었다. 친구들이 놀릴 것 같아 혹은 선생님이 무서워 대변을 참다보니 늘 아침에 집에서 대변을 보고 학교에 가려는 습관이 생기고 이것은 아침마다 배가 아파져야 한다는 강박적 생각을 유도한다. 또 우진이는 차를 타기 전에 머리가 아플까봐 미리 걱정한다고 했다. 이것은 차를 탈 때 경험했던 멀미에 대한 두려움이 무의식에 늘 깔려 있기 때문이다. 자세히 물어봤더니 우진이의 복통은 두 달 전부터 시작된 것이 아니라 수년 전부터 있었다고 했다. 물론 엄마도 걱정이 많아 우진이와 복통에 대해 대화하고 복통에만 집중하니 우진이도 복통이라는 기억에서 벗어나기 어려웠다. 모든 이야기를 마치고 나서 엄마와 우진이는 상황을 이해한 듯했다. 그리고 다행히 담낭 제거술을 시행한 것에 대해 후회는 없다고 했다. 최선을 다한 것이었으므로 마음의 상처를 입지는 않은 것으로 보였다. 스스로 극복하기로 약속하고 아무런 치료 없이 6개월 후 우진이네는 외래를 재방문했다. 엄마와 우진이의 표정은 한결 밝아 보였다. 그래도 여전히 가끔은 복통이 생긴다고 했다. 우진이가 게임을 하면 복통이 없어진다고 자꾸 게임을 하려고 한다는 엄마의 말에 웃음이 터졌다. 우진이와 엄마는 극복 중이었다.

이 경우도 마찬가지로 담낭염과 복통을 바로 인과관계로 이어버린 의사의 시야 사고, 지식 사고, 만족 사고가 문제였다. 손해는 환자의 몫이 돼버렸다. 이렇듯 전문가라 할지라도 보이지 않는 것을 보기란 매우 어렵다. 그렇지만 비슷한 상황에서 비교를 할 수 있다면 우리는 생각보다 수월하게 그동안 보이지 않았던 것을 눈치챌 수 있다.

데릭 지터와 아지 스미스 중 누가 더 뛰어난 유격수인가?

IQ + EQ < InQ

2014년 9월 25일 미국 메이저리그 뉴욕 양키스는 볼티모어 오리올스와 시즌 마지막 홈경기를 치르고 있었다. 양키스가 5 대 2로 승기를 잡은 9회 초 양키스의 마무리 투수 데이비드 로버트슨이 홈런 2개를 허용하며 5 대 5 동점이 되었다. 9회 말 양키스는 마지막 공격을 시작했다. 9번 타자 호세 피렐라가 안타로 1루에 나간 뒤 희생번트로 주자는 2루 득점권에 나가 있었다. 그리고 영원한 2번 타자 데릭 지터가 타석에 들어섰다. 지터는 볼티모어 투수의 초구를 힘있게 받아쳤고 이 공은 우익수 앞에 떨어졌다. 2루 주자는 필사적으로 홈까지 내달렸고 지터의 우전 안타는 6 대 5 끝내기 안타가 되었다. 이날은 40세 데릭 지터의 은퇴 전 마지막 홈경기여서 이 안타는 그의 생애 마지막 끝내기 안타로 기록됐다.[1] "그로부터 환상은 현실

이 됩니다. 의심의 여지가 있을까요?" 경기 종료 후 나온 중계 캐스터 마이클 케이의 멘트다.[2]

2020년 1월 명예의 전당에 입성한 살아 있는 전설 데릭 지터는 은퇴하는 날까지 스타성을 인정받았다. 21세기 뉴욕 양키스를 대표하는 선수로 유격수로만 3000안타를 달성했고 20년의 시즌을 거치는 동안 14회에 걸쳐 아메리칸 리그 올스타였으며 다섯 번의 월드시리즈 우승 반지를 꼈다. 수비와 공격 모두에서 탁월하여 5회의 골든글로브와 5회의 실버슬러거상을 받기도 했다. 이제 한 명의 유격수를 더 소개한다. 데릭 지터보다 20년 먼저 태어난 아지 스미스는 역대 최고의 유격수로 불린다.

1985년 세인트루이스 카디널스는 지구 우승을 차지하고 챔피언십 시리즈에 진출하여 LA 다저스와 맞붙었다. 2승 2패로 동률을 이룬 가운데 5차전 9회까지 2 대 2 동점이었다. 9회 말 카디널스의 공격 때 다저스 감독 토미 라소다는 마무리 투수로 톰 니덴푸어를 마운드에 올렸다. 원아웃 타석에 아지 스미스가 나섰다. 우타와 좌타가 모두 가능한 그는 이번에는 좌타석에 들어섰다. 빠른 볼에 대처하지 못한 스미스는 연속 파울로 투스트라이크에 몰렸고 볼 하나를 고른 상태에서 네 번째 공을 맞혔다. 스미스는 투수의 공을 힘있게 잡아당겼고 이 공은 우익 선상을 따라 날아가더니 펜스를 홀쩍 넘었다. 홈런을 확인한 스미스는 펄쩍 뛰며 기뻐했고 이 기적 같은 끝내기 홈런에 카디널스 구장은 광란의 도가니에 빠졌다. 당시

중계를 하던 잭 벅은 이렇게 외쳤다. "공이 우측 펜스로 날아갑니다. 넘어가느냐······ 믿을 수가 없습니다. 믿을 수가 없어요. 홈런과 함께 카디널스가 3 대 2로 승리합니다. 마법사가 홈런을 쳤어요. 정말 믿기지 않습니다!" 왜 기적 같았고 왜 믿을 수가 없었냐면 데뷔 후 8년간 스미스는 좌타석에서 한 번도 홈런을 때려낸 적이 없었고 이 홈런은 좌타석에서의 3009타수 만에 나온 홈런이었기 때문이다. 이 날은 세인트루이스 구단 역사상 최고의 명장면 중 하나로 남아 있다. 아지Ozzie라는 이름에서 나왔듯이 그의 별명은 '오즈Oz의 마법사'였다. 그는 1996년 42세로 은퇴할 때까지 19시즌을 뛰면서 최고의 수비 능력을 보여주었다. 15회의 내셔널 리그 올스타와 1980년부터 1992년까지 13회 연속으로 골든글러브상을 수상한 그는 진정한 수비의 달인이었다. 선수 시절의 등 번호 1번은 세인트루이스 카디널스 구단에서 영구 결번으로 지정됐고 2002년 명예의 전당에 헌액됐다.[3]

데릭 지터와 아지 스미스 둘 다 최고의 유격수임에는 틀림없다. 그런데 둘 중 누가 더 뛰어난가를 비교하려고 하면 참으로 난감하다. 일단 선수로 활약한 시대가 다르다. 스미스가 은퇴할 무렵 지터는 뛰기 시작했다. 장비와 기술의 발전도 무시 못 한다. 더 중요한 점은 유격수의 최고 덕목이 수비인지 공격인지 혹은 둘 다인지에 따라 비교 항목이 달라진다는 것이다. 지터는 골든글러브와 실버슬러거 상을 각각 다섯 번씩이나 받은 것처럼 공격과 수비에서 모두 탁월했다. 상대적으로 공격에 능하지 못했던 스미스는 13년 연속 골든 글로브상을 수상한 데서 보듯이 수비만큼은 타의 추종을 불허했다. 이렇게 비교하기 어려울 때 우리는 당연히 비교 가능한 동일 분야를 선택할 수밖에 없다. 그리고 시대는 달랐지만 야구는 통계에서 최대 강점을 지니고 있어 객관적인 비교 분석이 가능하다.

분석에 쓰이는 첫 번째 도구는 숫자다. 숫자는 힘을 갖는다. 눈앞에 바로 보이기 때문이다. 인간은 숫자 앞에서 영락없이 무너진다. 자신의 성과는 숫자로 표현되고 그것이 연봉을 결정한다. 본인이 생각했던 자신의 능력과 남이 평가한 숫자가 늘 일치하지는 않는다. 세상 살아가는 데 가장 큰 불만 중 하나가 '왜 남이 보는 나는 내가 보는 나와 그리도 다른가'일 것이다. 그래서 숫자의 위력은 상상을 초월한다. 숫자 프레임에 걸려들기 쉬운 것이 통계 분석 값이다. 일반 사람들도 통계의 의미를 잘 알고 있다. 수많은 변수 중 몇 개만 넣고 빼고를 조절해도 통계값은 달라진다. 나 자신을 평가하는 통계뿐만 아니라 조직에서의 통계는 더욱 신빙성을 의심하게 한다. 정부 부처의 통계 발표에 대해 언론은 예민하게 반응한다. 다음은 정부의 통계를 비판하는 한 기사다. "정부의 통계 발표를 보면 현실적으로 납득하기 어려운 경우가 많다. 경제성장률, 실업률, 소득불평등률 등은 특히 정부의 필요에 의해 조작될 가능성이 높은 통계 수치다. 선진국에서도 이런 일은 예외가 아닌 듯하다. 최근 영국의 『파이낸셜 타임스』는 '통계란 오류와 조작에 근거한 거짓말'에 가깝다는 요지의 기사에서 통계를 그대로 믿는 위험성을 경고했다."4 사실 일반 국민도 다 안다. 그런데도 정부는 이에 아랑곳하지 않고 같은 일을 반복한다. 인간이 숫자라는 도구를 사용하는 한 지구가 멸망할 때까지 없어지지 않을 패턴이다. 기사는 이렇게 이어진다. "'거짓말에는 세 가지 종류가 있다. 그럴듯한 거짓말, 새빨간 거짓말, 그리고 통계다.' 벤저민 디스레일이 했다는 명언으로 마크 트웨인의 자서전에 나온다. 이는 지금도 여전히 유효한 경구다."

사실 남이 얘기한 숫자의 거짓말 때문에 나 자신이 그렇게 화를 낼 필요는 없다. 남 탓할 필요가 없다는 말인데 왜냐면 우리 스스로 숫자에 잘도 속으며 살아가기 때문이다. 블랙 프라이데이 같은 빅 세일 기간에는 그동안 눈여겨봤던 비싼 물건을 싸게 사려는 소비자들로 매장에는 장사진이 펼쳐진다. 300만 원 하던 명품 핸드백을 50퍼센트 할인된 가격에 살 수 있다면 여러분은 어떻게 하겠는가? 이번 기회에 마련하겠다는 사람이 많을 것으로 예상된다. 반값인데 이런 기회가 흔히 올 것 같지 않으므로 꼭 사야겠다는 마음이 절로 든다. 하물며 이번에 사면 150만 원을 버는 기분이다. 그러자 옆에서 남편이 갸우뚱한다. "그런데 말이지 그 핸드백 정말 필요한 거야? 당장 필요 없다면 안 사는 게 150만 원 버는 거지 굳이 지금 사면 150만 원을 쓰는 거잖아?" 50퍼센트 반값 할인은 인간의 마음을 뒤집어놓는다. 100만 원짜리 가전제품을 옆 동네에서 50만 원에 판다고 하면 우리는 자동차를 손수 몰고 가서 사가지고 오는 수고를 마다하지 않는다. 하지만 1억 원짜리 고급 자동차를 50만 원 더 깎아 보려고 열심히 노력하지는 않는다. 50퍼센트 할인해주는 가전제품은 횡재한 느낌이지만 럭셔리 차를 0.5퍼센트 할인하는 것은 별로 피부에 와닿지 않는다. 반값 할인일 때 사람들은 차를 몰고 가서 손해를 보게 되는 휘발유 값과 시간 비용은 전혀 고려하지 않는다. 이런 일이 벌어지는 이유는 인간이 돈의 절대 액수보다 상대 액수에 훨씬 더 예민하게 반응하기 때문이다. 이것은 뇌의 문제다. 인간의 뇌는 '새로움'에 대한 반응이 빠른데 특히 '차이'와 '변화'에 아주 민감하다. 즉 자극의 절대적 강도보다 상대적 강도에 더 민감한 것이다.[5] 백화점 쇼핑을 가서도 우리는 할인율이 높게 매겨진 매장을 주로 찾게 되고 가격표만 붙어 있는 매장은 스쳐 지나가기 쉽다. 인간은 상대적 비교에 익숙하고 또한 비교를 선호한다.

이런 면에서 통계값 역시 상대적인 비교의 도구로 잘 활용된다. 통계가 발달되어 있는 야구에서 데이터 통계 수치는 과거를 분석하여 선수와 팀의 미래를 예측하는 것에 활용된다. 정부가 내는 통계역시 현재 이전의 자료를 이용하여 내년이나 가까운 미래를 예측할때 쓰인다. 과거와 비교하여 미래를 예상해보는 것이다. 조금 잘못된 통계값이 제시되더라도 우리는 통계를 믿고 따른다. 관점에 따라 달라질 뿐이지 대세에 영향을 주지는 않는다는 것을 본능적으로 알고 있다. 틀린 통계도 있지만 맞는 통계도 당연히 많고 시간이 흐르면 진실이 보이게 되므로 통계값 하나하나에 일희일비하지는 않는 듯하다. 사실 우리가 주목해야 할 것은 통계값 자체가 아니라 뒤에 가려져 보이지 않던 숨은 이야기들이다. 숨겨진 것을 보지 못하면 통계값은 나를 짜증나게 만드는 부담으로 작동하지만 뒤에 숨은 맥락을 볼 수 있다면 너그럽게 넘어가게도 하는 것이 통계 수치다.

데릭 지터와 아지 스미스의 데이터 통계를 가지고 비교해보자. 유격수는 매우 빠른 타구에 반응해야 한다. 핫 코너를 맡고 있어 다른 포지션에 비해 자주 멋진 수비가 나오기도 한다. 대표적인 것이 다이빙캐치다. 눈 깜짝할 사이에 유격수가 몸을 던져 공을 낚아채는 다이빙캐치는 관중의 탄성을 자아낸다. 물론 방송 캐스터와 스카우터들은 이 수비 동작에 후한 점수를 부여한다. 지터는 다이빙캐치를 자주 하는 선수로 알려져 있다. 그 덕분에 훌륭한 유격수로 평가받았지만 통계학자들은 다른 결론을 내놓았다.[6] 지터가 탁월한 유격수이기는 했지만 점프를 하는 동작이 느린 탓에 이 시간을 보충하고자 다이빙캐치를 하게 된다는 것이었다. [그림 14]는 통계 수치를 도식화한 것이다. 지터가 다이빙해야 했던 타구들은 아지 스미스라면 정상적인 빠른 수비로 잡았을 수도 있었던 공이다. 하지만 지터는 멋진 수비라며 찬사를 받았고 스미스는 별 어려움 없이 공을 잡음으로써 그다지 주목을 받지 못했다.

차이와 변화에 예민한 인간의 뇌는 겉으로 보이는 비교에만 반응하여 우월을 가린다. 그렇지만 통계 수치에 의해 보이지 않던 부분이 비교 대상으로 드러나는 순간 우리는 새로운 진실을 알게 된다.

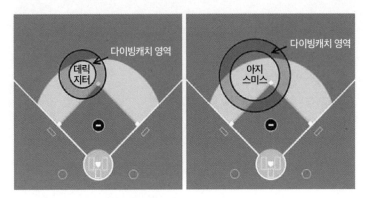

[그림 14] 데릭 지터와 아지 스미스의 수비 범위

수비에서만큼은 아지 스미스가 우월했던 것이다.

세상은 상상이고
상상 안에 질서가 있다 :
탄탈로스의 형벌

IQ + EQ < InQ

태양계를 관장하는 신이 있다. 은하계 이곳저곳을 다니는 거대한 몸집의 그는 지금 태양계 위에 서서 태양을 비롯해 주위를 돌고 있는 행성들을 무심코 내려다보고 있다. 녹색 별 지구가 보인다. 아무 일 없이 조용히 자전하고 있는 지구를 흐뭇한 표정으로 쳐다본다. 그런데 겉보기에는 평온한 이 지구에 정말 아무 일도 없는 걸까? 오늘도 곳곳에서 전쟁과 기아와 감염 때문에 시름하고 있고, 직장과 학교는 경쟁으로 치열하며, 볼거리가 있는 곳에는 사람이 가득하다. 볕 좋은 어느 봄날 분주함이 싫어 산중에 있는 호젓한 절을 찾아 암자에 앉는 한 사람이 있다. 주변이 고요하다. 그는 양다리를 뻗고 양 손바닥을 편 뒤 가만히 자신의 손과 발을 내려다본다. 아무 일도 일어나지 않는다. 그야말로 평온한 자신의 모습이다.

미국 망명을 요청한 소련 과학자 얀 베네시는 차를 타고 가던 중 테러범의 습격을 받아 혼수상태에 빠진다. 물체를 마이크로 사이즈로 줄일 수 있는 축소광선 기술을 보유한 그는 냉전 시대에 양국 모두에 매우 중요한 인물이었다. 게다가 당시 기술로는 1시간 동안만 축소가 가능했는데 베네시는 이것을 영구적으로 유지할 방법을 개발한 상태였다. 병원의 진단 결과 베네시의 머릿속에서 외과 수술로 접근할 수 없는 혈전이 발견되었다. 그가 깨어나야 영구 축소광선 기술을 확보할 수 있었던 미국 정부는 다급하게 특수요원과 의료진으로 구성된 다섯 명의 팀을 꾸려 프로테우스라는 잠수함에 태우고 베네시의 뇌 안으로 들어가 혈전을 직접 제거하는 계획을 세운다. 문제는 1시간 동안만 이들의 축소가 가능해서 최대한 빠르게 작전을 마치고 빠져나와야 한다는 것이었다. 아카데미 미술상과 특수효과상을 수상한 1966년 영화 「마이크로 결사대」는 사람을 축소하여 사람의 몸 안으로 들어가게 한다는 기발한 착상의 줄거리를 바탕으로 한 작품이었다. 50년도 훨씬 넘은 이 영화에서 인체 내부를 묘사할 때 언급된 '이너스페이스innerspace'라는 단어는 1987년 개봉된 영화 「이너스페이스」의 제목으로 사용되기도 했다. 나도 어려서 TV에 얼을 빼고 봤던 기억이 난다. 사람 혈관 안을 묘사하는 부분들이 기억나는데 적혈구 사이를 잠수함이 지나가고 아메바처럼 움직이는 백혈구를 피해가는 모습은 내게 충격적인 장면이었다. 의사가 된 지금 인체의 '마이크로'를 지나 '나노' 지식을 가지고 있는 나는 인간의 혈관과 세포 안에서 얼마나 복잡하고 상상조차 하기 어려운 일들이 벌어지고 있는지 안다. DNA가 단백질을 합성하고 항체를 생성하며 침입한 세균들과 싸우는 모습을 생각해보면 「마이크로 결사대」의 원제목 '환상 여행Fantastic voyage'의 '환상'이 저절로 그려진다. 나노의 세계에서 단백질 합성을 명령하는 메신저는 어떤 모습을 하고 있을까? 항체가 붙는 곳에 정말 빈 공간이라는 것이 모양으로 존재할까? 인간이 그려낼 수 있는 한계 안에서 상상을 해보지만 암자에 앉아 손발을 흐뭇하게 쳐다보는 사람의 눈에 인체의 마이크로와 나노는 결코 보이지 않는다.

핸 솔로는 레아 공주와 추바카를 밀레니엄 팔콘호에 태운 채 타이 전투기TIE fighter들에게 쫓기고 있었다. 소행성이 잔뜩 모여 있는 구간에서 타이 파이터들을 따돌리고 아슬아슬하게 빠져나가던 팔콘호는 한 소행성에서 커다란 동굴 입구를 발견하고는 급하게 그 안으로 숨어 들어간다. 1980년 작품인 영화 「스타워즈: 제국의 역습」의 한 장면이다. 동굴 안에 무사히 착륙한 뒤 고장 난 우주선을 수리하던 중 박쥐를 닮은 마이낙이 떼 지어 날아와 솔로 일행을 공격했다. 블라스터 총을 발사해 마이낙을 잡던 중 솔로는 지면이 흔들리는 것을 느꼈다. 이상한 예감에 땅에 대고 블라스터를 한 번 더 발사하자 이제는 심하게 지면이 흔들리는 것이었다. 급하게 팔콘호로 다시 들어간 일행은 팔콘호를 이륙시켜 동굴을 빠져나가기 시작했다. 긴 터널을 지나 밖으로 나가려는데 동굴 입구가 닫히고 있었다. 거대하고 뾰족한 이빨들로 이루어진 입구가 거의 닫히는 순간 팔콘호는 동체를 세로로 세워 아슬아슬하게 탈출에 성공한다. 핸 솔로는 외친다. "이건 동굴이 아니야!" 엑소고스exogorth였다. 팔콘호 는 방금 전까지 엑소고스의 배 속에 들어가 있었다. 최대 900미터 까지 자라는 우주의 민달팽이 엑소고스의 입을 동굴 입구로 착각했 던 것이다.

주변에 생각지도 못할 정도로 큰 물체가 있다면 우리는 그것을 보지 못한다. 사물이 너무 작아 마이크로 사이즈가 되면 인간이 볼 수 없다지만 마찬가지로 너무 커도 인간은 그것을 볼 수 없다. 인간 은 눈으로 보고 머리로 상상할 수 있는 것까지만 본다. 가시광선 범 위를 벗어나는 적외선과 자외선을 우리는 볼 수 없다. 인간의 가청 주파수인 20헤르츠에서 2만 헤르츠 사이를 벗어나는 소리는 듣지 못한다. 코끼리는 더 낮은 주파수의 소리를 들을 수 있고 쥐는 훨씬 더 높은 주파수의 소리를 듣는다. 지구가 자전하는 소리가 어떤 것 인지 우리는 모른다. 그 소리가 저주파일지 고주파일지 우리의 상상 범위를 벗어나기 때문에 예측조차 할 수 없다. 인간은 주변 환경에 대해 경험하는 만큼만 인식한다. 상상이 가능한 범위까지 인식을 확 대할 수는 있다. 하지만 보이지 않고 들리지 않는 것을 상상의 범주 에 넣지 못하는 인간은 아무런 저항 없이 그들을 인정하거나 혹은 무시하고 살아간다. 누구에게는 마이크로나 나노같이 너무 사소한 것이라 그럴 테고, 또 다른 누구에게는 생각해보지도 못할 만큼 너무 커서 감히 깨우치지도 못한 채 살아가게 된다.

우리는 국민으로서 한 나라에 살고 있다. 그런데 가만히 들여다보면 기분이 상하고 잘 이해되지 않을 때가 있다. 얼마 전까지 옆집에 살던 평범해 보이던 중년 남자가 어느 날 국회의원이 되어 법을 만들고 나는 그 법이 마음에 들지 않는데도 꼼짝없이 따라야 한다. 지난달까지 나와 함께 열심히 마케팅 업무를 보던 동료가 승진하더니 갑자기 나에게 지시를 한다. 나보다 더 우월하지도 않았던 친구인데 왜 나는 그로부터 명령을 받아 시행하는 사람이 돼버렸을까? 몇몇 국가에서는 아직도 계급이 존재해 하층 계급은 거의 노예 취급을 받고 있다. 어느 나라에서든 종교인 지도자는 대부분 최고의 존경을 받으며 생활하고 있다. 그렇다고 상류 계급으로 일컬어지는 사람들이 늘 모범적이고 윤리적인 것 같지는 않다. 그렇다면 인간사회는 워낙 불평등한 것인가? 1789년 프랑스 혁명 이후 현대적 개념의 인권이 부상했지만 200년이 훨씬 지난 지금도 여전히 불평등과 불공정은 사회의 화두다. 1762년 출간된 장 자크 루소의 『사회계약론』에 관해서 위키백과는 인간의 타고난 불평등의 기원을 다음과 같이 설명한다.

"'일반의지'란 자유와 평등을 지향하는 인간의 의지를 말한다. 루소는 사회 상태에서 그것을 실현시키려 했으나 그는 그것을 인간의 의지 속에서 발견한다. 인간의 일반의지야말로 주권의 기초이며 법이나 정부도 여기서 나온다. 이 국민의 일반의지는 절대적이며 그르친다는 예외도 없고, 타인에게 양도나 분할도 불가하다. 따라서 주권 또한 절대적이다. 루소의 인간주권론은 가장 철저한 인간주권론이며, 더구나 그는 거기서 인간 주권의 절대성이라는 결론을 끌어낸다. 따라서 루소가 구상한 국가는 의회주의 국가가 아니라 직접민주제 국가다. 국민의 일반의지에 바탕을 둔 국가를 형성하는 순서나 절차를 제시한 것이 '사회계약'론이다. 각 개인은 자유와 평등을 최대한 확보하면서 공동 이익을 지키기 위해 하나의 약속을 하고 국가를 형성한다. 이 약속이 사회계약이다. 그것은 주권자인 개개인 상호 간의 약속이며, 지배자에 대한 국민의 복종을 뜻하는 것이 아니다."[7]

유발 하라리는 루소 이후 250년 동안 책과 인류의 무의식에 처박혀 있던 '사회계약'의 몸체를 실로 매력적인 말로써 도로 끄집어냈다. 그는 보이지 않는 이 거대한 계약을 '상상 속의 질서'라 불렀다. 워낙 거대해서 이것을 앞에 두고도 우리는 보지 못하고 옆으로 다가와도 눈치채지 못한다. 계약은 현대 정보사회에서 더 세분화되고 서로 얽히며 복잡해지는데 인간은 작고 복잡함에 홀려 안 보일 때까지 파고 들어가다 곧 흥미를 잃고 무심해진다. 보이지 않는 난감함보다 보이는 익숙함에 바로 적응한 것이다. 너무 커도 보지 못하고 너무 작아도 알아보지 못하니 하라리는 이 질서를 차라리 상상 속에서나 볼 수 있다고 체념했나보다. 그의 글을 읽어보자.

고대 메소포타미아에서 진 제국과 로마 제국에 이르는 모든 협력망은 '상상 속의 질서'였다. 이들을 지탱해주는 사회적 규범은 타고난 본능이나 개인적 친분이 아니라 공동의 신화에 대한 믿음에 바탕을 두고 있었다. (…) 우리는 사람을 '귀족'과 '평민'으로 구분하는 것이 상상의 산물이라는 말을 쉽게 받아들일 수 있다. 하지만 모든 사람이 평등하다는 사상 또한 신화다. 어떤 의미에서 모든 인간이 서로 평등하다는 것인가? 인간의 상상력을 벗어난 어딘가에 우리가 진정으로 평등한 객관적으로 실재하는 세계가 있단 말인가? (…) 자연의 질서는 안정된 질서다. 설령 사람들이 중력을 믿지 않는다 해도 내일부터 중력이 작용하지 않을 가능성은 없다. 이와 반대로 상상의 질서는 언제나 붕괴의 위험을 안고 있다. 왜냐하면 그것은 신화에 기반하고 있고, 신화는 사람들이 신봉하지 않으면 사라지기 때문이다. 상상의 질서를 보호하려면 지속적이고 활발한 노력이 필수적이다. 이런 노력 중 일부는 폭력과 강요의 형태를 띤다. 군대, 경찰, 법원, 감옥은 사람들이 상상의 질서에 맞춰 행동하도록 강제하면서 쉴 새 없이 돌아가고 있다.[8]

유발 하라리는 이 질서를 개개인의 객관적 혹은 주관적 관점에서 보지 않았다. 신화에 기반하고 있어 붕괴될 가능성이 있으니 강제된 행동으로 이 질서를 유지해야 한다면 분명히 상호작용이 존재해야 가능하다. 열 명도 아니고 수백만, 수천만의 인구가 질서를 만들려고 할 때 객관성을 따지기는 사실상 불가능하다. 타협되지 않는

다. 사람들은 당연히 주관성을 앞세우게 되는데 하라리는 이것을 상호 주관으로 설명했다.[9]

상상의 질서는 상호 주관적이다. 설령 내가 초인적인 노력으로 스스로의 개인적 욕망을 상상의 질서의 속박에서 풀려나게 하는 데 성공하더라도, 나는 한 개인에 불과하다. 상상의 질서를 변화시키려면, 수백만 명의 낯선 사람에게 나와 협력하도록 설득해야 한다. 상상의 질서는 내 상상력 속에만 존재하는 주관적 질서가 아니라 수억 명의 사람들이 공유하는 상상 속에 존재하는 상호 주관적 질서이기 때문이다. (…) 상호 주관이란 많은 개인의 주관적 의식을 연결하는 의사소통망 내에 존재하는 무엇이다. 단 한 명의 개인이 신념을 바꾸거나 죽는다 해도 그에 따른 영향은 없지만, 그물망 속에 있는 대부분의 사람이 죽거나 신념을 바꾼다면 상호 주관적 현상은 변형되거나 사라진다. 상호 주관적 현상이란 악의적인 사기나 하찮은 가식이 아니다. 방사능 같은 물리적 현상과는 다른 방식으로 존재하지만, 세상에 미치는 영향은 지대할 수 있다. 역사를 움직이는 중요한 동인 중 다수가 상호 주관적이다. 법, 돈, 신, 국가가 모두 그런 예다.

이 질서는 서로의 합의와 묵인으로 이루어진다. 관습법처럼 오랜 기간 인간의 생활 양식이 반복되며 무의식적으로 완성된 것이 상호 주관적 질서가 되는데 누군가의 이득에 의해 법이 개정되는 일이 벌어진다면 여기에서 상호 주관성은 바로 깨진다. 대다수가 이득을 보게 되면 반론이 묻히지만 소수의 이득으로 이어진다면 질서는 깨지는 방향으로 나아간다. 그 소수가 권력을 쥐고 있는 경우 질서가 붕괴되는 충격파는 고스란히 다수의 아픔으로 귀결된다.

그리스 신화에 나오는 탄탈로스는 제우스와 요정 플루토가 낳은 자식이다. 그는 원래 신들로부터 총애를 받아 올림포스에 초대되어 신들과 어울릴 수 있는 특권을 누렸었는데 점점 오만해지기 시작하여 신이 먹는 음식인 넥타르와 암브로시아를 훔치거나 일반 사람들에게 신의 비밀을 누설하기도 했다. 어느 날 신들을 시험하기 위해 그는 여러 신을 초대한 후 자신의 아들인 펠롭스를 죽여서 토막 내어 그 고기로 요리를 만들어 신들에게 대접했다. 이를 안 신들은 음식을 먹지 않았으나 당시에 딸 페르세포네가 납치되어 실의에 빠져 있던 곡물과 수확의 여신 데메테르가 무심코 고기를 먹고 말았다. 이에 노한 신들은 탄탈로스에게 영원한 형벌을 내려 지하의 명계 가장 밑바닥의 지옥인 타르타로스에 그를 떨어뜨렸다. 탄탈로스는 타르타로스의 연못에 서 있게 되었는데 물은 가슴까지 차올랐고 머리 위로는 과일이 가득 달린 가지가 늘어져 있었다. 그가 물을 마시려고 고개를 숙이면 물은 말라버리고, 과일을 따려고 손을 뻗으면 가지가 높이 올라가버려 영원한 갈증과 배고픔에 시달리는 형벌을 받게 되었다.[10]

잘못을 저지르면 벌을 받아야 마땅하다. 고대에나 현대에나 이것은 불문율이다. 하지만 잘못을 저지르지 않았는데도 이러지도 저러지도 못하는 형벌을 받는다면 이미 상황은 카오스chaos다. '상상 속의 질서'는 '상상 밖의 혼돈'이 되어버린다. 정책이 잘못되면 국민은 고개를 들어도 고생하고 고개를 숙여도 시련을 겪는다. 정책 입안자들에게 국민이 무엇을 밉보였기에 이런 시련을 주냐고 하소연해봐도 소용없다. 그런데 중요한 사실이 숨어 있다. 우리가 그들을 대리인으로 선택한 것이다. 이렇게 우리는 상호 간의 합의로 질서를 만들어놓았는데 여기서 '대리인 문제agency problem'가 발생한다. 대리인 문제는 가령 기업에서 주인이나 주주가 자신의 이해에 직결되는 의사 결정 등을 타인, 즉 전문 경영인에게 위임하여 발생하는 문제를 말한다. 다시 말해 정보의 불균형과 비감시 체제로 인해 도덕적 리스크가 발생할 수 있고 실제로 언론을 떠들썩하게 만드는 사기 사건이 벌어지기도 한다. 모든 위임받은 대리인이 '기업가 정신entrepreneurship'으로 책무를 다한다면 상상 속의 질서는 인류가 창조해낸 최고의 무형 자산이 되었을 텐데 현실은 그렇지 않다. 대리인들이 하는 이야기는 늘 한결같다. 정의로운 세상을 만드는 것이 목표라고 한다. 사람들 모두가 혜택을 봐야 하므로 평등을 기치로 내세우는데 대리인들은 정의와 평등을 혼동한다. 존 스튜어트 밀은 이렇게 말했다. "평등은 흔히 정의의 구성 요소로서 정의의 관념 속에 들어 있고, 또한 정의의 실현 가운데 포함되어 있다. 많은 사람의 눈에는 평등이 정의의 본질을 구성하는 것처럼 비친다."[11] 공리주의를 주창한 밀도 평등에 대해서는 선을 그었다. 평등은 분명히 정의 안에 한 요소로 포함된다. 하라리도 "진화는 평등이 아니라 차이에 기반을 둔다"고 말했다.[12] 상상 속의 질서라지만 상호 주관성이 담보되지 않는 일방적 질서는 위아래, 좌우 모두로부터 환영받지 못한다.

탄탈로스는 자신의 잘못으로 고통을 당했지만 현대에 와서는 계약으로 뽑은 이들의 잘못으로 우리가 탄탈로스의 형벌을 받게 된다. 개인과 가족의 행복을 위해 소망했던 것을 취하려고 해도 그들은 상식으로는 납득되지 않는 설명과 함께 누더기 규정을 만들어 옭아매고, 우리는 경제적 손해와 마음고생을 각오해야 한다. 이득을 보고 싶어도 닥쳐올 손해가 더 무서워 엄두가 나지 않는다. 영원한 형벌은 따로 존재하는 게 아니다. 지금이 고통이다. 하라리는 인간이 담을 넘어 지금의 상황을 벗어나도 결국 더 넓은 상상의 질서로 들어가는 것뿐이라고 한탄했다. 그것을 아는 우리는 이미 포기하고 있다. 그리고 거대하고 보이지 않는 그것이 두려워 타르타로스의 연못에 만족하고 산다.

익명성

IQ + EQ < InQ

비행기 한 대가 무인도에 추락한다. 전쟁 중에 피란을 위해 영국을 출발한 비행기가 바다 한가운데 있는 섬에 불시착한 것이다. 생존자는 모두 소년들이었다. 랠프가 피기를 만나고 소라 껍데기로 나팔을 불자 살아남은 아이들이 하나둘 모이기 시작했다. 생존을 위해 그들은 나이가 많고 리더십이 있는 랠프를 지도자로 삼아 어른들의 조직을 흉내 내며 무인도 생활을 한다. 오두막을 짓고 구조를 위한 봉화를 피우면서 잘 적응해나가고 있었지만 잭은 식량과 재미를 찾기 위해 사냥을 최우선으로 삼자고 주장하며 랠프와 갈등을 일으키게 된다. 랠프는 소년들의 평등한 권리를 보장하고 더 어린 아이들에게 발언할 기회를 주고자 했지만, 잭은 집단에서는 소수가 결정하고 나머지는 이를 따라야 한다고 반발한다. 결국 잭은 멧돼지 사냥을 구상했고, 익명성을 보장한다는 미명하에 메이크업을 한 뒤 스스로 야만인의 대장이 되어 사냥에 나선다. 멧돼지 사냥은 점점 잔인해져갔고 그들은 문명사회로부터 멀어지는 행태를 보인다. 잭 일당이 성실하던 사이먼과 합리적인 피기를 죽이고 랠프를 따르던 아이들을 협박하여 강제로 포섭하자 랠프는 그룹으로부터 도망칠 수밖에 없었다. 잭이 랠프를 쫓기 위해 섬에 불을 지르면서 섬의 대화재를 보게 된 해군이 상륙하고 랠프는 구출된다. 그리고 랠프를 쫓던 아이들도 결국 문명과 다시 만나게 된다.[13]

이상은 1954년 출간된 윌리엄 골딩의 소설 『파리대왕』의 줄거리다. 골딩은 이 작품으로 1983년 노벨 문학상을 수상한다. 문명과 고립된 상황에서 어린 소년들이 야만인으로 변질되어가는 모습을 사실적으로 그린 이 소설은 인간의 존엄성이 어떤 과정을 통해 상실되는지 그 불편한 진실을 보여주고 있다. 생존의 위기가 닥쳤을 때 사람들은 어떤 방식으로 이를 타개해나갈까? 정말로 생명의 위협을 받는다면 이성을 잃을 것이 확실하지만, 소년들처럼 새로운 환경이 주어진다면 대부분은 인간의 보편적 가치를 지키며 새로움에 적응해나갈 것으로 보인다. 이들이 했던 것처럼 똑같이 조직을 꾸리고 리더를 세우며 미래를 예측한다는 말이다. 소년들이 문명을 이반하게 된 가장 큰 계기는 생존의 위협이 아니었다. 그렇다면 잭처럼 쾌락과 권력 추구형 인간이 나타나 조직을 이끈다고 나머지 소년들이 다 따르게 된 것일까? 그것도 아니다. 많은 서평에서 개인의 욕망보다 규범과 평화를 추구하는 인간의 본성과, 집단을 위해 개인을 희생하는 폭력적이고 동물적인 본성이라는 두 가치가 충돌해 갈등 속에 야만 상태로 회귀한 것이라고 밝히고 있지만, 『파리대왕』에서 우리가 주목할 숨겨진 키워드는 사실 '익명성'이다. 메이크업으로 나 자신을 보이지 않게 만든 것이 비인간적 야만성을 드러나게 하는 데역할했다고 보는 것이 타당하다. 물론 본인이 가려진 후부터 우연히 야수성이 드러난 것인지 야수성을 내보이기 위해 일부러 스스로를보이지 않게 하려 했는지는 알기 어렵다. 선과 악에 관련된 인간의 심리학이 태생적인 것인지 아니면 환경에 의해 변하는 것인지 그 선후관계는 여전히 논란 거리다. 골딩은 『파리대왕』에서 랠프를 통해분명하게 그의 생각을 밝혔다.

"그러나 그 패들은 얼굴에 칠을 했어. 다들 알잖아. 얼마나 그것이……" 다른 소년들은 고개를 끄덕였다. 얼굴을 가리는 색칠이 얼마나 사람의 야만성을 풀어놓는가 하는 점을 그들은 속속들이 알고 있었던 것이다.[14]

내가 헤어스타일을 꾸미고 화장하며 멋지게 옷을 차려입는 것은 내 아이덴티티를 확실하고 특별하게 가꾸기 위함이다. 대부분의 사람은 자신을 남과 다를 뿐 아니라 특별하다고 생각한다. 그래서 더욱 타인과 똑같은 모습으로 사는 것을 좋아하지 않는다. 길에서 같은 옷을 입은 사람을 보면 서로 민망해지는 이유다. 그런데 이렇게 생각해보자. 모두가 같은 모습을 하고 얼굴도 분간하기 어려워진다면 어떤 상황이 될까? 즉 탈개인화deindividuation가 되면 우리 인간은 어떻게 반응할까? 사실『파리대왕』은 이 점을 짚었다. 소년들은 모두 원시인처럼 옷을 벗었고 잭이 이끄는 패들은 얼굴에 열매즙을 칠한 뒤 사냥을 나간다. 사냥하면서 괴로워하는 멧돼지를 보고 즐거워하는 반문명적인 모습은 양심적이고 선량했던 본래의 자신을 똑같은 분장의 가면 뒤로 숨기고 동료들을 고문하며 심지어 죽이는 만행을 서슴지 않게 되는 극단적인 행위로 연결된다.

『파리대왕』이 발표되고 17년이 흐른 1971년, 스탠퍼드대학 심리학과 교수였던 필립 짐바도는 심리학 연구 역사상 커다란 획을 그었던 한 실험을 시행했다. 이른바 '스탠퍼드 감옥 실험'이다. 짐바도는 심리학과 건물 지하에 모의 교도소를 만들고 24명의 대학생을 선발하여 교도관과 죄수 역할을 임의로 맡겼다. 누구나 예상할 수 있듯이 감방 앞에서 교도관이 식별 번호를 부르면 죄수는 큰 소리로 대답한다. 이것이 바로 인격을 없애고 탈개인화를 시작하는 첫걸음이 되며 이로부터 죄수는 물건 취급을 당하고 교도관은 무슨 행동이라도 거리낌 없이 할 수 있게 된다. 실험에 참여한 학생들, 특히 교도관은 자신의 본래 정체성이 사라지자 익명성을 이용하여 반사회적 행동을 마음대로 저지르기 시작했다. 그들이 교묘한 방법으로 죄수를 고문하고 성적 학대를 하면서 죄수 중 정신 착란 증세를 보이는 학생이 나오기 시작하자 결국 2주의 실험을 예상했던 짐바도는 실험

6일째 모든 상황을 종료시켰다.[15] 익명성에 의한 탈개인화는 선량한 인간에게서 도저히 상상할 수 없었던 악마의 모습을 떠올리게 만들었다. 짐바도 교수는 이후 이 실험의 내용을 상세히 담아 『루시퍼 이펙트』라는 책을 발간한다. 전설에 따르면 루시퍼는 하느님의 가장 신뢰받던 천사장이었는데 모든 천사를 통솔하던 중 자신을 위대하다고 믿으며 하느님의 자리를 차지할 생각을 하게 된다. 이에 분노한 하느님이 그를 추방하자 루시퍼는 타락 천사로 지상으로 떨어졌다. 악마로 변한 천사가 된 것이다. 짐바도는 이 책 끝부분에서 이라크의 아부 그라이브 교도소 사건을 다뤘다. 그것은 부활한 스탠퍼드 감옥 실험이었다.

1960년 이라크 수도 바그다드의 서쪽으로 20여 마일 떨어진 아부 그라이브 마을에 교도소가 세워졌다. 후세인의 공포정치 시절 최대 1만5000명을 수감하기도 했던 이 교도소는 1984년 한 해에만 4000여 명을 처형해 악명이 높았다. 2003년 4월 이라크의 수도 바그다드가 미국과 영국 연합군에 함락되자 바그다드 시민들은 아부 그라이브 교도소로 몰려가 후세인 정권에서 억울하게 붙잡혀 있던 시민들을 구출하며 해방감을 만끽했다. 그리고 1년이 지나 미군 통치가 이뤄지던 2004년 5월, 아부 그라이브는 갑자기 세계의 핫 뉴스 진원지로 주목을 받게 되었다. 미군에 잡힌 포로를 포함해 7000여 명이 수감되어 있던 이곳에서 최고의 인권 국가로 알려진 미국에 의해서는 도저히 저질러질 수 없을 것 같은 포로 학대 사건이 벌어진 것이다. 이라크 포로들이 나체로 겹겹이 인간 피라미드를 쌓고 그 주변에서 교도관인 찰스 그레이너와 린디 잉글랜드는 엄지손가락을 들어올리거나 웃으면서 사진을 찍었다. 이 사진들이 공개되며 전 세계는 충격에 빠졌고 차마 입에 담을 수 없는 포로 학대 사건이 속속 알려지면서 미국은 곤욕을 치렀다. 짐바도의 스탠퍼드 감옥 실험에서 보여주었던 탈개인화 현상이 현실에서 30여 년 만에 재소환된 것이다.

군복을 입고 교도관이라는 완장을 찬 것은 일상에서의 자기 정체성을 벗어던지고 익명성에 숨어 다른 인격체로 변화할 수 있는 시작이었다. 천사가 타락하여 악마로 변하는 것은 순식간이다. 그것이 본성의 재발현이었는지 아니면 환경의 영향이었는지는 여전히 논란거리다. 에릭 투르크하이머는 「행동 유전학의 세 가지 법칙과 그것이 의미하는 것」이라는 유명한 논문 첫 줄에서 "본성-양육의 논쟁은 끝났다"고 말하며 인간의 행동 특성에는 유전과 환경이 절반씩 영향을 준다고 결론지었다.[16] 사람들이 이름과 계급장을 떼고 교도관이 되어 포로를 다룬다고 모두가 악행을 저지르지는 않는 것이다. 하지만 익명성이 가져온 탈개인화와 비인간화에 의한 폐해를 우리는 주변에서 흔히 본다. 대표적인 것이 언론 기사에 대한 댓글이다. 악성 댓글은 현대판 마녀사냥으로 이어지며 심하게는 당사자의 생명을 앗아가기까지 한다. 악성 댓글을 다는 사람들이 실명을 사용한다면 결코 쓰지 못할 말들을 익명성 뒤에 숨어 마음껏 내뱉는 것이다. 이들은 자신의 행동이 악행인 것을 이미 알고 있다. 정말 모르고 했다면 아마도 주변으로부터 배척된 비정상의 인간일 확률이 높다. 대부분은 목적을 가지고 이런 행위를 한다. 본인이 손해를 본다면 하지 않을 행동인데 굳이 행동에 옮기는 것으로 미루어 자신이나 자신이 속한 집단의 이득을 위해 행동을 하는 것임에 틀림없다. 목적이 있으니 방법을 택해야 하고 본인이 보이지 않게 된 경우가 훨씬 더 유리해진다. 즉 의도적으로 스스로를 보이지 않게 하고 싶은 것이다. 여기에는 남들이 자신을 보지 못할 것이라는 확증적인 판단이 자리잡고 있다. 그런데 세상은 그렇지 않다. 오류에 가득 찬 집단 뒤에 숨어 익명성이 영원할 것으로 믿고 벌이는 간악한 행위는 결국 들통나기 마련이다. 하늘의 루시퍼도, 『파리대왕』의 잭도, 아부그라이브의 두 교도관도 결국 그들의 악행을 만천하에 드러내게 된다. 숨어 있던 소수가 정상적인 다수를 이길 수는 없다.

제 5 장

보이지 않는 것을
보는 사람

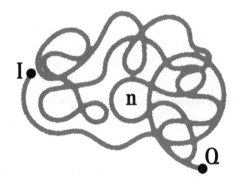

통찰은 성공이다

이 세상에 성공하는 방법은 참으로 많다. 시중 서점에 깔린 자기계발 서적의 내용대로만 이루어진다면 모든 사람이 다 성공해야 한다. 그 수천수만 권의 내용을 한마디로 축약한다면 그것이 바로 통찰이다. IQ는 타고난 지능이라 나 자신의 노력이 그것을 극복하기는 어렵다. EQ 역시 어느 정도는 타고나야 하며 타인에게 공감하고 그를 배려하는 것이 노력으로 개선되기는 힘들어 보인다. 하지만 통찰은 약간 다르다. 자기계발 서적에 나와 있는 내용처럼 흉내내 볼 수 있는 분야다. 묘한 것은 흉내를 내다보면 그것이 저절로 통찰 훈련이 된다는 것이다. IQ나 EQ만으로 혹은 IQ와 EQ를 합한 역량만으로는 성공을 보장할 수 없지만 통찰은 모든 성공한 이가 보유하고 있는 지능이다. 자신이 맡은 일에 대한 두려움을 극복하는 것도 통찰이고 어깨를 맞대고 부대끼는 인간사회에서 원만한 관계를 지속하는 것도 통찰이다. 사랑하는 방법도 통찰이고 슬픔에 후회하는 것도 통찰이다. 실패의 원인을 직관적으로 알게 되고 누구의 도움을 청하는 것이 최선의 선택인지 결정하며 자신감을 가지고 미래를 시뮬레이션하는 그 통찰의 순간 나는 이미 성공한 것이다.

투명 망토의 법칙

IQ + EQ < InQ

아버지의 망토. 이것은 그의 아버지의 망토였다. 망토는 비단보다 부드 럽고, 공기처럼 가벼웠다. 잘 사용하거라. 그 편지엔 그렇게 쓰여 있었 다. 그는 그것을 시험해보기로 했다. 그는 침대에서 빠져나와 그 망토 로 몸을 감쌌다. 다리를 내려다보자 달빛과 그림자밖에 보이지 않았다. 아주 이상한 느낌이었다. 잘 사용하거라. 갑자기 해리는 잠이 번쩍 깨 는 기분이 들었다. 이 망토만 있으면 호그와트 전체가 그에게 열려 있 었다. 어둠과 정적 속에 그렇게 서 있자 흥분이 밀려왔다. 이 망토를 입 으면 그는 어디든 갈 수 있을 것이다. 어디를 가도, 필치는 절대로 알지 못할 것이다. 론이 꿈을 꾸는지 툴툴거렸다. 그를 깨워야 할까? 잠시 망 설여졌다. 아버지의 망토. 한 번도 보지 못했던 아버지에 대한 그 무엇 이 느껴지는 듯했다. 처음이었다. 그는 그 망토를 혼자 사용하고 싶었 다.[1]

170

그가 누구인지 다 알 것이다. 해리 포터. 해리는 1학년 때 크리스 마스 선물로 아버지의 유품을 전달받는다. 자신의 몸을 보이지 않게 만들 수 있다니……. 해리는 흥분할 수밖에 없었다. 영화에서 해리는 투명 망토를 입고 니컬러스 플라멜에 관한 정보를 구하러 도서관에 간다. 위험한 내용을 담은 책들로 가득한 도서관 제한 구역에 들어간 해리는 펼치면 비명을 지르는 책을 실수로 펼치는 바람에 학교 관리인 아구스 필치에게 붙잡힐 뻔한다. 위기를 벗어나고 복도에서 스네이프 교수가 퀴렐을 협박하는 장면을 보게 되는데 보이지 않는 해리가 지나갈 때 스네이프는 이상한 낌새를 눈치챈 듯 퀴렐에게 하던 말을 급히 마무리한다. 스네이프는 투명 망토 속의 해리를 알아본 것일까?

인간이 투명해지는 것에 대한 현대적 해석의 시초는 허버트 조지 웰스의 1897년작 공상과학 소설 『투명인간』이다. 주인공인 과학자 그리핀은 약물 실험 끝에 자신의 몸이 보이지 않게 하는 데 성공한다. 만일 우리 현실에서 실제로 이런 일이 벌어진다면 나는 무슨 일부터 해보려고 할까? 즐겁고 재미있는 상상이 이어지겠지만 소설에서는 매우 암울한 이야기가 펼쳐진다. 옷을 입지 못하기 때문에 겨울에 밖으로 나갈 수가 없다. 외투와 모자라도 걸치면 얼굴이 없는 괴이한 형상으로 비친다. 음식도 먹지 못하고 잠잘 곳도 없다. 자신이 드러날까봐 두려워 집을 태워버렸기 때문이다. 붕대를 칭칭 감고 선글라스를 끼고 다니는 모습을 사람들이 그냥 둘 리 없다. 대학 동창에게 도움을 요청했지만 올바르지 않은 야심에 놀란 친구의 신고로 그리핀은 경찰에 쫓기는 신세가 된다. 그는 결국 거리의 군중에게 붙들려 구타당하면서 죽음을 맞이한다.[2] 그리핀은 깊이 후회했을 것이다. 사람들에게 쫓기면서 또한 죽음을 눈앞에 두고 보이지 않음의 허망함을 제대로 느꼈을 터이다. 목적이 어땠는지는 차치하고 방법론적으로 선택한 투명인간은 인간사회에서 결코 환영받지 못했다. 『해리 포터』의 호그와트 같은 마법의 세계에서는 무기로 쓰일지 몰라도 현실에서 보이지 않는 인간은 탈개인화의 영역으로 분류될 수밖에 없다. 경험주의자의 일탈로 치부하기에는 그 결과가 너무나 극단적이다. 자신의 보이지 않음을 의도적으로 실행하는 것은 상상에서 그쳐야 한다. 왜냐하면 남들은 나의 보이지 않는 면을 아주 잘 보고 있기 때문이다. 물론 나 자신이 스스로 보여주기도 한다.

1) 투명 망토의 제1법칙: 남이 알아본다

앞서 예로 들었던 공항 세관의 마약 탐지견 비글 이야기를 기억하는가? 스페인에서 귀국하는 그 학생이 진공 포장된 하몽을 트렁크에 보이지 않게 집어넣을 수는 있었지만 비글의 뛰어난 후각을 피할 수는 없었다. 투명 망토를 트렁크에 씌운 것이지만 비글은 용케 하몽을 찾아냈다. 숨기려는 시도는 허무하게 끝났다. 해리 포터는 해그리드의 집에서 투명 망토를 뒤집어쓴 채 이야기를 듣고 있었지만 덤블도어는 이들의 존재를 이미 눈치채고 있었다. 소설 『투명인간』에서 사람들은 투명인간을 잡기 위해 길 위에 투명한 유리 조각을 뿌려놓았다. 그리핀이 밟는 순간 붉은 피는 바로 보일 수밖에 없다.

투명 망토의 제1법칙은 어떤 망토가 씌워지더라도 남들은 그것을 알아낸다는 것이다. 비글이 시각이 아니라 후각을 이용하여 트렁크를 쫓아온 것처럼 우연히 드러나기도 한다. 나 자신 또한 남들이 지닌 보이지 않는 면을 어느 순간 보게 된다. 타인이 의도적으로 숨기려고 했다면 사실 보기가 어려울 수 있다. 그래도 인간의 통찰은 어느 순간 그것을 알아낸다.

2) 투명 망토의 제2법칙: 내가 드러낸다

현대 정보사회에서 소셜 네트워킹 서비스는 필수적인 소통 도구가 되었다. 그렇게 편리한 도구임에도 자신을 드러내고 싶지 않은 사람에게는 흔적으로 남아 매우 곤혹스럽게 만든다. 많은 사람이 자신의 본모습을 보이지 않게 하고자 투명 망토를 입고 철저한 위장을 시도했지만 과거에 그가 이야기했던 기록들이 유령처럼 남아 어느 날 자신에게 도로 나타난다. 해리 포터가 투명 망토를 입었더라도 숨 쉬는 호흡과 발자국 소리마저 사라지게 할 수는 없다. 투명인간이 눈 위를 걸으면 몸은 보이지 않아도 발자국은 선명하게 남는다. 아부 그라이브 교도소의 미군은 무슨 생각이었는지 악행을 사진으로 남겼다.

투명 망토의 제2법칙은 투명 망토를 입어도 내가 스스로를 드러낸다는 것이다. 해리 포터는 '그 망토를 혼자 사용하고 싶었다'. 누구든 그런 마음을 갖는 것은 당연해 보인다. 하지만 보이고 싶지 않아도 남이 눈치챈다. 남은 내가 드러내는 무의식을 통해 나를 본다. 인간은 늘 행동으로 무의식을 흘리기 때문에 남들은 나를 파악할 여지를 충분히 갖게 된다.

어떤 조직이 있다. 휴대폰으로 단체 대화방을 운영하고 있는데 많은 사람이 자신의 의견을 내지 않고 가만히 있기만 한다. 대화방 운영자는 꾀를 냈다. 익명으로 대화방을 만들면 모두 이야기를 스스럼없이 할 것이라고 믿었다. 시작은 좋았다. 전보다 훨씬 더 많은 의견이 올라오기 시작했다. 그런데 문제가 생겼다. 안건이 마음에 들지 않는다며 험한 말을 내뱉는 사람이 하나둘 나타나더니 어느 틈엔가 강경파가 되어 조직의 의견을 독점하려는 모습이 보였다. 오프라인에서는 사람들이 웅성거리기 시작한다. 대화방에서 사용하는 말투로 볼 때 험하게 큰소리를 내는 그 강경파는 누구누구라는 소문이 퍼진다. 길에서 마주쳤다. 내가 알던 그 사람이 달라 보인다. 남들은 다 아는데 본인만 모르고 있다. 망토가 살짝 벗겨졌는데 본인은 눈치도 못 챈다. 한 꺼풀만 벗기면 다 보이는 것을 잘 모르는 것 같다. 스스로도 감출 생각이 없는 것처럼 느껴진다. 보이지 않는 것은 없다. 보이지 않는 것처럼 착각할 뿐이다. 보려고 하면 보인다. 나 자신이 보이지 않고 싶어도 어느 틈엔가 나는 드러나 있다.

정상을 비정상으로
해석한 의사
IQ+EQ<InQ

　환자의 검사 소견에서 '정상'이라고 나온 결과를 '비정상'으로 해석한 의사가 있다면 그것은 잘못된 일일까? 대부분은 그렇다고 답할 것이다. 물론 오진이 될 수 있어 의사로서는 피해야 할 상황이지만 관점을 뒤집으면 옳은 일이 되기도 한다. 다음의 두 가지 정반대의 사례를 살펴보자. 정상을 비정상으로 해석한 것이 맞을 수도 있다.

　생후 1개월 된 아이가 배가 불러 외래로 내원했다. 보통 아기들은 복근이 발달되지 않아 배가 부르기는 하지만 이 아이는 터질 듯 빵빵하게 불러 있었다. 태어나서 바로 배가 부르면 소아청소년과 의사들은 선천성 거대결장증을 의심한다. 이 병은 대장의 끝부분인 직장 근육 안에 있어야 할 신경 조직이 선천적으로 없어서 그 부분이 쪼그라들며 대변을 보지 못하는 병이다. 대변이 배출되지 않으므

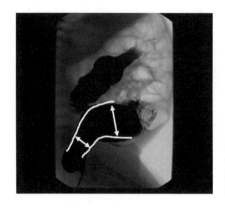

로 병변의 윗부분으로 변이 가득 찬 장이 늘어나 배는 심하게 부르게 된다. 반드시 수술해야 하는 병이어서 정확한 진단을 필요로 한다. 진단 방법으로는 항문 안으로 바륨이라는 조영제를 넣어 대장의 모양을 엑스레이로 보는 바륨 관장 조영술이 가장 기본이다. 진단을 더 확실히 하기 위해서는 항문직장 압력검사와 조직검사를 추가로 시행하면 된다. 대학병원 급이 아니면 대부분의 병원은 바륨 관장 조영술만 시행한다. 아이도 2차 병원에서 바륨 관장 조영술을 하고 그림과 같이 항문에 가까운 부위 직장의 직경이 좁아져 있어 선천성 거대결장증을 의심한 상태로 오게 된 것이었다. 정상 아기는 항문 위의 직장 직경과 조금 더 위쪽의 에스 결장의 직경이 비슷해야 한다. 물론 진단할 때 검사 하나만으로 확진하지는 않는다. 증상도 중요한데 그 아이는 모유 수유 중이었고 잘 먹고 잘 자라고 있어 선천성 거대결장증과는 거리가 있었다. 대변은 묽은 변으로 보고 있

기도 했다. 바로 압력검사와 조직검사를 시행했다. 두 검사 결과 모두 정상 소견이었다. 즉 선천성 거대결장증은 아니었다. 그리고 조직 검사에서 알레르기에 반응하는 호산구가 보여 아이의 진단은 알레르기성 직장염이었다. 원래 모유는 알레르기가 없지만 이 병은 엄마가 먹는 음식의 단백질이 모유를 통해 아이에게 넘어가고 이것이 아이의 직장에 알레르기 반응을 일으키는 것을 말한다. 이 염증 때문에 직장이 잘 펴지지 못하면 바륨 관장 조영술 소견이 선천성 거대결장증과 유사하게 나올 수 있다. 엄마에 대한 식이 교육만 하면 대부분 시간이 흐르면서 호전되므로 그리 걱정할 필요가 없다.

선천성 거대결장증 가능성이 높다고 듣고 체념한 상태로 나를 찾아온 엄마는 매우 기뻐했다. 수술도 안 하고 게다가 특별히 치료할 필요도 없다고 하니 가족들은 연신 고맙다는 인사를 했다. 아이와 가족을 바라보면서 문득 생각 하나가 떠올랐다. 만일 이 아이가 첫 번째 바륨 관장 조영술 검사만으로 선천성 거대결장증 진단을 받고 수술했다면 어떻게 됐을까? 의료 혜택을 제대로 받지 못하는 사람들이라면 실제로 진단 검사 한 가지만으로 어려서 수술을 했을 개연성이 충분히 있었다. 나와 우리 팀은 이 의문점에서 시작해 내가 근무하고 있던 병원의 과거 기록을 조사하기 시작했다. 태어나서 수개월 내에 배가 부른 증상이 있어 바륨 관장 조영술을 시행한 영아가 105명이었다. 그리고 아이들의 최종 진단까지 기록을 모두 뒤져봤다. 바륨 조영술을 시행한 105명 중 51명은 정상 판정을 받았으며 54명에게서 선천성 거대결장증이 의심된다는 판독 결과가 나왔다. 그 54명에 대해 항문직장 압력검사와 조직검사가 시행되었고 선천성 거대결장증으로 확진된 환자는 38명, 즉 54명 중 70.4퍼센트였다. 그렇다면 나머지 30퍼센트는? 정상으로 최종 판정된 아이가 12명, 알레르기성 직장염으로 확진된 환자가 4명으로 총 16명의 아이는 아무런 치료가 필요 없었다.[3]

이제 105명의 검사를 시행한 아이들을 놓고 생각해보자. 그중 16명, 즉 15퍼센트는 바륨 조영술에서 위양성을 보인 것이다. 물론 요즘같이 의료 접근성이 좋은 시대에는 한 번의 검사로 수술을 결정하지 않지만 가령 한 세대 전의 대한민국 의료로 돌아가보면 항문직장 압력검사와 조직검사가 불가능했을, 의료 혜택이 열악한 지역에서는 한 번의 검사로 수술했을 가능성도 꽤 있었을 것으로 추측된다. [그림 16]을 보면 반대의 경우도 가능하다. 바륨 관장 조영술이 정상이라고 했어도 선천성 거대결장증으로 확진된 환자가 1명, 장신경이형성증으로 진단된 환자가 6명이므로 증상이 있어 바륨 조영술을 시행한 105명 중 7명, 약 7퍼센트는 결과가 정상이라는 이유로 질병을 놓쳤을 확률도 있다는 것이다.

우리 팀은 이 결과를 해외 의학 학술지에 보고하며 의료의 한계점에 대해 성찰하게 되었다. 의료 시스템에서 진단하는 능력이 부족하다면 그 피해는 환자에게 돌아간다. 물론 잘못된 진단을 피하기 위해 과잉 검사를 하는 의료 시스템도 바람직하지 않다. 결국 경험

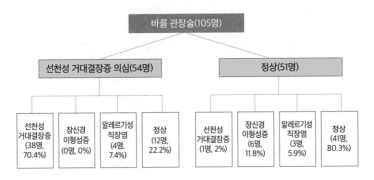

[그림 16] 배가 불러 바륨 관장 조영술을 시행한 영아들의 최종 진단명

이 많고 적절한 검사와 진료를 하는 의사가 지속적으로 양성되어야 국가의 건강보험 재정에도 도움이 되고 국민에게도 신뢰를 줄 수 있다. '적절한 검사'가 어디까지를 의미하는지 정의하기는 어렵다. 문제는 의학 지식만으로 검사를 하며 진단에 접근하는 것이 올바른 진료가 되지 않는다는 데 있다. 의사들은 당연히 질병을 찾아내려고 한다. 그러기 위해서는 먼저 이상 소견을 간파해야 한다. 즉 정상을 벗어난 검사 결과는 의사들이 놓치지 말아야 할 포인트가 된다. 그런 까닭에 의사들은 정상을 벗어난 검사 결과에 주로 반응한다. 왜냐하면 그것이 먼저 눈에 보이기 때문이다.

4세 남자아이가 9개월간의 간 기능 이상 소견으로 내 외래에 왔다. 처음에는 상기도 감염으로 혈액검사를 했다가 우연히 간 수치가 높은 것이 발견되었고 한 대학병원에서 수개월 동안 여러 간 질환

검사를 했지만 원인을 모르겠다는 얘기를 들었다고 했다. 선천성 질환, 근육 질환, 특이 바이러스 질환 검사가 모두 음성으로 나왔고 초음파 검사도 간이 조금 커져 있는 것 말고는 정상이었다. 그 대학병원에서는 간 수치만 높고 특별한 원인이 밝혀지지 않았으니 원인 불명의 바이러스 간염이라고 진단한 상태였다. 하지만 우리 팀은 간 수치가 높고 간이 약간 커져 있는 것에 더하여 다른 화학적 혈액검사가 정상인 것에 주목했다. 정상 소견을 정상으로 보지 않은 것이다.

당원병glycogen storage disease이라는 희귀 질환이 있다. 영양을 섭취하면 글리코겐이 간에 축적되고 공복 시 이 글리코겐을 포도당으로 바꾸어 사용하는 것이 정상적인 인간의 에너지 소모 과정인데 선천적으로 글리코겐을 포도당으로 변환시켜주는 효소가 결핍되어 혈당이 떨어지고 간에 글리코겐이 계속 쌓여 간비대가 오는 질환이 당원병이다. 이 병은 유전자의 이상 부위에 따라 1형부터 9형까지 다양하다. 그런데 9형이 매우 흥미롭다. 보통의 당원병은 혈액 이상소견, 즉 혈당은 낮고 간 수치, 콜레스테롤, 중성 지방, 요산, 젖산이 높게 나오는데 9형 당원병은 증상도 미미하고 혈액검사도 간 수치 정도만 오를 뿐이며, 이것마저 나이가 들면서 거의 정상화된다. 대부분 살아가는 데 아무 이상이 없어지는 것이다.

내가 전공의 과정을 마칠 때까지는 우리나라에 9형 당원병이 없는 줄 알았다. 즉 주로 1a형이 발견된다고만 배웠다. 교수가 되고 우연한 기회에 9형 당원병을 한 환자에게 진단 내리고는 유심히 당원병 환자의 진단에 관심을 기울였다. 특히 혈액검사 결과가 정상인 것을 그냥 지나치지 않았다. 의심하고 더 찾아봤다. 다른 나라 데이터에도 9형이 가장 많은 유형이라고 알려져 있었기에 열심히 찾으려 노력해본 것이다. 그리고 2004년까지 내가 근무하는 병원에서 진단한 12명의 당원병 환자를 분석하여 그해 가을 소아청소년과학회 추계학술대회에서 발표를 했다.[4] "그동안 우리나라에는 1a형 당원병이 가장 많다고 알려져 있었지만 우리 병원의 연구에 따르면 1a형은 2명, 1b형 1명, 3형 2명, 9형 2명, 그리고 아직 타입을 밝히지 못한 환자가 5명 있습니다. 시간을 두고 더 찾아보면 다른 나라처럼 우리나라에서도 9형이 많을 가능성이 있다고 봅니다." 수가 워낙 적어 비교 자체가 어렵기는 하지만 1a형이 2명이고 9형이 2명이니 사실 비슷한 비율로 존재할 수도 있다는 표현을 한 것이다. 그러나 학회장에서 우리 팀의 발표에 대해 이 분야에 정통한 노교수님의 코멘트는 매우 냉담했다. 그동안의 임상 경험으로 볼 때 결코 그럴 리가 없다는 반응이었다. 사실 의사들은 본인의 임상 경험에 최고의 가치를 부여한다. 맞는 말이다. 명의의 임상 경험에는 의학 서적이 알려주는 지식 수십 수백 배의 노하우가 담겨 있다. 환자들이 아주 먼 거리의 명의를 찾아가는 게 결코 이상한 일은 아닌 것이다. 하지만 노교수님의 역정에도 우리 팀은 포기하지 않기로 했다. 전문가인 의사도 보통 인간인지라 겉으로 잘 보이지 않는 것을 놓치는 것은 당연하리라 생각했다. 학회 발표가 끝나고 우리 팀은 여전히 같은 생각을 견지했다. "그래도 9형은 많다."

그로부터 10년이 흘렀다. 2014년 우리 팀은 단일 병원에서 진단된 21명의 당원병 환자 연구 결과를 소아소화기 분야 영문 학술지에 게재했다.[5] 예상대로 우리나라 당원병의 주된 타입은 1a형과 9형 둘 다였다. 각각 7명과 6명이 나왔다. 그동안 1a형이 국내 당원병의 대부분을 차지한다고 알려져왔지만 오랜 기간의 연구에서 다른 나라처럼 9형이 많이 발견돼 결국 10년 전 우리 팀 생각이 맞음을 입증한 것이다.

지식 사고의 한계로 인한 의사의 오진은 의원병iatrogenesis 범주와는 달리 보는 것이 타당하다. 아마 '사혈'에 대해 들어본 사람이 많을 것이다. 사혈은 피를 뽑아내는 치료를 말한다. 사혈의 역사는 오래됐는데 히포크라테스는 인간의 몸 안에 네 가지 체액 성분이 있어서 이들의 불균형이 질병을 일으킨다고 믿었다. 네 가지 체액은 혈액, 점액, 황담즙, 흑담즙을 말한다. 2세기에 갈레노스는 이 '4체액설'을 체계화했고 이 이론을 바탕으로 질병이 있는 이들에게는 사혈 치료가 성행해왔다. 어디서 피를 뽑아야 하는지, 얼마나 많은 양을 뽑아야 하는지는 19세기까지 논란이 되었고 19세기 초에는 의사들이 거머리를 이용하여 사혈을 시도하기도 했다. 피를 많이 흘리면 생명을 잃을 수도 있는데 1799년 미국의 초대 대통령 조지 워싱턴이 인후에 염증이 생기고 낫지 않자 주치의인 벤저민 러시는 워싱턴이 2리터 정도의 피를 흘리도록 했고 이것이 직접적인 사인이었는지는 확인되지 않았지만 워싱턴은 결국 사망에 이르렀다. 기록에 따르면 20세기 초까지도 사혈 치료가 유행했다고 한다. 환자 입장에서는 불행한 일이지만 의학의 발달 과정에서 수없이 많은 시행착오가 있었음을 우리는 알고 있다. 의학 지식의 한계 속에서 벌어진 일로 지금 이 순간에도 적용된다. 앞으로 30년이 지난 후에 과거를 돌아보면 2022년에 사용하던 치료법이 말도 안 되는 치료였을 수도 있다는 말이다. 진단도 마찬가지다. 지식의 발전만으로 진단 기술이 늘어나는 것은 아니다. 예전 같으면 수술할 뻔한 알레르기성 직장염 환자는 선천성 거대결장증 소견과 유사한 바륨 관장 조영술 하나만으로 판단했을 때 오진하게 되는 것이고, 9형 당원병은 혈액검사가 거의 정상으로 나올 때 특히 의심하지 않으면 놓칠 수밖에 없다. 보이지 않는 것을 보지 못하고 맥락을 읽지 못하면 아무리 지식이 발전한다고 해도 인간의 실수는 반복된다. 그래도 전문가들은 이런 오류를 최소화하고자 최대한의 통찰을 발휘하여 보이지 않는 것도 보려고 노력하고 있다. 세상은 그렇게 변해간다.

베이컨과
동갑내기 한음 이덕형
I Q + E Q < I n Q

보이지 않는 것에 관한 한 프랜시스 베이컨을 건너뛸 수는 없다. 베이컨은 귀납법과 경험주의 철학으로 잘 알려져 있지만 그의 역작 『신기관』은 보이지 않는 것에 대한 비범한 통찰로 가득 차 있다. 베이컨은 통찰의 철학자다. 책에서 그는 인간이 버려야 할 우상 네 가지를 열거했다. 첫째, 종족의 우상이다. 사람들이 사물을 있는 그대로 보지 못하는 실수를 지적하며 선입견으로 세상을 보는 인간의 경향을 경계했다. 둘째는 동굴의 우상이다. 개인마다 새로운 것을 받아들이는 성격이 다르기 때문에 자신이 원하는 것만 골라서 듣는 것을 의미한다. 셋째는 시장의 우상이다. 실제로 존재하지 않는 것에 사람이 이름을 붙여 사용하다보니 논쟁으로 이어지기 쉽다는 것으로 언어와 용법의 쓸데없는 혼동을 지적했다. 마지막으로 극장의 우상이다. 인간이 스스로 옳고 그름을 판단하지 못하고 기존에 있던 철학의 권위만 좇아 만들어진 편견을 말한다. 베이컨은 이 네 가지를 인간으로 하여금 귀납 추론을 하지 못하게 만드는 부정적 원리라고 묘사했다. 17세기 초에 이미 서구의 한 철학자는 보이지 않는 것의 의미를 꿰뚫어보고 있었던 것이다.

그렇다면 그 시대에 우리나라는 어땠을까? 조선의 대학자는 어느 정도의 통찰을 지니고 있었는지 궁금하기도 하다. 베이컨은 1561년에 태어났고 같은 해 조선에서는 이덕형이 태어났다. '오성과 한음'의 바로 그 한음 이덕형이다. 오성 이항복에 비해 덜 알려진 학자이지만 학식과 인품으로 그는 조선 최고의 명재상 반열에 올랐다. 현대에 와서 그는 다음과 같은 평을 듣는다. "이덕형이 존경받는 것은 적을 만들지 않는 원만한 성격, 천재적인 학문과 문장 실력을 갖추었지만 이를 자랑하지 않는 겸손함, 맡은 일에는 목숨을 걸고 완벽하게 해내는 책임감, 엄격함 등이 있었기 때문이다."[6] 모든 면에서 뛰어났다는 의미다. 동시대의 베이컨과 차별되는 점은, 베이컨이 사람을 통찰한 이론가라면 이덕형은 세상을 통찰할 줄 아는 실행가였다는 것이다.

오성 이항복과 한음 이덕형의 어린 시절부터의 우정은 온갖 설화에 등장한다. 사실 이항복의 나이가 다섯 살 많아 어려서부터 같이 놀던 죽마고우라는 설에는 무리가 있을 수 있지만 서울에 같이 살고 있어서 일찍부터 만났을 가능성은 존재한다. 역사에 따르면 둘이 과거에 급제한 해가 1580년으로 같다. 아마 이때부터 정가에 진출하면서 둘의 우정이 쌓이고 후세에 두 사람을 칭송하는 여러 에피소드가 전해졌으리라 생각된다. 가장 많이 알려진 어린 시절 에피소드 중에는 이항복과 권율 판서 대감의 감나무 이야기가 있다. 이항복의 집 마당에 감나무가 있었는데 감이 주렁주렁 열린 가지가 옆집 권율 대감 집 마당으로 넘어가 있어 그 집 하인들이 따서 먹자 이를 알게 된 어린 이항복이 권율 대감을 찾아간다. 권율이 머무는 방 앞에 서서 이항복은 창 안으로 팔을 쑥 내밀었고 깜짝 놀란 권율은 무례한 행동이라며 이항복을 나무랐다. 하지만 이에 굴하지 않고 이항복은 말했다. "여쭙겠습니다. 지금 이 팔은 누구의 팔입니까?" 권율은 웃으며 답했다. "아니 너의 팔이지 누구의 팔이겠느냐?" "그럼 저희 집에서 담 너머로 뻗어나간 감나무 가지는 누구의 것입니까?" 권율 대감의 감탄을 자아내게 했다는 이 설화는 누구나 한 번쯤 들어본 적이 있는 이항복에 대한 이야기인데 초등학생을 위한 한 학습백과에는 한음 이덕형도 등장한다. 이항복의 항의에 쩔쩔매던 권율 대감이 하인들 일이라서 미처 몰랐다며 발뺌하려고 하자 이항복과 같이 권율의 집에 찾아간 이덕형이 공손히 말을 꺼냈다. "대감님, 저는 오성의 친구 한음이라 합니다. 대감께서는 만약 손이 잘못을 했으면 그것은 손이 잘못한 일이지 대감께서 잘못한 일이 아니라고 하시렵니까?" 오성과 한음의 얘기를 들은 권 판서는 그들의 기발한 재치에 탄복할 수밖에 없었다.[7] 후세에 와서 이항복은 외향적이고 순발력 넘치는 재능의 소유자로 그려지지만 이덕형은 모든 분야에 능한 정통파 관료로서 올바른 판단으로 결단력 있게 일을 추진하는 학자로 표현된다. 그런 이미지를 가졌기에 현대에 만들어진 어린 시절 감나무 설화에서도 오성의 재치에 더하여 한음의 논리가 추가된 듯하다.

논리는 맥락이다. 하나의 현상을 두고 이것이 어디에서 시작됐는지 어디로 흘러갈 것인지를 예측할 수 있는 것이 논리다. 합리적으로 논리적인 사람은 생각이 많고 또 깊다. 경험 또한 풍부하다. 지식은 기본이다. 타인의 마음도 잘 읽는다. 그래서 논리적인 사람과 대화를 나눠보면 위엄을 느낄 수도 있다. 물론 기분 좋은 위압감이다. 그런데 중요한 사실은 논리의 가장 기본이 보이지 않는 것을 보는 것이라는 점이다. 하인들에게 책임을 떠넘기며 어물쩍 넘어가려던 권율 대감이 한음의 공손한 한마디에 감탄한 것도 보이지 않는 면을 지적한 것에 대한 찬사로 보면 된다. 논리와 합리성으로 무장한 사람들에게 당황은 없다. 그들은 자신 있고 떳떳하게 주장을 편다. 자신의 의견을 강요하려들지도 않는다. 정당하고 옳은 이야기를 했기 때문에 결국에는 상대방이 설득되리라는 것을 잘 알고 있다. 그러니 무리하지 않으면서 겸손하지만 심지가 곧을 수밖에 없다.

이덕형은 임진왜란이 일어나기 5년 전부터 3년간 일본에 사신으로 갔다 왔다. 당시 이덕형을 접대한 일본의 승려 겐소는 바로 그의 학식과 인품에 끌렸고, 이후 임진왜란이 일어나자 조선에 오게 되었느데 협상 상대로서 이덕형만을 원했다고 한다. 임진왜란 초기 조선이 왜군에게 쫓기며 선조와 조정이 한양을 떠나 평양과 의주로 피란을 가게 되었다. 이덕형은 왜군이 평양성에서 더 이상 진군하지 못하는 상황에서 왜군과의 강화 협상에 참여하게 되었다. 이때 겐소를 다시 만나는데 이덕형은 겐소를 통해 왜군의 조선 침략을 강하게 성토했고 겐소는 "이덕형은 진정 뛰어난 사람이다. 위급한 때에 말하는 것이 평소와 다름없으니, 평범한 사람은 참으로 미칠 수 없다"며 감탄했다.[6] 이 회담에서 이덕형은 왜군의 마음을 읽었고 중요한 결론을 내렸다. 회담이 진행되어 왜군과 강화 조약을 체결하더라도 왜군은 조선을 포기하지 않으리라 판단한 것이다. 그는 바로 선조에게 명나라에 구원군 파병을 요청해야 한다고 간언했다. 당시에 명나라는 조선이 너무나 쉽게 무너지자 조선과 일본이 공모하여 명나라를 침범하려 한다고 의심했다. 특사 자격으로 명나라에 간 이덕형은 참전에 소극적이었던 병부상서 석성에게 지금 조선을 돕지 않으면 추후에 왜군 치하에서 조선의 군사마저 명나라와 싸우게 될 것이라는 논리를 펴며 명나라를 설득했다. 그동안 벌어진 상황과 그것의 맥락이 타당함을 인지한 명나라가 파병을 결정한 것은 당연했다. 그의 올바르고 담대한 논리가 명나라의 조정을 움직인 것이다. 이덕형은 전쟁의 판세를 읽었고 왜군의 생각을 알아낸 뒤 명나라의 도움을 이끌어냈다. 이덕형을 만난 왜군과 명나라 조정은 양측 다 그의 논리에 고개를 끄덕였다. 논리를 펴면서 이덕형은 우기지 않았다. 왜군 앞에서 적으로서 혼을 내는데도, 명나라 조정에서 약자로서 도움을 청하는데도 비굴하지 않았고 오히려 그들을 탄복시켰다. 이덕형은 관찰을 중시했다. 복잡한 상황을 단순화하여 패턴을 인식했고 이것은 유추로 이어졌다. 유추는 판세 예측에 커다란 영향을 주었다. 이 과정을 어디서 많이 본 것 같지 않은가? 바로 베이컨의 귀납적 추론 방법과 유사하다. 귀납법의 첫 단계는 새로운 사실에 대한 정보 수집이다. 일종의 관찰이며 여기서 가설이 나와야 하는데 이것은 단순화와 패턴화를 의미한다. 그리고 반복되는 실험을 통해 가설을 검증하는 것이 귀납적 추론이다. 물론 조선 시대의 이덕형이 실험을 수행할 형편은 아니었으므로 그는 이성을 통해 유추에 이르렀다. 그의 머릿속에는 이미 상황에 대한 결론이 나 있는 것이다. 그 당시 서양에서는 자연철학과 과학혁명의 방법론이 싹트고 있었다. 베이컨의 『신기관』은 보이지 않는 인간의 마음 흐름을 체계적으로 이론화한 것이다. 보이는 것을 논리적으로 기술하는 것도 어려운데 보이지 않는 것을 논리적으로 정립한다는 것은 실로 보통 학자로서는 엄두를 내지 못할 위업이 된다. 『신기관』은 아리스토텔레스의 연역법 논리학 저서 『오르가논Organon』에 대항하여 이름 붙인 것으로 그동안 알려져왔던 연역법을 넘어서는 새로운 귀납적 추론 방법을 저술했다. 베이컨이 새로운 과학의 논리로 관찰과 실험을 통한 귀납법을 주장했을 당시 조선은 과학 발전에 있어서 아무런 움직임이 없었던 것일까? 그렇지 않다는 것을 우리는 잘 알고 있다. 세종대왕 시대를 거치며 정약용의 실학에 이르기까지 우리나라도 꾸준한 발전을 이루고 있었다. 단지 문헌에 남겨지는 이론이 서양의 그것과 다를 뿐 사실 인간의 사고 능력은 동양이나 서양이나 마찬가지라고 보는 것이 옳다. 이덕형은 이미 몸으로 귀납법적 추론을 보여주고 있었고 거기에 더해 베이컨의 『신기관』에서처럼 보이지 않는 것을 체계화하여 결론을 내고 또한 실행하고 있었다.

1591년 이덕형이 대제학으로 임명되자 조정의 대신들은 모두 놀라워했다. 31세에 조선 역사상 가장 젊은 대제학이 되었기 때문이다. 대제학은 학자 중 최고의 관직으로서 당대의 학술적 이론을 주도하는 지위인데 현재의 교육부 장관급으로 보면 된다. 그는 선조에게 나이가 어리다는 이유를 대며 극구 사양했지만 선조는 이덕형에게 예조참판과 겸직하도록 했고 임진왜란이 끝나는 1598년에는 우의정에 임명했다. 4년 후 42세의 이덕형은 영의정 자리에 오른다. 학식뿐만 아니라 인품의 탁월함은 국내외로 널리 알려져 모든 이의 존경을 받았고 17세기 초에 조선 최고의 학자로 이름을 날리게 됐다. 서양에 베이컨이 있었다면 우리나라에는 이덕형이 있었다는 말이다.

광해군 시절인 1612년 이덕형은 다시 영의정에 임명되었고 이듬해 대북파가 영창대군을 사형시키고 생모인 인목대비를 폐모하려 할 때 상소를 올리며 반대하자 대북파로부터 탄핵당한다. 대북파들은 영창대군을 옹호했던 이덕형을 사형에 처해야 한다고 주장했지만 광해군은 이덕형을 파직하면 되는 것이지 더 이상의 논의는 필요 없다고 잘라 말했다. 사저에 내려간 이덕형은 곧 병을 얻어 사망했고 광해군은 그의 죽음을 안타까워하며 관직을 복권시켰다. 이덕형의 사망에 온 백성이 슬퍼했다. 1614년 광해군은 이덕형을 위성원종공신 1등으로 책록했다. 그리고 1623년 인조반정이 일어난 후에도 이덕형의 사후 신분에는 아무런 불이익이 없었다. 이덕형을 모신 서원은 1871년 흥선대원군이 서원철폐령으로 전국 서원을 47개소만 남기고 통폐합할 때도 임진왜란 당시 그가 세운 공이 인정되어 보존될 수 있었다. 생전이나 사후에 이렇게까지 온 백성이 존경하고 예우했던 조선의 학자가 또 있었을까 싶다.

최고의 대학자들에게는 항상 전해오는 일화가 있다. 그것이 진실이건 아니건 후세 사람들은 대가의 이미지를 느끼게 만드는 이야기를 잘 지어낸다. 대가에게는 보통의 일상이었고 아무렇지도 않은 에피소드였겠지만 사람들은 각색을 통해 보이지 않던 면모를 잘 보이게 만들어내는 데 참으로 뛰어나다. 베이컨과 이덕형에게는 매우 탁월한 공통점이 있었다. 바로 관찰이다. 두 사람의 모든 업적은 이 관찰 하나에서 시작되었다고 해도 과언이 아니다. 다음은 관찰에 관한 두 사람의 일화다.

이덕형에게는 첩이 한 명 있었다. 임진왜란이 끝나가며 정신없이 조정의 일에 매진해야 했던 때라 이덕형은 궐문 밖에 작은 집을 마련하고 첩으로 하여금 음식을 마련하도록 했다. 어느 더운 날 조정의 일을 마치고 나서 힘들고 목이 타던 이덕형은 집에 도착하자마자 말할 틈도 없이 첩에게 손을 내밀었다. 그러자 첩은 기다렸다는 듯이 바로 제호탕을 내왔다. 제호탕은 여러 재료를 가루 내어 꿀에 재두었다가 냉수에 타서 마시는 것으로 지금으로서는 갈증 해소 음료의 일종이다. 이것은 이덕형의 마음을 제대로 읽은 매우 눈치 빠르고 영리한 행동이었다. 제호탕을 받아든 이덕형은 마시지 않고 한동안 첩을 뚫어지게 관찰했다. 그러고는 이렇게 말했다. "지금 내가 너를 버리니 네 마음대로 가고자 하는 곳으로 가거라." 갑작스러운 이별 통고에 첩은 깜짝 놀랐지만 이유를 알 수가 없었다. 그녀는 밤새서글피 울다가 이항복 대감을 찾아가 하소연하기로 마음먹었다. 찾아가 만난 이항복이 이렇게 말했다. "한음이 너를 사랑하기가 특히 심했는데 이렇게 쉽게 헤어지다니 말이 되지 않는구나. 내가 그 연유를 물어보리라." 이항복이 이덕형을 만나 자초지종을 묻자 이덕형은 껄껄 웃으며 이렇게 답했다. "그 사람의 죄가 아니네. 내가 매우 덥고 목이 타서 집에 가자마자 말없이 손만 내밀었는데 그 사람이 어떻게 알았는지 미리 제호탕을 준비하고 있다가 나에게 주더군. 그 총명함이 그 사람을 사랑하지 않을 수 없게 만드는 데다 그 사람 얼굴을 잘 살펴보니 아름답고 사랑스러움이 한꺼번에 우러나고 보통 때보다 더욱 요염했네. 나라가 지금처럼 힘든데 정승인 내가 여인을 그리워하게 되는 것은 마땅치 않아 정을 끊고 국사에만 전념하고자 그리한 것일세." 이 말에 이항복도 크게 감탄했다.[8] 이덕형은 늘 그랬다. 보이지 않던 상황을 관찰을 통해 인지하고 다음 단계를 미리 내다본 것이다. 직관과 이성의 조화는 올바른 논리로 탄생했고 그것을 품은 이덕형은 실로 만인의 존경을 받는 대학자가 되었다.

베이컨은 실험을 하다가 아쉽게 세상을 떠난 것으로 잘 알려져 있다. 어느 겨울날 베이컨은 하얀 눈 속에서 푸른 풀을 보게 된다. 관찰한 결과에서 유추하여 그는 눈의 존재로 인해 풀이 푸른색을 유지하고 있다고 판단했다. 그리고 그에게 엉뚱한 호기심이 생겼다. 그 당시 과학으로는 상상하기 어려웠지만 시체가 온도에 따라 부패될 것이라 가정하고 고기를 얼음에 보존하면 오래 보관할 수 있을 것이라 예측했다. 베이컨은 바로 닭 한 마리를 잡아 눈이 쌓인 밖으로 나간 뒤 몸통에 눈을 채웠다. 그러고 나서 관찰했다. 닭 시체의 변화를 체크하기 시작한 것이다. 그러나 그 과정에서 심한 겨울 추위로 인해 베이컨은 폐렴에 걸리고 말았다. 냉동 닭은 보존이 잘 되었는데 베이컨은 결국 폐렴으로 인해 목숨을 잃었다.[9] 어이없는 일이었지만 관찰과 목숨을 바꾼 순간이었다.

보이지 않는 것을 보고 싶어했던 이덕형과 베이컨은 동갑내기 대학자로서 통찰의 대명사였다. 후세 사람들이 두 사람을 칭송하는 근본 이유는 바로 평범한 사람들이 보지 못하는 면을 잘 보이도록 만들었기 때문이다. 반복되는 이야기지만 보이지 않는 것을 통찰하려면 보이는 것을 '어떻게 관찰하는가'가 가장 기본이 된다.

런던 웸블리
스타디움의 BTS
I Q + E Q < I n Q

정국은 울고 있었다. 지민과 제이홉도 흐르는 눈물을 주체할 수 없었다. BTS 방탄소년단은 모두 울고 있었다. 엔딩 곡 「소우주」의 무대가 시작되기 직전 영국 런던 웸블리 스타디움에 모인 6만의 관중은 BTS를 위한 예상치 못한 퍼포먼스를 보여주었다. 「Epilogue: Young Forever」를 한국어 '떼창'으로 불러준 것이다. 이미 관객과 BTS는 한 몸이 되었다. "Forever we are young, 넘어져 다치고 아파도 끝없이 달리네 꿈을 향해." 드넓은 웸블리 스타디움을 가득 메운 것은 6만의 관객이 아니라 그들의 가슴속에서 터져나온 꿈과 희망과 전진의 울림이었다. BTS는 감격했다. 울음으로 사랑으로 관객들에게 감사 인사를 전했다. 슈가는 "생각지도 못했는데"라고 운을 뗐고 진은 "너무 놀랐고 진짜 평생 잊을 수 없는 기억인 것 같다"고 말했다. 뷔는 다시 런던을 찾겠다며 "정말 이렇게 감동받게 해줘서 감사하다. 잊지 않겠다"고 외쳤다. RM이 마지막 무대 「소우주」를 소개하며 이날의 공연을 마무리했는데 하나가 된 6만 관중은 응원봉을 흔들며 「소우주」를 따라 부르고 있었다.[10] 2019년 6월 1일 한국이 낳은 월드 스타 BTS는 퀸, 마이클 잭슨, 롤링 스톤스 등 세계적인 아티스트에게만 허락된다는 꿈의 무대 웸블리 스타디움에서 성공리에 공연을 마쳤다.

방탄학BTSology이라고 들어봤는가? 2020년 1월 런던 킹스턴대학에서는 'BTS 글로벌 학제간 학술대회'가 개최되었다. 30여 개국에서 140명의 학자가 모여 BTS가 전하는 메시지와 성찰에 대해 뜨겁게 토론하는 시간을 가졌다. BTS 관련 연구는 철학을 비롯해 문학, 심리학, 경영학, 인류학 등 인문사회 분야와 예술의 전 분야를 망라하고 있었다. 2020년 10월에는 정식 국제표준 정기간행물번호 ISSN을 부여받은 온라인 학술 저널 '리좀 혁명 리뷰The Rhizomatic Revolution Review'가 창간되어 BTS와 팬덤 그룹인 '아미ARMY'에 대한 연구 리포트를 싣고 있다. 첫 주제는 'K-pop, 그 이름 안에 무엇이 있는가?'였다. 단일 대중 아티스트에 대해 이렇게 정기적인 학술대회가 열리고 저널이 발간된 것은 역사상 처음 있는 사건으로 받아들여진다.[11] BTS 그 이름 안에 무엇이 있기에 세계는 이렇게 열광했을까? 답부터 말해보자면 BTS는 첫째, 그들의 잘 보이지 않는 면을 바닥부터 드러냈다. 성공하기까지의 과정이다. 둘째, 세상 사람들이 자신들의 보이지 않는 면을 BTS를 통해 보이게 만들었다. 바로 아미를 말한다. BTS는 기득권 밖에 있었던 보이 밴드였다. 2013년 데뷔했고 2016년 대한민국 대중문화예술상을 받을 정도로 성장하고 있었지만 여전히 대형 자본의 바깥에 있었기에 수직적 위계 구조를 부수고 나오는 모습은 BTS를 조금이라도 알고 있는 이들에게 공감을 불러일으키고 있었다. 한국에서 출발한 아미 역시 변두리에 있던 팬덤이었다. 백인도 아니고 영어도 사용하지 않는 그들이 받았던 차별은 오히려 풀뿌리 아미를 세계로 확장할 수 있는 동인으로 작동했다. BTS와 아미의 수평 정신과 인권 지향 활동은 2018년 유엔 연설에서 사회 속에 고통받는 사람들에게 자신을 사랑하라Love yourself는 메시지를 전하기에 이른다. "여러분 모두에게 묻고 싶습니다. 당신의 이름은 무엇입니까? 무엇이 당신을 흥분하게 하고 심장이 뛰게 만드는 거죠? 당신의 이야기를 들려주십시오. 저는 여러분의 목소리와 신념을 듣길 원합니다. 당신이 누구이건, 어느 나라 출신이건, 피부색과 성 정체성이 어떻든 간에, 여러분 자신에 대한 이야기를 해주세요."[12] BTS는 사람들에게 외쳤다. 숨지 말고 나오라고. 드러내지 않았던 모습을 남들에게 보이라고. 이 메시지를 BTS는 연습생 시절부터 실행해왔고 지금도 모든 사람과 공유하고 있다.

프로듀서 방시혁은 빅히트 엔터테인먼트를 설립한 뒤 2010년 9월 오디션을 통해 BTS를 만들어냈다. 젊은 세대들이 겪고 있는 고난과 사회적 편견, 억압을 음악을 통해 방어하겠다는 의미를 지닌 방탄소년단은 3년간의 연습생 시절을 보낸다. 이 기간에 같은 소속사의 걸그룹 뮤직비디오에 등장하기도 하고 백댄서로 활동하거나 피처링에 참여하는 모습이 가감없이 사람들에게 노출되었다. 스타가 되면 과거의 얼굴을 보여주기 싫을 것 같은데 BTS는 예전 모습마저 팬들과 나누며 고난의 과정을 함께 즐긴 것이다. 유엔에서 전한 메시지는 사실 BTS가 겪어온 과정의 요약이었다. 그리고 이미 메시지를 눈치챈 팬들은 그들 자신의 이야기를 하기 시작했다. 이렇게 탄생한 방탄소년단과 너무나 잘 어울리는 군사 '아미'는 이 메시지를 각자에게 접목하여 세를 불려나갔다. 보이지 않았던 자신의 이야기를 보여준 BTS에게 보이지 않았던 자신들의 이야기를 드러낸 아미는 곧 대한민국을 벗어나 인종도 다르고 언어도 잘 통하지 않는 세상으로 마음을 퍼 나르기 시작했다. 여기서 우리가 눈여겨봐야 할 대목이 하나 있다. 2020년 빌보드 핫 100차트의 1위를 차지한 노래 「다이너마이트」가 BTS 최초의 영어 가사 노래다. 그 전까지 2017년과 2018년 미국 빌보드 뮤직 어워드 톱 소셜 아티스트 상을 수상하고, 2019년 아메리칸 뮤직 어워드 팝-록 부문 페이버릿 듀오/그룹 상 등 3개 부문과 빌보드 뮤직 어워드 톱 듀오/그룹 상 등 2개 부문에서 수상한 것은 모두 한국어 가사의 노래였다. 다른 언어와 인종의 아미들이 한국어를 쉽게 이해하기는 어렵다. 설령 영어로 번역하더라도 BTS가 추구한 노래의 가사를 마음 깊이 음미하기는 더

더욱 힘들었을 것이다. 그런데도 세계의 아미는 이미 BTS를 한마음으로 이해하고 받아들였다. 그들은 언어의 보이지 않는 장벽을 뚫고 BTS를 읽었다. 한국어로 떼창을 하면서 우리 한국인이 느끼는 감정을 담아 부른 것이다. 이제는 한국어를 배우고 K팝을 비롯한 한국 문화를 습득하며 전파하는 외국인이 아주 많아지고 있다. 한국어를 배우지 않았어도 눈빛과 마음으로 보이지 않음을 극복할 수 있었고 한국어를 장착하고 난 뒤에는 보이지 않던 것을 보이게 만드는 능력까지 발휘하여 이제는 더 높이 더 멀리 날게 되었다. 눈이 푸른 아미도 겉으로 보이지 않는 BTS의 마음을 봤고 BTS를 통해 그들의 내면을 드러냈다. 보이는 것만 보고 아미가 움직였다면 우리나라의 다른 아이돌 그룹도 BTS만큼 세계적으로 성공했어야 마땅하다. 다시 말하지만 BTS는 자신들의 보이지 않는 면을 보여줌으로써 성공할 수 있었고, 아미로 일컬어지는, 세대를 초월하여 공감하는 지구상 모든 이의 숨겨진 마음을 대변함으로써 그들의 심적 리더가 되었다.

웸블리 스타디움 콘서트를 하루 앞둔 5월 31일 피카딜리서커스 광장에는 BTS의 영상 광고가 나오고 있었다. 한 시간 남짓 보여준 영상 앞으로 팬들이 모여 인산인해를 이뤘고 이것은 마치 1965년 6월 비틀스의 등장으로 그 일대가 마비되었던 광경과 매우 유사했다고 전해진다. 어떻게 보면 영국인들에게 'BTS'라는 약어가 더욱 '비틀스'를 떠올리게 했을 수도 있다. BTS에게는 알파벳 세 글자는 비틀스의 재림을 연상케 한 행운이었을지 모르지만 BTS는 엄연히 BTS이지 비틀스가 아니다. 한국의 기자가 만난 영국 팬 리아의 말을 들어보면 왜 BTS가 그들에게 치유의 아이콘이 됐는지 알 수 있다. "BTS는 어린 시절 나를 역경에서 구해줬어요. 학창 시절 사춘기 때 저는 우울증에 걸렸습니다. 나를 미워하고 비관했죠. 그때 친구가 BTS를 들어보라고 했어요. 저는 BTS의 음악을 통해 치료받기 시작했습니다. 노래 가사처럼 나 자신을 사랑하기 시작했고요. BTS 없이는 오늘의 행복한 나는 존재하지 않았을 겁니다. BTS는 가식적이지 않아서 좋습니다. 아주 솔직합니다. 아미에게도 BTS는 자신들의 어려움과 걱정, 슬픔을 감추지 않고 나누어주죠. 그래서 BTS를 보면 위로와 힘을 얻습니다. 제 친구뿐 아니라 부모님, 조부모님도 방탄을 좋아하세요. 그저 놀라울 뿐입니다!"[13]

BTS는 두 마리 토끼를 다 잡았다. 먼저 피부색과 인종으로 표현되는 차별의 벽이 허물어지는 데 제대로 역할을 해냈다. 서구의 백인 남성으로 대표되는 묘한 남성의 인종 위계질서가 BTS의 등장으로 인해 깨지기 시작했다. 동아시아인을 바라보는 세계인의 시선이 변한 것이다. BTS를 연구한 홍석경 교수의 말에는 새로운 정체성이 탄생했을 뿐만 아니라 이것이 앞으로 우리가 사는 미래 세상의 새로운 표준이 될 수 있음이 강하게 내포되어 있다. "방탄소년단이 퍼포먼스뿐 아니라 사회관계망서비스SNS를 통해 일상적으로 보여주는 남성상은 자신의 감정을 솔직히 드러내고 남자들끼리도 신체적,

정신적 친밀성이 보존되는 우정을 발전시키는 동시에 스스로를 가꾸는 부드러운 남성성이다. 방탄소년단이 보여주는 이 남성성은 현재 전 세계 청년들에게 성적 정체성과 상관없이 매우 매력 있으며 해방적인 남성상으로 수용되고 있다."[14] 과거와 달리 이제 강한 '남성다움'은 호감을 주지 못한다. 이전 시대에는 '마초 문화'가 득세했다. 마초macho는 스페인어로 '남자'라는 뜻인데, 마초 문화는 씩씩하고 늠름한 남성다움의 문화를 의미했어야 하지만 지금은 폭력적이고 여성을 비하하며 남성우월주의를 표방하는 성향을 지칭해 그다지 환영받지 못한다. 이에 반해 BTS의 부드러운 남성성은 동료를 편안하게 만들고 특히 여성들의 지지를 한껏 받게 해주었으며 부모의 연령층이나 하물며 할아버지, 할머니의 사랑을 끌어내는 마력을 보여주었다. 가족 내에서도 엄한 아버지와 무뚝뚝한 아들로 표현되는 남성상을 변화시켜줄 트렌디한 모티브로 작동하기 시작한 것이다. '표현을 잘 하지 못하는 남자'에서 진심으로 '공감하고 마음을 안아주는 남자'로 바뀌는 것은 이제 현실이 되어가고 있다. 아픔과 기쁨을 함께 느끼는 것은 우리가 살아가는 세상에서 가장 가치 있는 덕목이 된다.

『BTS와 아미 컬처』 저자인 이지행은 BTS와 아미의 탄생에서 성공까지의 스토리를 파노라마처럼 이어지는 단어의 연속으로 표현하고 있다. 취향, 정체성, 공감, 서사, 연대다. "방탄소년단이 내민 서사가 팬들의 자기 서사가 되고 삶의 버팀목이 되기까지, 거기에는 그들과 팬들이 함께 쌓아온 신뢰와 믿음의 시간이라는 퇴적층이 존재한다. (…) 방탄소년단의 영광과 기록의 거대 서사를 쪼개면 그곳에는 오직 팬들만이 알 수 있는 작은 서사들이 사금처럼 촘촘하게 박혀 있다."[15] 그의 글은 BTS와 아미, 나아가 공감하는 청년 세대의 아픔과 무기력을 과감하게 보여주고 여기서부터 베르그송이 말한 '엔트로피의 사면을 거슬러 올라가려는 노력'을 겉으로 드러낸 작은 출발의 의미를 콕 집어 표현했다. 그리고 목적지는 연대다. 그것이 가족이고 조직이며 나라가 된다.

2021년 BTS는 흥겨운 서머 송 「버터」로 세상을 뒤흔들었다. 빌보드 핫 100차트에서 열 번째 1위를 차지하며 빌보드 역사를 새로 쓰고 아메리칸 뮤직 어워드에서 아시아 가수 최초로 대상인 '올해의 아티스트'에 선정된 「버터」 외에 또 하나의 의미 있는 노래 한 곡을 차트 정상에 올려놓았다. 듣지 못하는 청각장애인을 배려하여 국제 수어를 춤에 녹인 「퍼미션 투 댄스」가 그 곡인데 BTS가 세상을 바라보는 방법을 다시금 확인시켜준 노래였다. '춤추다'와 '즐겁다' 그리고 '평화'를 수어 동작으로 표현한 이 곡은 듣는 노래에서 벗어나 보는 노래로 영역을 확장해 음악으로부터 소외되었던 청각장애인들에게 감동을 준 것이다. '넘어지더라도 걱정할 필요는 없어, 왜냐하면 착지하는 법을 아니까'라는 가사는 코로나 팬데믹에 지친 세계인들에게 희망의 메시지를 전달해주었을 뿐만 아니라, 어느 누구도 노래에 수어를 담을 생각을 하지 못할 때 그들은 '즐거운 평화의 춤'으로 청각장애인들을 보듬었다. 이것은 아무나 떠올릴 수 있는 생각이 아니었다. 공감은 연대로 이어졌고 이렇게 BTS는 또 한 번 보이지 않는 것을 보이게 만들었다.

BTS는 미래도 제시했다. 현상에 만족하지 않고 본질을 깨우치기 위한 행동을 주창했다. 자신을 알고 자신을 드러내며 자신을 사랑하자는 메시지는 미래 지향형이다. 이는 자신을 용서해야 하고 타인을 이해해야 하며 나를 사랑하기에 앞서 타인을 사랑해야 한다는 전제를 깔고 있다. 인생을 어느 정도 경험한 이들은 엔트로피의 비탈길을 거스르기가 얼마나 어려운지 잘 안다. 그 노력이 헛되이 끝나는 경험을 많이 했기에 섣불리 긍정적인 대답을 내놓지 못한다. 하지만 이렇게 생각해보자. 전에는 보이지 않아서 방법을 몰랐다. 이제는 보인다. 거리낄 것이 없다. 보이는 것을 즐기고 보이지 않는 것을 더 찾아보자. 그래서 보이지 않는 것을 또 보이게 만들자. 나를 보라. 나를 관찰하라. 혹시나 '비판적 사고'의 의미가 타인에 대한 비판이라고 잘못 알고 있다면 지금부터라도 고쳐보자. 비판적 사고는 자기주장에 잘못이 없는지 꼼꼼히 살펴보는 것을 말한다. 어떤 일을 당했을 때 감정과 편견에 사로잡히거나 권위에 휘둘리지 말고 합리적 논리성으로 분석하고 평가하여 올바른 결론에 도달하는 과정을 의미한다. 즉 나로부터 시작된다. 내 감정에서 겉으로 보인 모습을 자각해야 한다. 그것이 페르소나Persona이고 마음의 지도Map of the soul가 된다. 타인Her의 눈물Tear을 훔쳐주고 사랑하는 것이 BTS가 애기한 결結론이자 정답Answer이다. 그리고 스스로를 사랑하자Love yourself. 인생은 그렇게 간다Life goes on.

제 6 장

본질에
다가가기

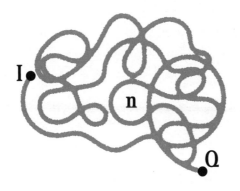

통찰은 맥락이다

뇌는 모든 경험을 비디오 찍듯이 기억하지 못하고 피크와 엔드peak-end rule를 주로 기억하게 된다. 또한 뇌는 기억을 소환할 때 여러 영역에 나누어 보관하고 있던 조각 기억을 하나로 모으는데 중간에 비어 있는 부분을 두려워하여 무언가로 그 빈 곳을 채우려고 한다. 기억의 오류는 이렇게 발생한다. 인간의 삶도 뇌와 똑같다. 과정이 진행되며 결과를 도출하는데 핵심 당사자를 제외하고는 모든 과정을 다 아는 사람은 사실상 없다. 겉으로 드러난 몇몇 정보만 알려져 있을 뿐 빠진 과정은 보이지 않는다. 저 사람이 갑자기 왜 저런 태도를 취하는지, 프로젝트가 예상외의 방향으로 가는 이유가 무엇인지 우리는 궁금하다. 이때 보이지 않는 것을 드러내는 상상이 시작된다. 원시시대부터 창의적인 뒷담화에 능숙한 인간은 진화하면서 이제는 조각난 정보를 연결하는 스토리텔링에 매우 탁월하다. 이렇듯 인간이 지닌 타고난 장점을 잘 활용해보자. 빠진 과정이 바로 맥락이다. 숨어 있던 맥락이 오류 없이 제대로 드러날 때 우리는 본질에 가까이 다가가게 된다.

박인비의 품격
IQ+EQ<InQ

    아내는 프로 골퍼 박인비의 열혈 팬이다. 주말에 경기가 있을 때는 새벽까지 자지 않고 생중계를 보며, 이튿날 출근해야 하면 아침에 일어나자마자 박인비의 스코어부터 챙긴다. 하루는 아내에게 왜 그렇게 박인비만 좋아하는지 물어봤다. 세계 최강의 실력을 갖추고 늘 노력하는 모습이 좋아서라는 답변을 예상했던 내게 아내는 엉뚱한 대답을 건넸다. "박인비가 인터뷰하는 것을 한번 들어봐. 보통 선수와 달라. 말에 품격이 있어. 생각이 깊고 늘 성찰해." 골프 선수가 실력으로 자신을 보여주면 그게 전부라고 생각하던 내게 참으로 신선한 말이었다. LPGA 우승은 실력과 행운의 결합으로 얻어지는 덤과 같은 것이고 박인비를 좋아하는 진정한 이유는 그가 지닌 인간의 됨됨이 때문이라는 아내의 말에 호기심이 발동했다. 나도 박인비를 좋아하고 그가 선전하고 우승할 때마다 함께 기뻐해줬는데 같은 경기를 TV로 즐기면서도 아내는 무엇을 보고 있었단 말인가?

아내와 나는 2020년 8월 21일 스코틀랜드 로열 트룬 골프 클럽에서 열린 AIG 위민스 오픈 메이저 대회 2라운드 경기를 시청하고 있었다. 이날 경기가 끝나고 박인비가 한국 기자들과 인터뷰하는 장면이 방영됐다. 코로나19 사태로 인해 전속 캐디가 같이 오지 못해서 급하게 남편이 캐디 백을 메는 상황이 되어 언론의 관심을 받았고 당연히 이에 대한 질문이 들어왔다. 박인비는 이렇게 답했다. "남편이 캐디 역할을 굉장히 잘해주고 있어요. 사실 비 오고 바람 불고 정말 캐디 하기 어려운 조건인데 군말 한마디 안 하고 잘해줘서 너무 고맙게 생각하고 있고요." 이 인터뷰가 끝나자 아내가 나에게 물었다. "내가 말한 게 이런 거야. 박인비가 보여준 품격이 뭔지 알겠어?" 그래도 나는 잘 몰랐다. 내가 아내보다 감수성이 떨어지는 것은 분명하지만 코로나 사태로 남편이 캐디 역할을 해서 고맙다고 인터뷰한 것이 무슨 품격을 따질 정도의 내용인지 이해가 되지 않았다. 내가 시큰둥해하자 아내는 곧 찬찬히 설명해주었다. "만일 박인비가 이렇게 인터뷰했다면 어땠을 것 같아?" 아내는 두 가지 예시를 들어 느낌을 비교해보라고 했다. 첫 번째는 다음과 같았다. "전속 캐디가 오지 못해 대신 참가한 남편이 캐디 역할을 잘해주고 있어요." 들어보니 팩트에 충실한 멘트였다. 두 번째 예시도 이어졌다. "남편이 캐디 역할을 잘해주고 있어요. 사실 비 오고 바람 불고 정말 캐디 하기 어려운 조건인데 남편이라도 없었으면 제가 큰일 날 뻔했어요." 듣는 순간 그다지 나쁘지는 않았다. 보통의 인터뷰라고 생각되었다. 하지만 아내의 설명은 달랐다. "첫 번째 예시에는 감흥이 없어. 사실만 전달된 것이고 뉴스를 듣는 것 같잖아? 두 번째 예는 사실 전달에 더해 본인 중심으로 감정 표현이 됐어. 이렇게 되면 아무나 하는 인터뷰야." 어안이 벙벙했다. "그럼 원래 한 인터뷰는 뭐가 다른 거야?" 내 질문에 아내가 웃으며 대답했다. "원래 멘트에는 박인비 자신의 이야기보다 남편을 위주로 남편에 대한 고마움을 잘 표현하고 있어." 상황의 주인공이 박인비 자신이 아니고 남편이라는 말이었다. 첫 번째 예는 팩트가 중심이었고 두 번째 예는 박인비 자신의 관점을 보여준 것이며, 원래의 인터뷰가 기자가 물어본 주제, 즉 캐디 남편이 주인공이 되는 답이었다. 매우 설득력 있는 분석이라는 생각이 들었다. 남편이 스코틀랜드까지 와주면서 '군말 한마디 안 하고 잘해준' 것에 대한 고마움을 짧은 글 안에 잘 표현하고 있었던 것이다.

나는 아내와 얘기를 마치고 나중에 박인비의 인터뷰를 다시 찾아 들어봤다. 처음에는 잘 들리지 않았던 말이 인터뷰 끝에 추가로 나오고 있었다. "군말 한마디 안 하고 잘해줘서 너무 고맙게 생각하고 있고요, 이틀만 더 힘내고 다음 주부터 푹 쉬게 해주어야 할 것 같습니다." 그랬다. 고맙게 생각했던 것은 기본이었고, 경기가 끝나면 남편을 편히 쉬게 해주고 싶다는, 마음에서 우러나오는 사랑의 표현이 인터뷰 마무리에 담겨 있었던 것이다. 보통 사람 같으면 고맙다는 말만으로도 충분했을 텐데 박인비는 그다음 과정을 언급했고 이것은 박인비의 마음속에 늘 담아두고 있던 남편에 대한 진심 어린 애정이었다. 이 말을 함으로써 박인비의 인간됨은 겉으로 자연스럽게 보이고 있었다. 아내에게 부끄러웠다. 내가 보지 못한 면을 아내는 가르쳐주고 있었다. 겉으로 드러나지 않고 지나갔을 것을 아내는 잘 보이게 만들었고 뒤늦게 깨달은 나는 스스로를 돌아보고 있었다. 내가 하는 말 한 마디 한 마디에 품격이 들어가 있을까?

말로 천 냥 빚을 갚는다는 격언이 있듯이 우리 인간은 말의 중요성을 잘 알고 있다. 그럼에도 항상 말로부터 실수가 시작되고 일을 그르치는 걸 보면 정말로 말 안에 품격이 들어가 있는 것은 분명해 보인다. 말에는 사람의 무의식이 잘 배어 있다. 작가 이기주는 '내가 한 말은 다시 내게 돌아온다'며 이렇게 말했다. "나는 인간의 말이 나름의 귀소 본능을 갖고 있다고 믿는다. (…) 사람의 입에서 태어난 말은 입 밖으로 나오는 순간 그냥 흩어지지 않는다. 돌고 돌아 어느새 말을 내뱉은 사람의 귀와 몸으로 다시 스며든다."[1] 그래서 거르지 않고 내뱉은 말은 언젠가 독이 되어 자신에게 돌아오나보다. 이미 내면에 정화 장치가 작동되고 있는 사람들의 격이 있는 말은 본인이 알든 모르든 품위로 더해진다.

2013년 박인비는 승승장구하고 있었다. 나비스코 챔피언십, LPGA 챔피언십, 그리고 US오픈까지 메이저 대회 3개를 연달아 우승하며 대기록을 써내려가는 중이었고 세계 랭킹 1위에 등극했다. 언론은 그녀의 플레이를 보면 '여왕의 카리스마'를 느낄 수 있다고 한껏 치켜세웠다. 상금 랭킹도 1위를 달리고 있었는데 의외로 박인비는 한동안 후원사를 구하지 못했다. 그러자 일각에서는 박인비의 외모 때문에 '상품성'이 떨어져 그렇다는 엉뚱한 이야기가 돌기 시작했다. 모 방송국의 프로그램에 출연한 박인비는 너털웃음과 함께 허심탄회하게 그 소문에 관한 자신의 소신을 밝혔다. "외모 때문에 불이익을 받은 적은 없어요. 물론 내가 더 예쁘고 날씬하면 좋을 것입니다. 하지만 제 외모에 80퍼센트 정도는 만족합니다. 외모가 사람의 전부는 아니지 않나요?" 그녀는 당당했다. 아니 호탕했다는 표현이 맞을 것이다. 말도 안 되는 헛소문을 듣고 언짢을 만도 했지만 그녀는 그런 얘기를 한 사람들을 향해 나지막하고 자신 있는 톤으로 반론을 제기했다. 그녀의 인터뷰는 매우 부드러웠지만 힘이 실려 있었다. "저는 운동선수에 적합한 몸을 가지고 태어났어요. 다이어트와 같은 예뻐지기 위한 변화는 골프 선수를 은퇴하고 생각할 일인 것 같습니다. 지금 예쁜 걸 보고 싶으면 예쁜 사람을 보면 됩니다. 저는 운동을 잘하겠습니다."[2]

지금 어떤 사람과 대화를 나누고 있다. 그 사람은 부드러워 보인다. 나에게 배려도 잘 한다. 그런데 이야기를 나눌수록 겉으로 보이는 것이 아닌 내면에서 뿜어져 나오는 강한 기운을 느낄 수 있다. 그것이 품격이다. 물론 훌륭한 옷차림이나 우아한 태도를 보면서 우리는 품격을 이야기하기도 한다. 그 사람의 말이건 옷이건 태도건 간에 우리가 본 모든 것은 그의 무의식이다. 인간은 타인의 무의식을 보고 그 사람을 판단한다. 매우 당연한 것이지만 교활한 누군가가 올바른 말을 내뱉고 있어도 우리는 믿지 않는다. 교활하다고 알려진 그의 무의식을 이미 봤기 때문이다. 정확히 말하자면 우리가 본 것이 아니고 그 사람이 흘린 것이다. 그는 이득에 예민하다. 손해 보는 것을 용납하지 못한다. 이득을 보려고만 하니 타인에게 피해를 끼칠 일이 종종 생길 수밖에 없다. 남들이 그것을 눈치챈다. '눈치챈다'는 행위는 그 사람의 '무의식을 읽었다'는 의미다. 그 사람만 손해에 민감한 것이 아니라 대부분의 인간이 손해에 아주 예민하기 때문에 피해를 입히는 행위는 금방 알아내게 된다. 반대 개념도 적용해볼 수 있다. 이타적인 사람의 행위는 우리에게 이득이 되기 때문에 우리는 그것을 바로 눈치챈다. 그 사람은 무심코 한 행동이고 말이지만 나는 그의 진심을 알 것 같다. 그렇게 무의식은 전달되고 우리는 타인의 격을 판단한다.

박인비는 경기 중에 말을 별로 하지 않는다. 버디에 성공해도 보통 선수들이 보여주는 커다란 액션을 취하지 않으며, 실수해도 얼굴에 불쾌한 표정을 나타내지 않는다. 그러고는 우승이다. '침묵의 암살자'라는 별명이 붙을 만하다. 경기에 집중하는 모습에서 보이는 아우라로 인해 같은 조로 뛰는 선수들이 주눅들 수밖에 없다. 아니카 소렌스탐은 세계 여자 골프의 살아 있는 레전드다. 그녀는

1993년 데뷔하여 2008년 은퇴할 때까지 통산 75승을 수확했고 올해의 선수상을 다섯 차례 수상했으며 커리어 그랜드슬램도 이룬 최고의 선수였다. 2013년 뉴욕주 사우샘프턴 세보낵 골프 코스에서 벌어진 LPGA 메이저 대회 US오픈에서 소렌스탐은 방송 해설을 맡았다. 경기를 중계하면서 그녀는 계속 박인비에 대해 칭찬을 하고 있었다. 마지막 날 박인비가 우승컵을 들어올리자 소렌스탐은 감탄사를 연발했다. "박인비는 여전히 발전하고 있습니다. 그것이 가장 무섭습니다."[3]

박인비가 우리에게 보여준 품격은 이후로도 계속됐다. 그녀는 2016년 최연소로 골프 명예의 전당에 입성했고, 2016년 제31회 리우데자네이루 올림픽에서 금메달을 획득했으며, 2021년 캘리포니아 아비아라 골프 클럽에서 열린 LPGA 투어 기아 클래식에서 개인 통산 21승을 달성했다. 이 침묵의 암살자를 경기가 끝난 후 인터뷰에서 보면 더 이상의 침묵은 발견할 수 없다. 어쩜 그리 말도 잘하는지. 감사와 배려와 겸손이 그냥 느껴진다. 우리와 다른 행성에 사는 사람일까? 아니다. 골프를 제외하고 박인비의 일상은 우리와 동일하다. 일상에서 자신의 무의식이 항상 드러나는 것을 통찰하지 못했다면 지금도 늦지 않았다. 나 자신을 성찰하는 시간이 필요하다. 세계적인 무의식 연구 심리학자 존 바그는 저서 『우리가 모르는 사이에』에서 이렇게 말했다. "실제로 자기조절을 잘 하는 사람(성격도 좋고 건강하고 운동도 많이 하고 살도 안 찌고 담배도 피우지 않고 돈도 많이 벌고 행복한 인간관계를 유지하는 사람)은 남보다 의지가 강한 사람이 아니다. 오히려 정반대다. 자기 삶을 효과적으로 조절하는 축복받은 사람들은 바람직하게 행동하면서도 덜 의식적이고 더 자동적이고 더 습관적이다. 우리도 물론 이렇게 할 수 있다."[4]

완성되지 않은 나 자신이 있어 내 삶은 흥미로워진다. 나의 품격은 지금도 진행형이다. 2013년 박인비의 아버지가 무서운 상승세를 보이는 딸에게 물었다. "지금이 전성기니?" 그러자 딸이 대답했다. "전성기라니요? 이제 시작인데요."[3]

맥락지능CQ=
통찰지능InQ
IQ+EQ<InQ

월터 미셸의 마시멜로 연구는 많은 사람이 알고 있다. 그런데 셀레스트 키드의 새로운 마시멜로 연구에 대해서는 아직 모르는 사람이 더 많은 것 같다. 1960년대에 스탠퍼드대학의 심리학자 월터 미셸은 아이들이 좋아하는 마시멜로를 방 안에 둔 상태에서 네 살 아이들이 방에 혼자 있으면서 마시멜로의 유혹을 참을 수 있는지를 관찰했다. 언제든 앞에 놓인 마시멜로를 먹을 수 있지만 선생님이 돌아올 때까지 15분간 먹지 않고 기다리면 하나 더 주겠다는 조건으로 아이들의 만족 지연 능력을 보는 실험이었다.[5] 이 연구가 유명해진 이유는 15년 후 이 아이들의 코호트 추적 결과에서 15분을 끝까지 참은 아이들이 그렇지 못한 아이들에 비해 미국 대학수학능력시험SAT에서 더 우수한 성적을 받았고 사회성과 대인관계가 더 뛰어났다는 연구 결과가 나왔기 때문이다.[6] 이러한 조사 결과가 발표되자 교육계에서는 자제력이 전부인 양 자제력을 높이는 방안의 연구에 대한 광풍이 일었다. 참을성이 없으면 인생에서 뒤처진다고 하니 어느 부모인들 관심을 갖지 않을 수 있겠는가? 그러나 여러 비슷한 후속 연구가 뒤따랐고 자제력만이 모든 것을 설명하지는 않는다는 것이 밝혀지기 시작했다. 로체스터대학의 셀레스트 키드는 흥미롭고도 창의적인 마시멜로 실험을 수행했다. 스물여덟 명의 3~5세 아이들을 두 군으로 나누어 한 군은 '신뢰할 만한' 상황에, 다른 한 군은 '신뢰하지 못할' 상황에 놓아두었다. 먼저 아이들이 많이 사용하는 일반 크레용 박스를 제공한 뒤 그것으로 그림을 그려도 되고, 만일 선생님이 돌아올 때까지 기다릴 수 있다면 새로 나온 멋진 화구 세트를 가져다주겠다고 말했다. 크레용 박스는 일부러 열기 어렵게 만들었기 때문에 아이들 대부분은 선생님을 기다리게 되었다. '신뢰하지 못할' 상황군의 아이들에게는 선생님이 빈손으로 돌아와서 미안하다며 새 화구 세트가 없으니 원래의 크레용을 쓰자고 말했고 '신뢰할 만한' 상황군의 아이들에게는 새로운 화구 세트를 제공했다. 그리고 고전적인 마시멜로 실험이 시작되었다. 결과는 뜻밖이었다. 신뢰 환경을 경험했던 아이들은 선생님이 돌아올 때까지 평균 12분을 기다렸고 14명 중 9명이 15분 내내 끝까지 참았다. 비신뢰 환경을 경험한 군은 평균 3분을 기다렸으며 끝까지 참았던 아이는 단 1명이었다.[7] 키드의 새로운 마시멜로 연구가 시사하는 바는 아주 크다. 어른들이 약속을 지키지 않고 거짓말을 했다고 믿으면 아이들은 비슷한 상황에서 어른들을 다시 신뢰하기 어려워진다. 즉 자제력이 충분히 있었더라도 상황 맥락에 따라 결정을 달리할 수 있다는 의미다. 나 자신이 보고 느끼는 모든 인식은 맥락에 따라 달라질 수 있다. 같은 이야기도 맥락에 따라 달리 느껴진다는 것이다. 그래서 맥락이 의미를 규정한다.[8]

이 책 앞부분에서 다뤘듯이 지능이 우리가 아는 아이큐만을 의미하지는 않는다는 것을 모두 안다. 하버드대학의 교육심리학 교수 하워드 가드너는 명저 『다중 지능』에서 인간의 8가지 지능을 언급했다. 바로 음악 지능, 신체운동 지능, 논리수학 지능, 언어 지능, 공간 지능, 인간친화 지능, 자기성찰 지능, 자연친화 지능이다. 그는 이들 지능이 각각 독립적이라고 말했다. 한 가지 지능이 높다고 다른 영역의 지능도 반드시 높은 것은 아니라는 의미였다. 이는 개별 영역의 점수 간 상관관계가 높게 나타나는 IQ 테스트와는 상반된 결과를 보여준다.[9] 가드너 교수가 연구한 지능 분야는 인간의 독립적인 다양한 능력을 구분하고 연구한 것이지만 사실 삶을 살아가는 데는 각각의 지능보다 더 중요한 것이 있다. 그것은 큰 그림을 볼 줄 아는 능력이다. 이 능력이 바로 게슈탈트 전략이다. 부분을 연결하여 합치면 전체는 늘 부분의 합보다 크다. 부분을 잇는 것이 맥락이고 이것을 보는 게 통찰이 된다. 맥락을 이해하면 전체가 보이는 법이다. 어떻게 보면 한 단계 상위 개념의 지능이 맥락지능이라 할 수 있다.

[그림 17] 매슈 커츠가 제안한 맥락지능의 삼차원 사고 모형

맥락지능contextual intelligence을 꾸준히 연구해온 매슈 커츠 교수는 이를 다음과 같이 정의했다. "어떤 상황에서 제기되는 다양한 변수를 인식한 뒤 여러 행동 방침의 차이를 정확하게 구별함으로써 최선의 행동을 선택하고 실행하는 것."¹⁰ 그러고는 맥락지능을 [그림 17]과 같이 삼차원 사고 모형으로 도식화했다. 이것은 매우 실용적인 것으로서 행동으로 응용하는 데 도움을 준다.¹¹ 후견지명hindsight은 자신의 경험을 활용하는 능력이고 선견지명foresight은 미래에 대한 가능한 계획을 예측하는 능력이다. 그는 현재의 순간에 영향을 미치는 것이 무엇인지 알 수 있는 능력이 통찰insight이라고 했다. 또한 그는 이 세 가지의 상호 관련성을 주목하며 후견지명에 선견지명을 더한 것이 통찰이라고 설명한다. 즉 맥락지능이란 사람이

후견지명과 선견지명을 바탕으로 둘의 상승 작용을 활용함으로써 통찰을 이끌어내는 지적 능력을 의미한다는 것이다. 나는 이 맥락지능을 통찰지능과 혼용해도 좋다고 생각한다.

이 도식적인 그림이 구체적으로 다가오지 않을 수 있다. 그래서 현실 세계의 단어로 이 그림을 바꿔보겠다. 새로운 그림에 따르면 후견지명은 경험이 되고, 선견지명은 상상이 되며, 통찰은 보이지 않는 것을 보는 것이 된다. 다시 정리하자면 나 자신의 경험과 상상을 이용해 보이지 않는 것을 볼 수 있다는 말이다. 말이 쉽지 가장 큰 문제는 어떻게 경험과 상상을 이용하고 어떻게 보이지 않는 것을 보는가다. 경험은 과거다. 우리는 각자의 경험을 토대로 현재와 미래를 판단한다. 인간은 상황을 앞두고 행동을 결정해야 할 때 확률을 따진다. 확률을 계산하는 데는 두 가지 방법이 있는데 하나는 빈도를 따지는 피셔Fisher 확률이고 다른 하나는 사전 확률을 기반으로 추가로 관측하면서 사후 확률을 추정하는 베이즈Bayes 확률이다. 사실 생후 일주일 안에 이미 기억을 시작하는 인간은 어려서부터 베이지안 추론을 생활화하고 있다.[12] 아무리 아기라도 통증을 경험하여 나쁜 기억을 가지면 다음부터는 이 경험을 피하기 위해 새로운 방식의 반응을 하게 된다. 다시 말해 후견지명은 인간이 일상에서 늘 하고 있는 추론 방법이기에 따로 노력을 더 할 필요는 없다. 상상은 미래다. 이 또한 인간이기에 특화된 사고 방법이다. 우리는 타인과 대화를 나누며 그 사람의 마음을 읽는다. 심지어 드라마나 만화

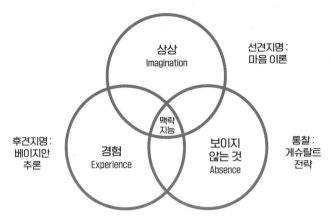

[그림 18] 경험과 상상을 통해 보이지 않는 것을 읽는 통찰지능

주인공의 마음도 읽어낼 수 있다. 이것은 인간만이 보유한 '마음 이론'이 있어 가능한데 뇌는 모방을 가능케 하는 거울 뉴런을 갖고 있기 때문이다. 상대방이 말하고 행동하는 것을 관찰하며 우리는 나름대로 상상하게 된다. 그것은 옳을 수도 있고 틀릴 수도 있다. 내가 상상한 사고가 옳게 판명 날수록 나의 통찰은 높아진다. 통찰은 앞서 언급했듯이 게슈탈트 전략으로 세상을 지각하는 것을 말한다. 여기에는 부분에만 집중하는 것이 아니라 부분을 연결하는 '빠진 과정'을 알아내는 것이 꼭 필요하다. 빠진 과정을 한마디로 표현하면 맥락이다. 이 맥락을 이해해야 부분의 합보다 큰 전체를 읽을 수 있다. 맥락을 이해하는 가장 쉬운 방법은 '타인의 입장'이 되어보는 것이다. 상대방 입장에서 다시 한번 그의 경험을 들어보고 그에 기

반한 상상을 하게 되면 갑자기 보이지 않던 것이 보인다. 누구의 경험이건, 누구의 상상이건, 전체를 보기 위해 이 모든 것이 통합되는 과정에 맥락지능, 즉 통찰지능이 역할을 한다.

2011년 1월 8일 토요일 오전 10시경, 미국 애리조나주 투산의 도심에서 민주당 차세대 유망주인 게이브리얼 기퍼즈 하원의원이 유권자들을 상대로 연설을 시작했다. 이때 한 젊은 남자가 뛰쳐나와 총을 난사했다. 20여 발의 총성이 울리고 많은 사람이 피를 흘리며 쓰러졌다. 난데없는 총기 테러에 집회장은 아비규환의 장으로 변했다. 기퍼즈 의원도 총에 맞은 듯 쓰러지자 하원의원실의 인턴 대니얼 에르난데스가 기퍼즈에게 달려갔다. 기퍼즈는 왼쪽 머리에서 피를 쏟으며 경련을 일으키고 있었다. 에르난데스는 바로 재킷을 벗어 지혈을 시도하며 큰소리로 주변의 도움을 요청했다. 쓰러진 사람들은 신음 소리를 내고 있었고 곧 앰뷸런스의 사이렌 소리가 점점 가까워졌다.

애리조나 대학병원에 근무하는 의사 피터는 호출기의 진동을 느끼자마자 확인했다. "총상, VIP." 짧게 온 메시지에 큰 사건이 벌어졌음을 직감한 그는 바로 응급실로 뛰었다. 헐레벌떡 응급실에 들어서자 수간호사가 피터를 따로 이끌었다. "개비(기퍼즈의 애칭)예요." "개비? 아 기퍼즈." 피터가 기퍼즈 의원이 누워 있는 침대로 다가가자 미리 와 있던 동료 의사가 상태를 알려주었다. "총상이야. 왼쪽 앞머리에서 뒷머리로 곧장 관통한 것 같아." 아수라장이 된 응급실의 상황을 확인한 피터는 소리 높여 외쳤다. "병원 전체 수술실을 오픈하세요. 코드 레드!" 피터는 애리조나 대학병원의 외상 응급센터장이었다. 1961년 서울에서 태어난 피터 리는 미국에서 군의관이 되고 24년간 봉직하며 수많은 외상 수술을 경험한 총상 치료의 베테랑이었다. 환자들의 응급 상황이 조금씩 정리되면서 피터 리는 언론의 인터뷰 요청에 응했다. 모두 기퍼즈 의원의 생사를 궁금해하고 있었다.

"센터장이시죠? 기퍼즈는 사망했나요?" "아니요, 아직 살아 있습니다." "생존 가능성이 있습니까? CNN에서 이미 사망했다는 보도가 나오고 있습니다." "지금 수술 들어갑니다. 손상이 큰 것은 사실이지만 생존 가능성은 있습니다." 기자들이 웅성거렸다. "생존 가능성이 있다고요? 몇 퍼센트입니까?" 이 질문에 피터는 짧고 단호하게 답했다. "101퍼센트." "네? 뭐라고요?" 피터가 응급실로 돌아가자 기자들은 어리둥절했고 화를 내기까지 했다. "아니 101퍼센트라니? 정신이 어떻게 된 거 아냐?" "의사 맞아?"

총격으로 이미 여섯 명이 사망한 이 사건 후에 미국 전역에서 기퍼즈 의원의 생환을 기원하는 촛불집회가 열렸다. 그리고 언론의 모든 관심은 기퍼즈 의원에게 쏠려 있었다. 응급 수술이 끝나고 긴 침묵의 시간이 흘렀다. 그리고 기적 같은 소식이 전해졌다. 기퍼즈가 깬 것이다. 의사의 지시에 그녀는 왼쪽 손가락 두 개를 들어올리는 반응을 보였다. 언론은 바로 대서특필했다. '기퍼즈의 사고는 불행이었으나 피터 리를 만난 것은 행운' '하늘이 내린 천운' '피터 리는 기적의 손' 등의 찬사가 쏟아졌다. 1월 11일 오후 5시, 기퍼즈는 자가 호흡이 가능해졌다. 살아 돌아온 것이다. 다시금 피터 리는 언론 인터뷰장에 섰다.

"생존을 101퍼센트로 예측하셨는데 어떻게 그럴 수 있었나요?" 피터는 담담하게 대답했다. "허세가 아니었습니다. 제가 처음 응급실에 갔을 때 기퍼즈는 미동도 없이 누워 있었습니다. 동료가 진찰을 하고 있었는데 뭔가 이상했어요. 의식이 없던 그녀가 의사의 손끝을 살짝 잡는 것을 봤습니다. 제가 지금까지 본 머리 총상 환자에게서 한 번도 경험하지 못한 아주 특이한 반응이었거든요. 그 순간 확신했습니다. 기퍼즈는 산다고."[13]

총격에 의한 머리 관통상은 사실상 사망 선고다. 이것을 잘 아는 피터 리가 101퍼센트의 생존 확률을 언급한 것은 매우 이례적인 일일 수밖에 없었다. 생존이 거의 확실한 경우라도 의사들은 99퍼센트의 확률을 언급할 뿐이다. 그럼에도 그는 자신감 넘치는 확신을 보여주었다. 그것은 통찰이었다. 당시 상황에서 피터의 마음을 한번 읽어보자. '머리를 관통당한 사람이 의사의 손을 잡다니 처음인데…… 지금까지 머리 관통상이 이런 모습으로 나타난 적은 없었어.' 피터는 그동안의 임상 경험을 빠르게 되살려 후견지명을 정리했다. '어서 빨리 수술을 해보는 게 낫겠어.' 머리의 어디로 어떻게 접근해서 수술을 진행하는 것이 뇌 손상을 최소화할 것인지에 대해 피터는 상상을 했을 것이다. 이 같은 최적의 치료에 대한 판단은 그의 선견지명이다. '분명히 기퍼즈는 살아날 거야.' 그의 통찰이 확신에 찬 예측으로 전환되는 순간이었다. 후견지명인 과거의 경험과 선견지명인 현재와 미래에 대한 상상을 통해 피터 리는 통찰지능을 제대로 발휘한 것이다.

아직은 측정이 가능하지 않은 통찰 지수인 InQ는 Insight Quotient의 약어다. IQ라고 하면 좋겠지만 Intelligence Quotient의 IQ와 혼동될 것이므로 InQ라고 불렀는데 맥락지능Context Intelligence에서도 맥락 지수Context Quotient가 나올 수 있어 CQ도 사용이 가능할 것 같다. 맥락지능이 통찰지능이기 때문에 InQ가 익숙하지 않으면 CQ라고 불러도 무방할 것으로 보인다. InQ 혹은 CQ가 높은 피터 리는 주어진 응급 상황에서 생사의 본질을 파악하기 위해 일반적인 머리 관통상에 대해 자신이 범할 수 있는 시야 사고와 지식 사고 그리고 만족 사고의 오류를 충분히 벗어던졌다. 그는 과거에 알아왔던 지식에 만족하지 않고 새롭게 맞닥뜨린 상황, 즉 뇌에 큰 손상을 입은 환자가 의사의 손끝을 붙잡는 모습에서 그것이 의미하는 의학적인 '빠진 과정'을 읽어냈다. 그의 상상력은 관통상을 입은 기퍼즈의 뇌 속으로 이미 들어가 있었고 뇌과학적으로 설명 가능한 기퍼즈의 생존 가능성을 그녀의 '입장'에서 그려냈다. 실로 맥락을 파악하는 통찰은 사건의 본질에 빠르고 정확하게 다가갈 수 있는 가장 중요한 방법이다.

통찰지능과 인공지능의 대결 1 :
「세렌디피티」
I Q + E Q < I n Q

눈이 오는 날 운명적인 사랑을 만나는 꿈을 꿔본 적이 있는가? 캐럴이 절로 흥얼거려지는 크리스마스이브에 우연히 평생을 같이할 사랑을 만난다면? 우리의 심장을 쿵쿵 뛰게 하는 그런 영화가 한 편 있다. 뉴욕의 한 백화점, 들뜬 크리스마스 분위기에서 조녀선과 세라는 각자의 애인에게 사줄 선물을 고르다가 판매대에 마지막으로 남은 장갑 한 켤레를 동시에 잡으면서 처음 만난다. 짧은 시간이 지만 서로의 매력에 푹 빠진 둘은 각자 애인이 있음에도 맨해튼에서 잊지 못할 저녁을 같이한다. 이제 헤어질 시간. 조녀선이 전화번호를 교환하자고 제안했지만 운명적인 사랑을 원했던 세라는 고서적에 자신의 연락처를 적어 헌책방에 판 뒤 나중에 조녀선이 그 책을 찾게 되거나, 조녀선의 연락처가 적힌 5달러 지폐로 솜사탕을 사고 그 지폐가 자신에게 되돌아오면 조녀선을 만나겠다면서 운명에 그들 자신을 맡긴다. 결국 아쉽게 헤어진 둘은 7년이 흘러 서로의 약혼자와 결혼을 앞두게 된다. 조녀선과 세라는 7년 전의 만남을 잊지 못하고 있었고 우연히 서로를 떠올리게 만드는 일이 연달아 벌어지자 그리움이 극에 달하면서 둘 다 현실을 뒤로한 채 추억을 떠올리며 뉴욕으로 향한다. 둘은 다시 만나게 될까? 2002년 개봉된 영화 「세렌디피티Serendipity」의 줄거리다.

세렌디피티는 '우연히 찾아온 행운'으로 번역된다. Serendipity는 유래가 잘 알려진 단어다. 세렌딥Serendip은 실론섬의 옛 지명으로 지금의 스리랑카를 말한다. 1754년 영국 작가 호레이스 월폴은 친구에게 보낸 편지에서 『세렌딥의 세 왕자』라는 동화를 읽고 세왕자가 그들이 몰랐던 것을 우연히 그리고 지혜롭게 발견하는 과정을 묘사하는 '세렌디피티'라는 단어를 새롭게 만들었다고 썼다. 세렌딥 왕국의 자이아 왕에게는 세 아들이 있었다. 왕위를 물려줄 생각으로 세 아들을 가르쳐오던 가정교사들에게 의견을 묻자 가정교사들은 반대한다. 아직 왕이 될 준비를 갖추지 못했으니 세 왕자를 국외로 보내서 세상을 알게 하도록 권유한 것이다. 자이아 왕은 이 의견을 따랐고 세 아들은 여행길에 올랐다. 이웃 페르시아의 발람 황제가 지배하는 나라를 지나고 있을 때 세 왕자는 길에서 힘없이 터덜터덜 걸어오고 있는 한 남자를 만났다. 그는 왕자들을 보자마자 "혹시 길 잃은 낙타를 봤나요?"라고 물었다. 이 질문에 대해 첫째 왕자는 "그 낙타가 한쪽 눈이 멀었습니까?"라고 되물었고 남자는 맞다고 답했다. "그 낙타는 이가 빠지지 않았나요?" 둘째 왕자의 질문에 남자는 또 맞다고 했다. "혹시 그 낙타가 다리 하나를 절고 있습니까?" 셋째 왕자의 질문에 남자는 놀라면서 그렇다고 대답했다. 세 왕자가 한 곳을 가리키며 낙타가 그곳으로 갔다고 알려주자 남자는 바로 달려갔다. 시간이 흘러 해가 질 무렵 낙타를 쫓아갔던 남자가 헐레벌떡 세 왕자에게 뛰어오며 화를 냈다. "그 방향에는 아무것도 없었어. 나를 속인 것이 분명해." 그 남자는 세 왕자가 범인이라며 이들을 잡아 황제에게 데려갔다. 발람 황제가 물었다. "너희가 낙타를 훔쳤는가?" 그러나 세 왕자는 입을 모아 이렇게 말했다. "저희는 훔치지 않았습니다. 보지도 못한 낙타를 어떻게 훔치겠습니까?" 그러자 남자가 소리쳤다. "보지도 않은 낙타가 어떻게 생겼는지 그렇게 잘 아는 것으로 보아 이들은 거짓말을 하고 있습니다." 세 왕자에게 사형이 선고됐고 처형하기로 한 날 아침에 다행히 마을 서쪽 끝에서 낙타가 발견되었다. 황제는 바로 세 왕자를 풀어주었고 미안한 마음에 이들을 불러 진수성찬을 베풀며 물었다. "죄 없는 자네들을 의심해서 미안하네. 그런데 어떻게 보지도 않은 낙타의 모습을 그리도 잘 알 수 있었는가?" 첫째 왕자가 먼저 답을 했다. "길 양옆에 풀이 나 있었는데 한쪽 풀만 뜯긴 것으로 보아 한쪽 눈이 멀었을 것이라 짐작했습니다." 둘째 왕자도 답을 했다. "먹다 흘린 듯한 풀이 많았고 제대로 씹지 않은 풀이 여기저기 흩어져 있어 이가 빠진 낙타일 것으로 생각했습니다." 셋째 왕자는 이렇게 말했다. "발굽 자국이 세 개는 뚜렷이 보였는데 하나는 끌린 듯이 나 있어 다리 하나를 저는 낙타일 것이라 추정했습니다." 왕자들의 현명함에 탄복한 황제는 그들에게 자신의 나라에 남아 신하가 되어줄 것을 요청하기까지 했다. 세렌딥의 세 왕자는 계속 모험을 하면서 닥치는 일들을 모두 슬기롭게 해결했다. 그리고 이들은 세렌딥으로 돌아왔다. 왕자들의 모험을 자세히 들은 자이아 왕은 매우 흡족해하며 이렇게 말했다. "너희가 경험한 것은 평생 잊지 못할 삶의 지침서가 될 것이다. 궁 안에서만 살았다면 결코 체험하지 못했을 것을 너희는 밖으로 나가 배우고 돌아왔다. 이것이 내가 너희 스스로 찾기를 바랐던 값진 보배이니라." 세 왕자는 각자 어여쁜 공주와 귀족의 딸을 신부로 맞아 각 나라의 왕이 되었고 모두 현명함과 덕으로 나라를 다스려 백성의 존경을 받았다.[14]

세 왕자는 길을 걸으며 관찰을 했다. 보이는 것을 본 것만이 아니라 보이지 않던 것을 보이게 만들었다. 그리고 그 위에 우연이 겹쳐진 것인가? 이렇게 생각해보자. 낙타를 잃어버린 남자를 만나 도둑으로 몰려 황제에게 끌려간 것이 우연일까? 사실은 운명이었다. 세 왕자의 현명한 통찰은 자신들의 운명을 개척하게 된 토대가 되었다. 크리스마스이브에 마지막 남은 장갑을 동시에 잡으며 만난 조너선과 세라는 한 카페에 들어간다. 그 카페의 이름은 '세렌디피티'였다. 세라가 말했다. "세렌디피티, 이것은 제가 좋아하는 단어 중 하나예요.

저는 모든 일에는 운명이 따른다고 봅니다." 이 말을 듣고 조녀선이 물었다. "모든 것의 운명이 다 정해져 있다고요? 그럼 우리는 선택권이 없는 겁니까?" 세라가 담담하게 답했다. "우리는 그저 나름대로의 결정을 할 뿐인 것 같아요. 운명이 우리에게 조금씩 신호를 보내는데, 우리가 행복한가 아닌가를 결정하는 것은 우리가 그 신호를 어떻게 읽어내는가에 달렸다고 봐요." 그리고 7년이 지나 조녀선과 세라가 우연하게 재회한 것은 아니다. 그들이 생산해내고 그들이 감춘 신호를 읽을 만큼의 시간이 필요했고 그들은 우연히, 아니 필연적으로 찾아온 행운을 맞이하게 된다. 세렌딥 세 왕자의 결말처럼. 세렌디피티는 과학적 발견에 자주 사용되는 단어이기도 하다. 우리는 뢴트겐의 엑스레이와 플레밍의 페니실린 발견이 우연에 의한 것이었다는 일화를 잘 알고 있다. 의학을 비롯한 과학적 산물에는 실패한 연구로부터 우연히 발견되는 굉장한 업적들이 꽤 존재한다. 이것이 세렌디피티다. 하지만 이들은 분명히 우연이 아닌 것이다. 겉으로 확실히 보일 때까지 그것을 보이게 만든 무엇인가가 바닥 깊숙이 깔려 있다. 그것은 인간의 통찰이다.

여기서 인공지능Artificial Intelligence, AI 이야기를 꺼내보자. 인공지능에 우연이 있을까? 물론 있을 수 있다. 사람들은 그것을 '버그'라고 부른다. 컴퓨터 프로그램의 오작동인데 이를 통해 '우연히 찾아온 행운'이 존재할까? 그렇지 않을 것임을 우리는 직감한다. 인간에게는 실패도 하나의 과정이 되고 이로부터 중대한 발견이 일어나기도 하는데 인간은 통찰로써 세렌디피티를 완성하지만 인공지능은 계산 끝에 답을 내야 하기 때문에 세렌디피티가 불가능하다. 세렌디피티가 버그와 대결한 적이 있었다. 우리가 잘 아는 이세돌 9단과 알파고의 대국이다. 알파고는 머신 러닝을 통해 스스로 문제를 학습하고 해결하며 훈련을 통해 진화한다. 구글이 밝힌 바에 따르면 알파고는 16만 가지 기보를 학습했다. 그리고 2016년 1월 구글은 알파고가 100만 번의 대국을 4주 만에 소화했다고 발표했다. 프로바둑 기사가 1년에 1000번을 대국한다고 가정할 때 사람이 1000년에 걸쳐 학습할 수 있는 데이터를 단 4주 만에 입력한 것이다. 이렇게 방대한 기보 학습을 토대로 알파고는 2016년 3월 이세돌 9단과 대결하게 된다. 모두 아는 것처럼 결과는 4승 1패로 알파고의 승리였다. 세상은 인공지능이 인간을 이기는 시대가 도래했다며 호들갑을 떨었지만 사실 이세돌 9단이 1승을 거둔 날 벌어진 사건을 복기해 보면 아직 인간의 패배를 선언하기는 어렵다는 생각이다. 알파고에게 3연패를 당한 뒤 이세돌은 기적 같은 승리를 거두었고 이 1승은 현재까지도 인간이 인공지능을 상대로 거둔 마지막 승리로 알려져 있다. 그날 이세돌 9단의 승리는 '신의 한 수'로 불리는 78수 덕분이었다. 78수 이후 알파고는 알 수 없는 수를 남발하다가 자멸한다. 이세돌은 인터뷰에서 이렇게 말했다. "사실 78수는 꼼수였고 정확히 받으면 먹히지 않는 수였다. 그것은 일종의 버그였던 것 같다."[15] 전문가들은 알파고가 과적합 문제를 일으켜 패배하게 됐다고 분석한다. 과적합이란 인공지능이 학습 사례에만 맞춰 과도하게 입력하다가 새로운 사례를 만나면 잘못된 판단을 내리는 것을 의미한다. 알파고가 지나치게 많은 기보를 학습하면서 기사들의 실수마저 입력하기 때문에 상대방 실수로 최적값을 찾는 과정이 꼬이고 그 꼬인 값들이 반복되면 이세돌 9단에게 패배한 것처럼 자멸의 과정을 겪을 수 있다는 것이다. 그래서 이세돌의 우연한 운명적 한 수는 1승 4패의 패배가 아니라 인공지능에 대한 인간의 우월함을 보여준 세렌디피티였다. 제아무리 인공지능이 인간을 넘어 날아오르려 해도 인간은 마음만 먹으면 인공지능을 땅에 떨어뜨릴 수 있는 것이다.

내 중고등학교 시절 수학 시험에는 주관식과 객관식이 골고루 나왔다. 객관식은 답이 틀리면 0점이었지만 주관식은 채점 기준에 풀이 과정이 포함되어 있어 식이 맞으면 답이 틀리더라도 부분 점수를 받았던 기억이 난다. 사실 이것이 옳다. 인간은 과정을 중시한다. 문제가 주어지고 답을 낼 때 답이 본질인지 답을 푸는 과정이 본질인지 한번 생각해보자. 인공지능은 답을 푸는 과정에 대해 고민하지 않는다. 알고리즘을 따를 뿐이다. 이세돌과 알파고의 대결에서 인공지능은 결과만을 향했지만 인간은 과정을 수확했다. 78수, 즉 세렌디피티는 통찰이었다. 인공지능이 결코 넘볼 수 없는 것이 인간의 통찰지능이다.

통찰지능과 인공지능의 대결 2 :
'특이점'은 아직 멀었다
I Q + E Q < I n Q

　인간의 뇌에는 매우 특이한 비밀이 하나 숨어 있다. 이 또한 인공지능과의 확연한 차이인데 '뇌는 팩트에 끌리지 않는다'. 리 하틀리 카터는 같은 제목의 자신의 저서에서 이렇게 말한다. "뉴스와 소셜미디어에서 '진실은 더 이상 가치를 갖지 않는다'고 한탄하는 소리가 들려온다. '대안적 진실'이나 '트루시니스truthiness(사실 여부에 관계없이 자신이 믿고 싶은 바를 진실로 인식하려는 성향 또는 그러한 심리 상태), 허위 사실이 계속해서 판치고 있는 오늘날의 세상에서 이제 사실 팩트에는 마음을 바꾸는 힘이 없다는 말을 하고 싶은 것이다. 하지만 업계의 비밀을 하나 폭로하자면 진실은 애초에 그런 힘을 가지고 있었던 적이 단 한 번도 없다."[16] 커뮤니케이션 전문가 카터는 인간이 지닌 비합리성을 지적하며 사람의 마음을 움직이는 설득의 전략을 제시한다. 팩트를 알면서도 팩트를 무시하는 인간의 본능적 욕구는 특이한 뇌의 작용과 관련된다. 이 제목을 좀더 구체적으로 바꾸면 '뇌는 팩트보다 맥락에 끌린다'. 인간은 스토리텔링 앞에 약한 모습을 보인다. 우리는 이야기를 듣고 싶어하고 또한 말하고 싶어 한다. 이것은 어린 시절부터 세상을 배우던 가장 기본적인 방법이다. 나 자신이 상대방에게 보여주고자 하는 뜻을 일방적으로 전달하는 것이 아니라 이야기를 통해 기억하게 만들고 공감을 끌어내는 인간의 생존 방식인 것이다. 여기에 반드시 필요한 것이 스토리의 연결성과 완결성이다. 우리는 그 스토리가 어떻게 나왔고 어떻게 해결되는지를 궁금해한다. 그렇기 때문에 뒷담화는 매우 자연스러운 인간사회의 소통 방식이 된다. 이때 뒷담화가 바로 맥락이 된다. 맥락에 인간의 뇌가 끌리는 이유는 이미 뇌과학적으로 잘 밝혀져 있다. 우리 뇌는 기본적인 심리 과정에서 '의미'를 중시한다. 우리가 살아가면서 주변으로부터 받는 자극은 대부분 모호하기 때문에 하나의 자극이 여러 의미를 내포할 수 있다. 그런데 인간은 자극의 모호함을 참지 못한다. 모호함을 해소하기 위해 뇌는 도구를 사용하여 특정 상황에서 특정한 의미를 찾아내려고 한다. 이때 주로 동원되는 도구가 맥락이다. 이를 통해 자극의 의미를 결정하게 된다.[17] 우리는 보이지 않던 맥락을 상상한다. 그리고 이어지는 스토리텔링, 다시 말해 뒷담화는 뇌를 충분히 만족시킨다. 세렌딥의 세 왕자는 벌어진 상황의 궁금함을 이야기로 풀어냈고, 조녀선과 세라는 마음 깊은 곳에 숨어 있던 자신의 모호함을 참지 못했다. 이세돌은 새로운 스토리에 의미를 부여했다. 이렇듯 맥락은 인간의 통찰지능을 대변하고, 스토리텔링과 뒷담화 같은 도구는 인간의 전유물이 된다.

2005년 미래학자 레이 커즈와일의 『특이점이 온다』가 발표되자 세상은 거대한 논쟁으로 반응했다. '특이점'은 원래 특정한 물리량이 정의되지 않거나 무한대가 되는 공간을 의미하며 블랙홀의 중심 같은 것을 말하는데 커즈와일은 기술이 인간을 초월하여 새로운 문명을 탄생시킬 시점을 특이점이라고 표현했다. 2045년경이면 인공지능이 모든 인간의 지능을 합친 것보다 훨씬 더 우월해지리라 예언한 것이다. 실제로 그렇게 될까? 로봇공학 전문가인 한스 모라벡은 '인간에게 쉬운 것은 컴퓨터에게 어렵고 반대로 인간에게 어려운 것은 컴퓨터에게 쉽다'는 '모라벡의 역설'로 기계와 인간의 능력 차이를 표현했다. 데이터를 학습하는 것이 인공지능의 능력인데 데이터는 정량화가 가능하고 수학적인 '구조화된 데이터'와 동영상이나 사진, 인간의 언어같이 정량화가 불가능한 '비구조화된 데이터'로 나뉜다. 인공지능은 비구조화된 데이터의 분석을 어려워하는데, 만약 사람에게 개의 사진을 보여주면 우리는 바로 '개'라고 답하지만 기계는 인간이 '그것이 개'라고 알려줘야 인식한다. 개를 인식하는 능력을 학습시키기 위해 개에 관한 수백 가지 특징을 기계에 입력시켰더니 드디어 기계가 개를 알아보기 시작했다. 하지만 개의 자세가 바뀌거나 흑백 사진으로 변경되면 기계는 또다시 개를 인식하지 못했다. 보편적인 방법으로 개를 설명하면 다른 동물들도 기계의 인식 범위 안에 들어오고, 매우 구체적으로 개를 설명하면 기계는 약간 달라진 모습만으로도 개를 알아보지 못한다. 보편성과 구체성을 기계는 구분하지 못하는 것이다.[18] 보편성은 팩트이고 구체성은 맥락이다. 기계는 팩트에 만족하지만 사람은 맥락에 끌린다. 커즈와일도 책에서 기계보다 나은 뇌의 능력을 다음과 같이 설명했다. "인간의 뇌는 매우 비효율적인 전기화학적 과정, 디지털식으로 제어되는 아날로그 연산 과정을 사용한다. 대부분의 연산을 수행하는 것은 개재뉴런interneuron 연결인데 초당 약 200회의 연산 속도를 보인다. 요즘의 전자 회로보다 최소 백만 배 느린 속도다. 그러나 뇌는 고도로 병렬적인 조직을 삼차원으로 구축함으로써 막대한 힘을 얻고 있다."[19] 연산 속도가 늦어도 시냅스의 엄청난 병렬 연결에 의한 동시성으로 인해 인간은 상황의 맥락을 접하고 순간적으로 판단할 수 있는 것이다.

인간의 통찰지능은 '메타인지metacognition'에서 꽃을 피운다. 메타인지를 간단히 설명하면 '자신이 아는 것과 알지 못하는 것을 알아채는 능력'이다. 자신을 객관화하여 아는 것과 모르는 것을 구분할 줄 아는 사고능력을 말한다. 사람과 컴퓨터에게 이렇게 질문을 던졌다. "종로구에서 세 번째로 큰 동은?" 아마도 사람은 일단 모른다고 답하고 나올 것이다. 그런데 기계는 다르다. 연산을 시작한다. 곧 답이 나온다. 물론 컴퓨터는 크다는 의미를 종로구 각 동의 면적,

인구수, 경제 규모 등에 따라 따로 계산할 것이고, 만일 종합해서 결과를 내라는 명령어를 입력한 적이 없다면 항목별로 순위를 내든지 아니면 잠시 버벅거리다가 알 수 없다는 결과를 낼지도 모른다. 사람은 무슨 동인지 찾으려는 시도조차 하지 않을 확률이 높다. 정말 그냥 모르기 때문이다. 이것이 메타인지다. 그래서 아이들의 학습을 예로 들면, 메타인지를 잘하는 아이는 자신이 아는 것과 모르는 것을 구분할 수 있어 부족한 부분을 위주로 학습하여 성과를 내고, 메타인지가 부족한 아이들은 어떤 것을 공부해야 할지 우왕좌왕하다가 성적이 떨어진다. 통찰지능인 메타인지 역시 많은 연구에서 훈련으로 향상시킬 수 있다고 알려져 있다. 사람은 이렇게 학습 훈련을 통해 인지 능력을 개선해갈 수 있지만, 인간과 다르게 연산 속도는 빠르면서 문제를 해결할 때 순차적으로 접근하는 인공지능은 애초부터 메타인지를 가질 수 없다.

통찰지능의 본질은 '과정'이다. 그리고 과정은 맥락이다. 그에 따라 결과가 나온다. 결과만 바라보는 통찰력 없는 인간은 과정을 무시한다. 그들은 시야 사고, 지식 사고, 만족 사고를 반복하게 된다. 인공지능도 입력된 정보만으로 세상을 보기 때문에 시야 사고와 지식 사고, 만족 사고를 할 수밖에 없다. 어떤 정보와 다음 정보가 연결은 되지만 그 맥락을 기계는 모른다. 그래서 인공지능은 통찰지능을 결코 능가하지 못한다. 물론 맥락과 상관없이 인공지능이 도와주었더라면 훨씬 더 편하게 해결했을 일이 수없이 많기는 하다. 그런

[표 1] 통찰지능과 인공지능의 근본적인 차이점

통찰지능	인공지능
맥락 읽기 가능	맥락 읽기 불가능
세렌디피티 가능	세렌디피티 불가능
주관식	객관식
과정 지향	결과 지향
스토리텔링 가능	스토리텔링 불가능
뒷담화 가능	뒷담화 불가능
맥락 지향	팩트 지향
비구조적 데이터 분석 가능	구조적 데이터 분석 가능
메타인지 가능	메타인지 불가능

경우 인간은 통찰을 통해 배울 기회를 잃어버린다. 다음의 두 사례가 그렇다.

1998년 나는 그동안 실험해온 연구 결과를 들고 미국 샌디에이고에서 열리는 국제 헬리코박터 파일로리 학회에 참석했다. 헬리코박터균은 위와 십이지장에서 궤양을 일으키는 세균으로 잘 알려져 있다. 내가 연구한 분야는 철분 결핍성 빈혈이 있는 사춘기 아이들에게 철분을 투여해도 전혀 호전이 없는데 위내시경을 통해 헬리코박터 감염이 확인된 경우 헬리코박터를 박멸하면 자동으로 빈혈이 사라지는 것을 증명한 '헬리코박터 파일로리 관련 철분 결핍성 빈혈'의 연구다. 궤양이 있으면 혈액의 소실이 발생할 수 있어 당연히 빈혈이 오지만, 내 연구처럼 궤양이 없고 감염만 되어 있는 상태인데 난치성 빈혈이 오는 이유는 위 점막에 사는 헬리코박터가 철분의 체내 흡수를 방해하기 때문이다. 이전까지는 소수의 사례만 보고되어 있었는데 체계적인 대조군 실험으로 이를 증명한 내 연구 포스터는 학회에서 '베스트 연구'로 뽑혀 나는 갑작스레 다음 날 구연 발표를 하게 되었다. 사실 해외 학회에서 영어 발표는 그다지 힘들지 않다. 원고를 준비해서 읽으면 된다. 가장 어려운 것은 발표 뒤에 질문을 받는 순서다. 영어가 완벽하지 못한 나로서는 이 시간이 몹시 긴장된다. 이튿날 발표를 마치자 예상대로 여러 명의 해외 학자가 마이크 앞에 줄을 섰다. 두 명의 질문에 대해서는 다행히 어느 정도 알아듣고 준비했던 대답을 떠듬떠듬 끝냈다. 세 번째 질문자는 헬리코박터 파일로리 연구의 세계적인 대가 데이비드 그레이엄이었다. 그에 대한 선입견이 있었는지 텍사스주에 사는 그의 말을 나는 도통 알아듣지 못했다. 식은땀이 흘렀다. 그레이엄 교수가 말하는 시간이 왜 그리도 길게 느껴지던지. 그가 말을 마치고 내가 답변할 순간이 왔다. 하나도 알아듣지 못했는데 무슨 답변을 할 수 있겠는가? 하지만 그때 갑자기 그레이엄 교수가 마이크에서 물러서는 마지막 모습이 불현듯 떠올랐다. 그의 모습은 질문자의 태도와는 확연히 달랐다. 나는 짧게 한마디를 외쳤다. "Thank you, professor." 그랬더니 그레이엄은 흡족하다는 듯 자리로 돌아갔다. 질문이 아니라 코멘트였던 것이다. 잠시 전까지는 하늘이 노랬지만 나는 마음속으로 빙고를 외치고 있었다.

나의 후배 교수 한 명이 미국으로 연수를 떠났다. 그 교수도 영어

회화 실력이 그다지 좋지 않았다. 유명한 의대 석학 밑으로 연구를 배우기 위해 도착한 첫날 실험실을 찾아간 그는 떨리는 마음으로 그 석학을 만났다. 인사를 나누고 잘 알아듣지 못했지만 가족 얘기와 소소한 일상 얘기를 한 뒤 석학은 후배 교수가 이해하지 못하는 전문 용어로 무언가 설명을 하고 실험실을 떠났다. 실험실에 남은 그는 다른 연구원들과 인사를 나누고 빈자리를 찾아 짐을 풀었다. 이튿날 실험실에 출근한 그는 자리에 앉아 연구 과제에 대한 책도 읽으며 지시를 기다리고 있었다. 그러나 오후 늦은 시간이 되도록 아무도 그를 찾지 않았다. 주변 연구원에게 물었지만 자신은 모른다고 했다. 그때 마침 석학이 실험실에 들어왔다. 후배 교수는 긴장하며 그의 앞으로 다가섰다. 석학은 그를 보자마자 약간 어두운 표정으로 또 뭐라 뭐라 이야기를 했다. 그러나 오늘도 역시 중요 부분을 알아듣지 못했다. 그다음 날 후배 교수는 전날처럼 실험실 같은 자리에서 석학을 기다렸다. 오늘은 석학이 오전에 실험실로 왔다. 그가 다가가자 석학은 짜증 섞인 표정으로 그에게 이야기했다. 더욱 긴장했는지 그에겐 오늘도 영어가 들리지 않았다. 석학이 자리를 뜨고 허탈한 표정으로 앉아 있는 그에게 옆자리의 동양인 연구원이 가까이 다가왔다. 그러고는 매우 천천히 쉬운 영어로 이같이 말했다. "보스가 이렇게 얘기하는데요, 당신이 일할 실험실은 옆 건물이래요."

맥락을 이해했을 때와 이해하지 못했을 때 그 결과는 위 사례들과 같이 달라질 수 있다. 영어 번역 인공지능이라도 옆에 있었으면 아무런 사건이 벌어지지 않았겠지만 해외 학회 발표나 연수 갔을 때 기계를 매번 사용할 수는 없는 법이다. 인공지능이 있었으면 맥락도 이해할 필요가 없었겠지만 이 방법은 별로 추천하고 싶지 않다. 나 자신의 능력을 고양시키고 싶다면 나쁜 경험도 나에게는 스승이 된다. 이 경험으로 우리의 통찰은 발전한다. 세렌디피티도 만날 수 있다. 이렇게 통찰이 늘어날수록 '특이점은 아직 멀었다'.

과정과 결과 :
우리가 수학을 배우는 이유
I Q + E Q < I n Q

성경을 제외하고 20세기에 나온 모든 학술서 중에서 가장 많이 인용된 책 하나를 고르라고 하면 어느 책일까? 이언 해킹이 '위대한 책'이라고 칭송한 토머스 쿤의 『과학혁명의 구조』가 그중 하나일 것이다. 이 책은 1962년에 처음 출간되었다. 『과학혁명의 구조』가 가장 많이 인용한 책이 된 이유는 과학의 발전에 관한 빼어난 통찰이 들어 있기도 하지만 아마도 이 책에 나오는 단어 '패러다임' 때문일 것이다. 우리가 현재 자주 사용하는 '패러다임 전환paradigm shift'의 '패러다임'이라는 일상 용어를 토머스 쿤이 처음으로 소개했다. 패러다임paradigm은 그리스어 paradeigma에서 유래된 단어다. 아리스토텔레스는 『수사학』에서 이 단어를 중요하게 다루었고 당시에는 가장 뛰어나고 모범이 되는 사례라는 의미로 사용됐다. 쿤은 뛰어난 과학 업적은 다음의 두 가지 본질적인 특성을 공유했기 때문이라고 했다. 첫째, 그것들의 성취는 경쟁하는 과학활동의 양식으로부터 끈질긴 옹호자 집단을 떼어내 유인할 만큼 놀랄 만한 것이다. 둘째, 동시에 그것은 재편된 연구자 집단에게 온갖 종류의 문제를 해결하도록 남겨놓을 만큼 충분히 융통성이 있다. 쿤은 이 두 가지 특성을 띠는 성취를 패러다임이라고 불렀다.[20] 그리고 그 시대에 연구되는 과학을 '정상과학normal science'이라 칭하고 정상과학은 패러다임에 의해서 특징지어진다고 했다. 즉 정상과학은 새로움을 겨냥하지 않으며 현재 상태를 분명하게 해주는 것을 목표로 한다. 어느 시대이건 그 시대의 패러다임이 존재한다. 원시시대에는 사냥을 통한 생존 방법의 확보가, 고대에는 철학에 기반을 둔 문명과 전쟁 노동력의 활용이, 중세에는 종교에 함몰된 봉건사회의 형성과 르네상스로 대표되는 학문의 부흥이, 근대에는 산업혁명이 창출해낸 인식의 변화가 패러다임이었다. 하나의 패러다임 아래서 사람들은 사유하고 실험하며 성찰한다. 그런데 어느 날 그동안 알고 지내던 것이 잘 맞지 않고 이상하게 여겨지기 시작한다. '왜 변칙 현상anomaly이 보이지?' 사람들은 고민하고 또 고민한다. 이는 과학적 발견의 출현으로 이어지는 법이다. 예상과 다른 변칙 현상이 반복되면서 '위기crisis'에 다다른다. 더 이상 변칙 현상이 치유될 수 없는 지경에 이르면 기존 이론을 부정하는 것으로 끝나는 게 아니라 이를 대체하는 새로운 이론과 연구가 나타난다. 이것이 새로운 패러다임이다. "하나의 패러다임을 거부하는 결단은 언제나 그와 동시에 다른 것을 수용하는 결단이 되며, 그 결정으로까지 이끌어가는 판단은 패러다임과 자연의 비교 그리고 패러다임끼리의 비교라는 두 가지를 포함한다."[21] 쿤은 이렇게 말했다. 그러고는 '패러다임 전환'이 일어나는 것이다. 본질은 바로 이렇게 찾아진다. 여기서 잠깐 혼동하지 말아야 할 것이 있다. 나는 새로운 패러다임 자체가 본질이라고 얘기하고 싶지는 않다. 패러다임 전환이 이뤄지기까지의 과정이 본질이다. 이 과정이라는 본질 안에 새로운 패러다임이라는 결과가 포함된다. 패러다임이 본질이라면 현재 우리가 진리로 알고 배우고 있는 양자역학이 끝이어야 하지만 우리는 이것이 끝이 아님을 잘 알고 있다. 언젠가 양자역학도 설명하지 못하는 변칙 현상을 만날 테고 그 위기는 또 다른 패러다임으로 전환될 것이 분명하기 때문이다. 인류의 역사에서 우리는 중간중간에 패러다임이라는 결과를 얻는다. 뉴턴은 고전 역학, $F = ma$로 행성의 위치를 계산해냈다. 여기서 m은 질량을 의미한다. 그런데 아인슈타인은 특수 상대성 이론으로 $E = mc^2$을 얘기했다. 사실 질량과 관련된 두 이론이 모두 맞다. 각 시대의 올바른 패러다임이었다. "한쪽에서는 특정한 현상이 설명하기 힘든 변칙 현상인데, 다른 한쪽에서는 법칙과도 같은 당연한 현상이 될 때, 이 둘을 어떻게 합리적인 기준으로 비교할 수 있는가?"[22] 쿤은 이것을 '공약불가능성incommensurability'이라고 불렀다. 뉴턴이 볼 때 특수 상대성 이론은 이해가 되지 않을 것이고 아인슈타인이 볼 때 고전

역학은 부족해 보이겠지만 두 이론 다 이전 시대의 패러다임을 전환시킨 새로운 패러다임이다. 그런데 이들은 결과가 아니다. 과정이다. 우리는 패러다임을 전환하는 과정이 본질임을 잊어서는 안 된다.

쿤의 이야기를 조금 더 들여다보겠다. 패러다임 전환이라고 하면 무슨 큰 혁명적 사건이나 과학 이론을 떠올리기 마련이다. 하지만 그러지 않아도 된다. 일상에서 늘 패러다임을 전환할 수 있다. 우리가 알고 있었던 생각을 바꿀 수 있다는 의미다. 고정관념이나 편견을 뒤집을 수 있다. 쿤이 쉬운 방법을 제시했는데 전면적인 패러다임 전환에서 무엇이 일어나는가를 보여주는 유용한 기본적 원형이 '게슈탈트 전환gestalt switch'이라고 했다.[23] 게슈탈트 전환은 형태가 변하지 않았는데 보는 사람의 시각에 따라 다른 것으로 바뀌어 보이는 것을 말한다. 앞서 언급했던 게슈탈트 시지각이다. 유형 혹은 무형의 무언가를 관찰하고 겉으로 드러난 것을 넘어서 다른 면을 보는 것이 패러다임 전환의 기본이 된다. 이를 통해 우리가 해오던 시야 사고와 지식 사고의 틀을 깰 수 있다. 과학혁명처럼 천천히 진행될 수도 있지만 일상에서는 갑자기 게슈탈트 전환이 벌어지기도 한다. 베이컨이 '진리는 혼동에서보다는 실수로부터 더 쉽게 나타난다'고 했듯이 말이다. 실수는 행동을 했기 때문에 일어난다. 즉 실수가 없는 사람은 행동을 해보지 않은 사람이다. 유심히 관찰해야 게슈탈트 전환도 일어난다.

과학혁명에 패러다임 전환이 있다면 철학에는 헤겔의 변증법이 있다. '정반합'을 말한다. 기본적으로 '정正'이 있고 그와 상반되는 '반反'과의 갈등을 통해서 정과 반이 모두 배제되며 '합合'으로 초월한다는 의미다. 이 과정을 반복하다보면 진리에 가까워질 수 있다는 것이 정반합의 이론이다.[24] 모두 바로 눈치챘겠지만 정반합이나 패러다임의 전환은 같은 논리이고 둘 다 본질에 다가가는 과정이다. 과학과 철학에만 이것이 적용되는 것은 아니다. 모든 학문과 일상에서 우리는 정반합을 겪고 패러다임을 전환한다. 나 자신의 의견만 '정'이라고 우기면 '반'이 들어올 여지가 없어진다. 내가 느끼든 남이 지적했든 '반', 즉 '변칙 현상'을 내 안에서 받아들여야 나는 '위기'를 자각할 수 있게 된다. 이 과정이 통찰이고, 자신이 믿어왔던 사고를 '전환'하며 다음의 통찰로 향하게 된다. 통찰을 얻을 때까지 100년이 걸릴 수도 있고 30년이 필요할 수도 있다. 당연히 하루 만에 얻는 통찰도 가능하다. 과정은 동일하다.

17세기 캐나다의 뉴펀들랜드섬 인근 바다에는 대구가 하도 많아 배가 앞으로 나아가기조차 힘들 정도였다고 한다. 그러나 그 많던 대구는 20세기 들어 100년이 채 지나지 않아 어획량이 큰 폭으로 감소했다.[25] 이 역사적인 변화를 연구한 어류학자 대니얼 폴리는 다음과 같이 설명했다. "각 세대의 어류학자는 자신이 연구를 시작할 시점의 어족 자원을 기준선으로 삼아 그 후의 변화를 평가한다. 다음 세대의 어류학자는 줄어든 어족 규모를 새로운 기준선으로 설정한다. 기준선이 점진적으로 이동하면서 학자들은 어족 자원이 조금씩 사라져가는 것을 수용하게 된다."²⁶ 그는 이 현상을 '기준선 이동 증후군Shifting baseline syndrome'이라고 불렀다. 패러다임이 바뀌면 그에 따른 지식도 함께 바뀌어간다. 인간은 자신이 살아 있을 때의 변화만 봤기 때문에 여러 세대에 걸쳐 점진적으로 변화하면 이것을 감지하기 어렵다. '기준선 이동 증후군'은 인간이 태어났을 시대의 팩트를 진리로 받아들이거나, 어떤 상황이 벌어졌을 때 그 상황에 바로 익숙해지는 것을 지칭하는 개념이다. 우리는 그래서 고정관념을 갖게 된다. 이 고정관념도 세대가 바뀌면 변화하겠지만 자신이 살아가는 동안에는 자기 기준선에 맞추게 되는 것이 당연하다. 하지만 이상하면 바꿔야 한다. '기준선 이동 증후군'의 '이동'과 '패러다임 전환'의 '전환'은 같은 영어 단어 '시프트shift'다. 바꾸지 못하면 매일같이 '변칙 현상'과 '위기'에 우리 몸과 마음은 하염없이 고달파지는데 이것을 고치지 못하는 것은 통찰 부족으로밖에 설명이 안 된다. 우길수록 본질은 멀어진다.

나이가 들어도 시험을 보는 꿈을 자주 꾼다. 상황은 매번 다를 수 있어도 주제는 항상 똑같다. 제대로 준비하지 못하고 시험을 치르는 바람에 답을 모르는 경우가 예상보다 많다. 수학 시험 꿈은 더 악몽이다. 수학 자습서에 나온 문제였는데 도무지 풀리지가 않는다. 프로이트에게 해몽을 요청했다면 돌아오는 답은 내 무의식에 숨어 있던 불안과 걱정 때문이라고 했을 테지만 여하튼 꿈에서 수학 시험을 보고 아침에 일어나면 진이 다 빠진다. 나는 의사다. 의과학의 일부는 여전히 수학의 꽃인 미분과 적분을 응용하고 있다. 하지만 대부분의 임상의학 과목에서 미분과 적분은 더 이상 필요하지 않다. 의예과 2년간 잠시 수학에 발을 담갔다가 해부학을 배우는 본과에 들어서면서 그 후로는 수학과 이별한다. 어디 의학에서만 이 이야기가 통하랴. 많은 학문에서 전공으로 들어가면 수학이 필요 없다고 느낀다. 덧셈, 뺄셈, 곱셈, 나눗셈 외에 로그와 시그마는 이미 잊힌 지 오래다. 예전에는 종이에 숫자를 써가며 곱셈과 나눗셈을 직접 하거나 주판을 이용해 답을 냈는데 이제는 덧셈과 뺄셈마저 계산기가 모두 대행해주니 수학을 배웠던 것이 무슨 의미인가 하는 생각이 들 수 있다. 그렇다면 우리가 수학을 배우는 이유는 대체 무엇일까? 대학 입시에서 가장 중요한 과목이라 그런가? 사회에 나가 보니 수학이 필요 없고 그러니 수학을 포기할 권리를 달라고 요구할 수도 있을 텐데 우리의 자녀들은 여전히 수학을 열심히 배우고 있다. 어떤 이들이 말한다. 수학과 씨름하다보니 그 자체가 '위기'로 느껴지는 까닭에 수학 공부를 없애야 한다는 패러다임의 '전환'이 필요하지는 않을까? 물론 그렇게 생각할 수도 있겠지만 진실은 수학 안에 있다. 우리는 수학을 공부하며 패러다임의 전환을 배운다. 학교에서 수학을 배우는 이유는 수학 문제를 풀어 답을 구하기 때문이다. 이 말이 무슨 소리인지 눈을 동그랗게 뜨고 의아해할 사람들도 있을 것이다. 수학 문제를 푸는 것은 과정이다. 그리고 답이 결과다. 문제를 해결한 후에는 그다음 단계의 문제로 '전환'된다. 또다시 과정이다. 미분이라는 단원을 이해하면 우리는 그다음 적분으로 넘어갈 자격을 얻는다. 미분을 모르고 적분을 알 수는 없다. 내 지식이 미분을 넘지 못하고 직전 단원까지만 만족한다면 나는 거기까지의 시야 사고와 지식 사고를 하게 된다. 그리고 나의 만족 사고는 미분을 넘어선 다른 것을 이해하지 못하게 된다. 이것이 통찰이다. 수학 문제를 풀어나가는 과정이 중요한 것이다. 수학을 배우는 이유는 과정을 겪고 해결하는 '패러다임 전환'의 통찰을 경험하게 해준다는 의미다. 답을 구하지 못했을 때 그것에 실망하고 중도에 포기하는 학생을 많이 봐왔다. 의과대학에서도 휴학을 신청하는 학생 중 꽤 많은 수가, 예상되는 성적 결과를 받아들이기 어렵고 잘해나가는 다른 학생과 비교하여 상대적으로 박탈감을 느끼기 때문에 휴학하는 것으로 판단된다. 그러지 않았으면 좋겠다. 과정에 충실하고 다음 단계로 넘어갈 역량을 통과했다면 중간 어느 단계에 자신이 원했던 만큼 만족하지 못했어도 충분한 자격이 있는 사람이다. 성적이라는 결과는 만족스럽지 못하더라도 통찰지능은 어느새 크레디트가 쌓여간다.

우리의 아들딸들이여, 수학을 포기하지 말자.

만성 질환 치료의 본질 :
이스터섬의 비극

IQ + EQ < InQ

어느 해인가 건강 검진을 하고 나서 고혈압과 정상 범위를 웃도는 혈중 콜레스테롤 값이 적힌 결과를 받았다. 나는 그냥 조심하라는 경고겠거니 생각하고 덮어두었다. 이듬해에 나온 결과는 수치가 조금 더 올라가 있었다. 마음에 압박으로 작용하기는 했지만 식이요법을 잘 지키고 운동을 더 하는 것으로 나 자신과 타협했다. 이듬해에 받아든 결과지에는 혈당마저 높아지는 경향이 나타났다. 불안감에 동료 심장내과 교수에게 전화했다. 혈압약과 고지혈증약을 복용해야 한다는 답이 돌아왔다. 동료 교수는 체중 관리는 기본이라고도 강조했다. "꼭 약을 먹기 시작해야 할까? 운동과 먹는 것 조절하면서 체중을 잘 유지하면 약 안 먹어도 되지 않아?" 내 간청에 그는 시큰둥하니 그러라고 했다. 또다시 한 해가 지나고 나는 그가 왜 시큰둥했는지 바로 알 수 있었다. 혈압은 더 오르고 지질 수치는 하늘을 찌르고 있었으며 드디어 당뇨 초기라는 진단을 받아든 나는 매일 알약을 입에 넣기 시작했다. 성인병이 남 얘기인 줄 알았더니 나도 어느새 동참하게 된 것이다. 경고 신호를 보고 투약을 받아들이기까지 4~5년이 훌쩍 지나버렸다. 나중에는 약도 증량됐다. 지금은 몸 이곳저곳에서 노화 신호가 불쑥 튀어나오는 게 하나도 이상하지가 않다. 이제 나는 안다. 내 몸이 망가져가고 있다는 사실을. 그런데 수년 전 경고음을 들었을 때 나는 왜 가만있었던 것일까?

남태평양 한가운데에 위치한 섬, 수십만 년 전 폭발한 테레바카 화산의 용암류에서 야자나무 줄기 하나가 발견됐다. 이 줄기의 직경은 자그마치 2미터가 넘었으니 이 나무가 현대까지 존재했다면 아마도 세상에서 가장 큰 야자나무가 됐을 것이다. 이 섬을 가리켜 원주민들이 사용하는 이름은 '라파누이Rapa Nui', 큰 땅이라는 뜻인데 '테피토오테헤누아Te pito o te henua' 즉 세계의 배꼽이라고도 불리는 이곳은 테레바카 화산의 큰 분화구를 가진 칠레령 이스터섬이다. 칠레 본토로부터 3000킬로미터 이상 떨어진 이 섬은 곳곳에 흩어져 있는 거대한 '모아이 석상'으로 유명하다. 1722년 유럽인들이 섬에 처음 들어왔을 때 변변한 나무 하나 없는 황무지 같은 땅에 수천 명의 원주민만 살고 있었지만, 고고학자들의 연구에 따르면 원래 이 섬은 수만 명의 인구가 섬을 뒤덮은 거대한 야자나무 삼림과 천혜의 해양 자원을 이용해 문명을 꽃피우던 곳이었다. 문명의 성취는 모아이 석상의 건설로 이어졌는데 아이러니하게도 모아이 석상은 문명의 파멸을 예고하는 서막이었다. 거대한 야자나무는 섬의 생명줄이었다. 인구가 늘어나자 밭을 개간해야 했기 때문에 나무를 베기 시작했고, 이 나무를 이용하여 카누를 만들며 해산물을 무진장으로 확보했다. 부족들의 힘이 강성해지자 이들은 경쟁적으로 석상을 제작하게 된다. 자신들의 힘을 보여주고자 건설하기 시작한 모아이 석상은 처음에는 작았지만 점점 크기를 키워갔으며, 섬의 중심부에 위치한 채석장에서 만들어진 석상을 해안가까지 운반하려면 운반 수단이 필요했는데 당연히 야자나무를 바닥에 깔아 옮겼을 것으로 추정된다. 처음에는 무한정으로 보였던 나무들이 어느 틈엔가 점점 사라지고 있었지만 원주민들은 아랑곳하지 않았다. 묘하게도 자원이 고갈될수록 사람들은 더 큰 석상을 짓는 데 힘을 쏟았다. 자원이 줄어들자 부족들은 서로의 힘을 키워 상대 부족을 제압하려 했고 그 힘을 과시하기 위해 더 큰 석상을 만들 필요가 생긴 것이다. 이렇게 야자나무 숲은 급속도로 황폐화되어갔다. 나무는 거의 다 베어졌고 그 순간에도 채석장에서는 모아이 석상이 만들어지고 있었으며, 현대의 우리는 만들다 만 석상으로 그 흔적을 짐작할 수 있다. 연구에 따르면 이렇게 문명이 사라질 때까지 200년이 채 걸리지 않았다고 한다.

재러드 다이아몬드는 역작 『문명의 붕괴』에서 이스터섬의 비극을 다루었다. 마지막 남은 한 그루의 나무를 베는 사람의 심정은 어땠

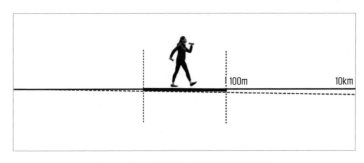

[그림 19] 평지를 걷는 것처럼 보이는 사람

을까? 세월이 흐른 뒤에는 그 의미를 알게 되지만 아마도 그 당시에는 별생각이 없었을 것이다. 문명이 붕괴되는 과정의 한가운데에 서 있는 사람은 몰락을 느끼지 못한다. 이렇게 생각해보자. [그림 19]를 보면 한 사람이 걷고 있다. 평지를 힘차게 걷는 중이다. 100미터를 걷고 있다면 누가 봐도 평지다. 그런데 거리가 10킬로미터라면 출발지와 도착지의 해발고도가 차이 날 수도 있다. 그 사람은 끝까지 평지를 걷는다고 생각했겠지만 10킬로미터 지점에 도착하고 보니 결국에는 내리막길을 걷고 있었던 것이다.

그런데 사람들은 걷는 중간에는 내리막길을 걷고 있음을 의식하지 못한다. 도착해보니 알게 된다. 다이아몬드는 이스터섬의 비극에 대해 이렇게 기술했다. "불규칙한 변동으로 인해 느리게 진행되고 있는 변화가 잘 드러나지 않는 현상을 정치학자들은 '잠행성 정상 상태creeping normalcy'라고 부른다. 경제 문제, 교육 문제, 교통 체증 문제, 혹은 그 어떤 문제가 매우 천천히 악화되고 있으면 한 해의 평균 수준이 그 전해에 비해 아주 약간 낮아졌다는 사실을 깨닫기 힘들며, 따라서 미세하지만 한 사람이 정상이라고 생각하는 기준도 매년 조금씩 변동하게 된다. (…) 어느 순간 수십 년 전에는 지금보다 훨씬 더 나은 상태였으며, 현재 정상으로 받아들여지고 있는 상태가 사실은 악화된 상태임을 알고는 갑자기 놀라는 것이다."[27]

그렇게 내 혈압과 콜레스테롤 수치가 악화된 상태임을 보고 나는 갑자기 놀랐다. 이것이 만성 질환의 경과다. 인간의 수명이 아무리 연장됐다 해도 아프지 않고 건강하게 지낼 수 있는 '건강 수명'이 늘어나야 진짜 수명의 연장이다. 세상의 모든 일을 있는 그대로 받아들이는 성향의 사람이 있어 고혈압이나 당뇨, 고지혈증 같은 만성 질환에 걸리더라도 아무런 조치를 취하지 않고 기다리기만 한다면 그 사람은 행복할까? 그렇지 않을 것이다. 질병을 잘 조절하는 주변 사람들을 보면서 어느 날엔가 정신이 퍼뜩 들어 굳은 결심을 하게 될 확률이 높고, 무엇보다 주변에서 식구나 동료들이 가만두지 않을 것이기에 현대인은 만성 질환의 극복에 열과 성을 다하게 되어 있다. 그러면 어떻게 하는 것이 만성 질환을 적절하게 치료하는 것일까? 의사의 입장을 이야기해보도록 하겠다.

나는 소아청소년의 크론병과 궤양성 대장염을 전공하고 있다. 둘 다 대표적인 만성 질환이다. 앞부분에서 시야 사고를 설명하면서 소개했듯이 이 질환은 한 번 걸리면 평생을 간다고 알려져 있는 만성 염증성 장 질환이다. 자가 면역 체계의 이상으로 유발되어 장 내 궤양이 지속적으로 재발하고 설사와 복통으로 고생한다. 치료의 목적은 완치가 아니라 편안한 일상생활을 영위하는 것이다. 의학 용어로 '관해remission'라고 하는데 이 관해 상태가 꾸준히 유지되어야 한다. 재발할 때마다 삶이 망가지기 때문에 재발하지 않도록 투약과 식이 요법에 집중하는 것이 요구된다. 만성 염증성 장 질환 치료에도 전략이 있다. 예를 들어 대표적인 만성 질환인 당뇨병을 치료할 때 의사는 치료를 시행하고 치료가 잘 되어가고 있는지 확인하는 모니터링을 수행한다. 모니터링은 치료 목표의 수준을 정함으로써 가능하다. 이것을 '치료 타깃treat-to-target'이라 부르는데 당뇨병이라면 무엇을 치료 타깃으로 삼을까? 당뇨는 혈당이 비정상적으로 높은 것을 의미하므로 혈당을 낮추면 된다고 생각할지 모른다. 하지만 의사는 그렇게 하지 않는다. 당화혈색소hemoglobin A1c를 낮추는 것이 치료 타깃이다. 혈당만 낮추는 노력으로는 당화혈색소를 제대로 조절하기 어려워 당뇨병의 진행을 막을 수 없다. 당화혈색소를 낮추는 전략으로 혈당은 저절로 조절된다. 더 높은 타깃을 노려야 하위 인자가 함께 조절되는 것이다. 류머티즘 관절염도 마찬가지다. 통증만 없애려 한다면 진통제만 사용해도 가능하지만 치료 타깃은 더 높은 목표로서 증상 없이 일상생활을 가능케 하는 것이다. 그래야 통증은 덤으로 좋아진다. 크론병과 궤양성 대장염의 치료 방침은 [그림 20]과 같다. 중증도에 따라 1~3단계로 나누고 경증인 1단계

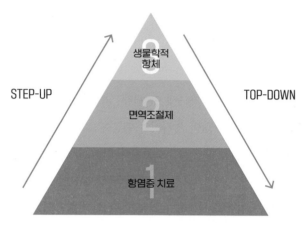

[그림 20] 크론병과 궤양성 대장염의 스텝-업 치료와 톱-다운 치료법

에서는 항염증 치료를 한다. 2단계에는 면역조절제를 사용하며 중증인 3단계가 되면 주사로 생물학적 항체를 투여한다. 대부분의 의사는 1단계 치료를 먼저 시도하고 잘 안 들으면 2단계 치료로 넘어간다. 2단계 치료로 해결되지 않을 때 마지막으로 사용하는 것이 생물학적 항체의 투여다.

나는 이 전통적인 이 치료 방법에 문제가 많다고 생각했나. 순서대로 계단을 올라가는 스텝-업step-up 치료는 의사 입장에서는 매우 편리한 방법이다. 치료하다가 안 되니 다음 단계로 넘어가는 것은 하등 문제 될 것이 없다. 예를 들어 스테로이드라는 약제는 매우 강력한 항염증제라서 사용하면 대부분의 환자가 좋아진다. 하지만 스테로이드는 부작용이 워낙 강해 두어 달 내에 끊는 게 목적인 약이다. 약인데 유지 요법으로 쓰지 못하고 중단하는 것이 목적인 약이라니 참으로 아이러니했다. 이렇게 스테로이드를 쓰다가 중단하면 크론병이 재발하고 다시 사용하면 바로 좋아지지만 중단하면 도로 재발이 예상되니 의사는 자연스럽게 2단계 면역조절 치료로 넘어갈 수밖에 없다. 이런 치료를 하다보면 금세 여러 해가 흐른다. 성인 크론병 환자의 절반은 결국 장의 협착으로 인해 수술을 받게 된다는 보고가 있다. 크론병은 처음에 장의 염증 단계로 시작된다. 세월이 흐르면 염증이 진행되며 장벽이 두꺼워지고 5년, 10년이 흐르면 장의 협착이 올 수 있음은 충분히 예상 가능하다. 그런데 그 중간에 우리는 장이 좁아지고 있음을 눈치채지 못한다. 아주 천천히 진행되는 만성 염증성 장 질환의 특성상 환자도 모르고 의사도 모르는 새에 어느 날 시행해본 검사로 장의 협착이라는 진단이 내려진다. 바로 '잠행성 정상 상태'를 우리 장이 겪는 것이다. 그러니 내가 보기에 성인에게서 수술률이 높은 것은 당연한 귀결이었다. 소아청소년기에 발생한 크론병과 궤양성 대장염은 대부분 염증 단계에 있다. 즉 질병의 초기인데 만일 의사인 내가 중등도 이상의 염증을 가진 환자라면 나는 스텝-업 치료를 거부하겠다. 그리고 스테로이드 치료를 원치 않는다. 나는 협착으로 진행되지 않도록 초기에 염증 단계부터 강력하게 차단하는 치료 전략을 세우고 싶었다. 미래가 뻔히 보이는데 남들이 하는 치료를 관성적으로 따를 수는 없었다. 치료 타깃이 필요했다. 다른 만성 질환들의 치료 목적과 유사했다. 만성 염증성 장 질환에서 일반적인 관해는 두 종류가 있다. 하나는 임상적인 관해이고 다른 하나는 내시경적 관해다. 임상적 관해는 증상이 사라지고 일상생활이 가능한 상태를 말한다. 이것은 스테로이드만 사용해도 바로 이룰 수 있는 관해다. 이때 내시경상으로 궤양이 남아 있는가 여부는 중요하지 않다. 그러나 나는 소아청소년 크론병 환자의 치료는 달라야 한다고 생각했다. 성인기에 이르러서 발병하는 것과 달리 일찍 발병한 성장기의 환자가 제대로 크지도 못하며 먼 훗날 장 협착이 오는 것을 그대로 지켜볼 수는 없었다. 내 자식이 크론병이라면 어떻게 치료할 것인가? 이 질문을 나 자신에게 던지니 답이 나왔다. 내시경적 관해, 즉 궤양이 사라지게 만드는 것을 치료 타깃으로 삼아야 한다고 나는 믿었다. 그러면 증상이 사라지는 임상적 관해는 저절로 따라온다. 그런데 일반적인 1단계와 2단계 약으로는 이 내시경 관해에 도달하는 것이 쉽지 않았다. 3단계 생물학적 항체가 가장 강력하고 효과적으로 장의 궤양을 사라지게 하는 주사약이었다. 2006년 인플릭시맵infliximab이라는 생물학적 항체가 소아청소년 크론병에서 최초로 미국식품의약국 허가를 받았다. 우리나라에는 2009년 이 약이 소아 치료에 도입됐다. 지금은 항체 치료가 일반화됐지만 당시에는 고가의 약으로서 처방 기준도 까다로웠고 무엇보다 이 항체의 부작용에 대한 우려가 상당했다. 외국에는 생물학적 항체 치료로 림프암을 유발할 수도 있다는 보고도 있었다. 결정을 해야 했다. 나는 크론병 초기부터 생물학적 항체를 투여하는 톱-다운 치료 방식을 택기로 마음먹었다. '초기 크론병의 염증 단계부터 바로 막아버리자.' 이미 해외 연구에는 인플릭시맵이 면역억제제와 동반 사용됐을 때 더 효과가 있었다는 보고가 나와 있었다. 나 또한 항체와 면역억제제를 병행 사용하기로 계획했다. 그 당시엔 우리나라에서 어느 의사도 항체 치료를 자신 있게 시행하지 못했다. 부작용이 그만큼 무서웠기 때문이다. 게다가 면역억제제도 부작용이 만만치 않아서 이 부작용들을 컨트롤할 수 있는 묘책이 필요했다. 방법은 있었다. 약물혈중농도모니터링therapeutic drug monitoring, TDM을 도입한 것이다. 환자의 혈액에서 약물의 농도와 내성을 모니터링함으로써 부작용을 어느 정도 예측 가능하게 만들었다. 물론 비용은 개인 연구비에서 부담했다. 연간 어마어마한 비용이 지출됐지만 환자는 점점 더 좋아졌다. 소아청소년 크론병에서 인플릭시맵과 면역 억제제를 질병 초기부터 병용하는 '초기 집중 치료'는 이렇게 시작됐다.

성과는 컸다. 수술률이 급격히 떨어졌고 환자의 삶의 만족도가 아주 높아졌으며 해외 유수의 의학 저널에 연구 결과가 많이 실리면서 미국과 유럽의 전문가들로부터 인정을 받았다. 누구보다 먼저 소아청소년 크론병의 '초기 집중 치료'를 시작한 지 10여 년이 흐른 지금, 돌이켜보면 '잠행성 정상 상태'에 빠지지 않도록 해 장 협착이라는 몸의 '붕괴'를 예방할 수 있었다는 것이 가장 만족스럽다. 환자가 우선이다. 나는 환자 입장에서 치료를 수행하도록 과정을 바꾸었다. 그랬더니 결과가 달라졌다. 이것이 만성 질환 치료의 본질이다. 크론병 같은 만성 질환이 늘 잠행성 정상처럼 보인다는 것을 인지하는 것이 첫 번째 본질이고, 치료의 목표를 높이 잡아 치료 과정에 충실해야 만족할 만한 결과에 도달하리라는 것이 두 번째 본질이다. 역사는 우리에게 세상 살아가는 이치를 알려준다. 이스터섬의 문명은 비극으로 끝났지만 소아청소년 크론병과 궤양성 대장염의 치료는 해피 엔딩을 향해 진행 중이다.

못된 것과
못난 것
IQ + EQ < InQ

2020년 10월 방탄소년단BTS은 미국에서 한미관계 발전에 기여
한 공로를 인정받아 코리아 소사이어티가 수여하는 밴플리트 상을
받으며 수상 소감을 밝혔다. "올해는 한국 전쟁 70주년으로 양국이
함께 겪었던 고난의 역사와 많은 희생을 기억해야 합니다."[28] 한국을
도와준 참전국의 희생에 대한 매우 상식적인 BTS의 언급에 대해
중국 관영 매체인 『환구시보』는 이 소감이 중국 네티즌들의 분노를
유발했다고 보도했다. 이후로 중국 내에서 대규모 반한, 불매 운동
이 전개됐고 BTS 팬들에 대한 공격이 이어지기도 했다. 이에 대해
미국의 주요 언론과 인사들은 일제히 중국을 비판하고 나섰다. 『뉴
욕타임스』는 중국 네티즌들이 BTS의 악의 없는 발언을 공격했다고
꼬집었고, 이성윤 터프츠대학 교수는 중국의 행동은 지혜롭지 못하

다면서 같은 논리라면 시진핑 주석이 한국전쟁을 위대하고 정당했다고 평가한 만큼 유엔 참전국들이 중국 제품 불매에 나서야 한다고까지 말했다. 역풍이 일자 『환구시보』는 슬그머니 관련 기사를 내렸다.[28] 상대방의 입장을 고려하지 않고 항상 내 편만 고집하는 극단의 사람들이 있어 세상은 시끄럽기 마련이다. 일반 상식으로 판단할 때 말도 안 되는 비난을 받은 쪽은 가해자 측에 대해 그들이 잘못했다고 항의하면서 흔히 '참 못됐다'는 표현을 사용한다. '못됐다.' 이것은 나쁘다는 의미다. 영어로는 bad라는 단어가 떠오르고, 해를 끼친다는 면이 강조되면 harmful, 그리고 좀더 사악한 느낌이 들어가면 wicked가 맞을 것이다. 그렇다면 이번 사태를 일으킨 중국의 일부 네티즌들이 bad, harmful 혹은 wicked였는가? 막상 외신에서는 다른 단어를 선택했다. '못났다.' 더그 밴도 케이토연구소 연구위원은 이번 행동이 중국의 평판만을 깎아내릴 것이며 '어글리 차이니스ugly Chinese'가 등장한 것이라고 말했다.[28] 곰곰이 생각해보자. 이 상황을 만든 그들은 도대체 못된bad 것인가 못난ugly 것인가?

우리는 못된 것과 못난 것을 자주 헷갈려한다. 내 입장에서 볼 때 누군가 나에게 해를 끼치면 일단 상대방을 못된 사람으로 여긴다. 신체적으로 위해를 가할 때, 말로 마음의 상처를 줄 때, 또는 내가 속한 집단을 비난할 때 우리는 '그 사람 참 못됐네'를 연발한다. 그런데 그 사람이 못된 것이 아니라 못난 것일 수 있어 명확한 구별이 요구된다. 못된 것이나 못난 것이나 둘 다 똑같이 부정적인 상태이니

군이 구별할 필요가 있냐고 되물을지 모르지만 둘을 구분할 수 있어야 타인의 마음을 비로소 읽게 되며 그것으로 인해 내 마음이 더 편해질 수도 있다. 내 마음이 불편했던 원인이 상대방이 못난 데 있는 것으로 판명되면 마음속으로 웃음 지을 수도 있어서 그렇다.

역사적으로 전쟁은 두 나라 사이가 좋지 않아 벌어진다. 두 나라가 힘이 균등하고 서로 일합을 겨루기 위해 서부 영화의 권총 대결처럼 싸움을 일으킨다면 전쟁 전에 미리 전쟁 개시를 합의하고 선전포고와 함께 전투를 시작해야 한다. 그리고 전쟁에서 지면 패배한 나라는 깨끗이 인정하고 권리를 포기하는 것이 옳다. 그런데 이런 전쟁은 거의 없다. 우리가 아는 전쟁의 대부분은 한쪽이 힘이 세고 다른 쪽은 약한데 힘센 나라가 갑자기 전쟁을 일으켜 무방비인 다른 나라를 침입한다. 그러고는 패배국의 모든 권한을 빼앗고 약탈하며 지속적으로 괴롭힌다. 이것이 전형적으로 '못된 것'이다. 이것은 나쁜bad 행동이고 상대국뿐만 아니라 주변국에 해를 끼치며harmful 자신만의 이득을 취하려 한다는 면에서 매우 사악하다wicked. 국가 간 문제에서만 못된 것이 드러나는 게 아니고 개인과 조직에서도 못된 것은 언제나 문제가 된다. 이것은 권한을 쥔 사람들에게서 자주 볼 수 있는 현상이다. 힘을 가진 사람들이 더 이득을 얻으려고 혈안이 되어 있어 볼썽사납다. 그들이 취한 이득이 이미 차고 넘쳐 보이는데 묘하게 더 많은 이득을 갈구한다. 그들에게는 손해라는 것이 없다. 무슨 행동을 해도 이득을 취한다. 그래서인지 그들은 타인에 대해 알게 모르게 우월의식을 가지고 있다. 국가로 따지면 선민사상을 의미한다. 그들의 이기주의는 끝을 모르는 듯하다. 이것이 '못된 것'인데 가만히 들여다보면 가끔 의외로 못된 것이 아님을 알게 되어 쓴웃음을 짓게 한다.

어느 초등학교 1학년 학생이 수업 중에 급하게 화장실에 가겠다고 교실 밖으로 나가다가 그만 실수로 바지에 소변을 보는 일이 벌어졌다. 담임 선생님은 갈아입을 옷을 요청하기 위해 부모에게 전화를 걸었지만 전화를 받지 않자 옷을 가져와달라는 문자 메시지를 보냈다. 그리고 얼마 지나지 않아 갑자기 교실 문이 열리고 아이의 부모가 뛰어 들어와 다짜고짜 "네가 우리 애 오줌 싸게 만들었지?"라고 화내며 담임 선생님의 머리채를 붙잡아 그를 바닥에 내동댕이 쳤다. 갑작스러운 소란에 옆 교실 선생님들이 달려와 말렸지만 흥분한 학부모는 아랑곳하지 않고 소란을 떨며 말리는 선생님들에게도 폭행을 가했다. 형사 고발하겠다는 교장 선생님의 경고가 있고 나서야 소란을 멈춘 학부모는 뒤늦게 교사들에게 사과했지만 그 자리에 있던 어린 학생들에게는 이미 씻지 못할 충격을 준 상황이었다. 폭행을 당한 교사들은 말할 것도 없이 넋이 나간 상태였다. 이상은 실제 있었던 사건을 각색해서 적어본 내용이다. 자, 어떤가? 폭행한 학부모는 '참 못된' 행동을 한 것이라는 생각이 들지 않는가? 힘으로 해결하려 했고 타인의 신체에는 해를 입혔는데 자신은 다치지 않았으며 자신의 가족만을 생각하는 이기주의가 가득 차 있었으니 갑자기 전쟁을 일으킨 못된 국가와 다를 바 없다. 그런데 아마도 많은 사람이 이 상황은 '못난' 행동이라고 말할 것이다. 왜 그럴까? 못난 것은 못된 것과 다르다. 못난 행동을 하는 사람들의 근본에는 자신을 늘 남과 비교하는 습성이 깔려 있다. 비교는 타인에 대한 시기와 질투로 표상된다. 못된 사람은 어떻게든 우기면서 자신은 손해를 보지 않는데, 못난 사람은 손해를 볼까봐 마구 우긴다. 현재로서는 손해를 보지 않았는데도 미래에 닥칠 것 같은 손해에 과잉 반응하면서 집착하고 이는 엉뚱한 행동으로 이어진다. 이 학부모는 자신의 아이가 가끔 소변을 가리지 못하는 것을 이미 알고 또 걱정하고 있었을 것이며, 다른 아이들과 비교되는 것에 대해 예민하게 반응하는 피해의식을 가지고 있었을 확률이 높다. 자신의 두려움이 담임에게 투사되어 아이가 무시당하고 자신도 무시당한다는 오해 끝에 폭력을 행사한 것으로 보인다. 비교는 열등감을 낳을 수 있다. 이 열등감을 억지로 누르며 행동할 때 못난 모습이 나타나는데 사람들은 이것을 못됐다고 표현하는 것이다. [표 2]는 못된 것과 못난 것을 구분해본 것이다.

심리학적 관점에서 볼 때 우월의식에서 못된 행동을 저지르는 사람의 기저에는 과거에 본인이 남으로부터 당한 괴롭힘의 기억이 있을 가능성이 높다고 한다. 이들이 우월감을 갖게 되는 데에는 자신의 나쁜 기억을 이겨내기 위한 자기기만이 작동한다. 진짜 모습이 아닌 가면을 쓴 자신을 보이기 위해 강한 척하며 확신에 차 있고 자

[표 2] 못된 것과 못난 것의 차이점

못된 것	못난 것
힘으로 타인을 누르며 행동하는 것	시기 질투로 타인을 누르며 행동하는 것
이득만 취함	손해를 피하려고 집착함
우기면서 손해 안 봄	손해 볼까봐 우김
우월의식, 이기주의, 선민 사상	피해의식, 열등감, 이기주의
과거 본인이 괴롭힘을 당했을 가능성	늘 남과 비교하고 살면서, 비교당하는 것은 싫어함

신의 실수는 인정하지 않는다. 자신에 대한 긍정성이 매우 높고 남 탓을 잘 하는 못된 사람들의 또 다른 특성 하나는 자신의 가면을 유지하기 위해 늘 불안해한다는 것이다. 그것이 힘을 이용하여 거만하고 못된 행동을 유발하는 시작점이 되기도 한다. 반면에 못난 사람들은 끝없이 비교하며 살기 때문에 손해에 아주 예민해진다. 작은 손해도 크게 느끼고 반발하는 이들은 본인이 늘 비교를 하면서도 자신이 비교당하는 것은 싫어한다. 폭력을 가한 학부모가 교사에 비해 그다지 우월했다고 보기는 어렵다. 엄연히 하나의 자아인 아이를 부모 자신의 몸의 일부로 착각한 그 사람은 아이가 다른 아이들과 비교되어 창피당하는 것이 자신의 손해인 양 과잉 반응한 것이지 어떤 목적이 있는 이득을 얻고자 한 것은 아니다. 딱히 거만할 이유도 없었다. 단지 내 아이가 비교당하는 것이 그렇게도 싫었

던 것이다.

이득만 취하려는 못된 사람과 손해를 피하는 데 집착하는 못난 사람 둘 다 이기적으로 보이기 때문에 우리는 바로 알아챈다. 이들을 쉽게 알아채는 기전에 대해서는 뒤에서 다시 설명하겠다. '못된 것'을 보면서 그와 유사하지만 잘 보이지 않던 '못난 것'을 찾아내는 것이 매우 중요하다. 인간의 타고난 심리적 면역 체계는 자기 합리화 기전을 발휘하여 회복 탄력성을 기르게 하는데, 못된 것에 대해서는 욕하고 말지만 그것이 사실상 못난 것이었음을 알아내면 우리는 나 자신이 못난 그들보다 한결 나음을 확인하고 심리적인 만족감을 되찾을 수 있다. 못된 것 안에 숨어 있던 못난 본질은 각 상황에서 벌어졌던 장면과 장면을 연결하는 맥락을 의미한다. 맥락을 읽기 위해서는 상대방의 입장에 서서 빠진 과정을 찾아 퍼즐 맞추듯 이어가면 된다. 상대방은 항상 무의식적으로 자신의 행동을 흘리고 있기 때문에 그것을 읽고 못 읽고는 오롯이 나 자신에게 달려 있다. 못돼 보이는 것에서 못난 것을 찾아보자. 본질을 알게 된 나는 훨씬 더 행복해진다.

제 7 장

명분과 실리

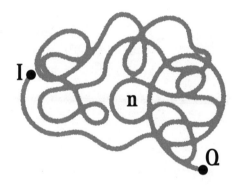

보이지 않는 것을
보이게 하는 것은
더 큰 통찰이다

화가 파울 클레의 유명한 말처럼 '관찰은 보이는 것을 표현하는 것이 아니라 보이지 않는 것을 보이게 하는 것'이다. 이 말의 핵심은 통찰이고, 관찰은 통찰 훈련의 가장 기본이다. 어떻게 보이지 않는 것을 보이게 할까? 전체는 부분의 합보다 크다. 보이지 않는 것에 대하여 내가 찾아냈건 혹은 남들이 보여주었건 간에 드러난 그 부분들을 모아서 새로운 하나의 전체로 이끄는 능력이 통찰이다. 부분만 봐서는 그것이 의미하는 바를 지나칠 수 있다. 많은 사람은 부분에 반응한다. 현상만 보고 진실을 간과하기 십상이다. 그것은 현상을 보고 난 뒤 그 현상에 대해 나 자신이 판단하는 기준이 손해와 이득에만 국한되었을 때 주로 벌어진다. 손익의 문제가 아니면 사람들은 대부분 잊고 넘긴다. 손익을 떠나 숨어 있는 본질이 무엇을 위해 존재하는지 사려 깊게 고민해본다면 어느 순간 전체의 이득으로 이어질 수도 있다. 사실 나의 성공은 이때 이루어진다. 남과 내가 보지 못했던 것에서 부분의 합보다 더 큰 전체를 추론해냈을 때 그것이 진정한 통찰이 되며 이것은 모든 이에게 주는 기쁨이자 가르침이다.

나무꾼과
김신조
IQ + EQ < InQ

경기도 연천과 파주가 만나는 임진강변에 고랑포구가 있다. 이 작은 나루에는 사람들이 잘 모르는 1500년의 역사가 담겨 있다. 삼국시대 고구려와 신라의 국경선에 바로 고랑포가 위치한다. 고구려에서 신라로 가는 가장 가까운 길이 개성에서 장단을 거쳐 고랑포로 넘어가는 것이다. 임진강이 굽이치는 두 곳이 가장 폭이 좁고 얕아 건너기에 수월한데, 한 곳이 고랑포나루이고 아래쪽에 자리한 곳이 임진나루다. 5세기 고구려 광개토왕은 고랑포를 전략적 요충지로 삼고 포구의 동남쪽 절벽에 호로고루를 건설했다. 임진강의 옛 이름이 호로강이다. 500년이 지나 신라가 망하고 마지막 왕인 경순왕은 고려 태조 왕건의 사위가 되어 개경에서 살다가 삶을 마감한다. 신라의 모든 왕이 묻힌 경주로 내려가던 경순왕의 운구는 신라 유민들의 반란을 우려한 고려 왕실의 반대로 경종 3년(978) 고랑포를 넘지 못하고 멈춰 고랑포 북쪽 언덕에 묻히며 유일한 경주 바깥의 신라 왕릉이 됐다. 다시 500년이 훌쩍 지나 조선의 선조는 1592년 임진왜란으로 왜군에게 쫓기며 서울을 떠나 북으로 향하는데 임진나루를 통해 강을 건너 동파역에서 쉬게 된다. 그리고 500년이 지나지 않아 고랑포는 현대사의 한 장면을 장식하는 군사 루트로 다시 한번 이름을 알린다. 1968년 1월 17일 북방 한계선을 넘은 31명의 북한 124군 특수 부대원들이 얼어붙은 고랑포 여울목을 건너 청와대로 향했다. 이른바 김신조 부대다. 이들은 기관단총 31정, 실탄 9300발, 권총 31정, 대전차 수류탄 252발, 방어용 수류탄 252발, 단검 31정으로 중무장했고 대한민국 대통령 시해가 목표였다. 고랑포를 건넌 그들은 19일 파주 법원리 삼봉산에서 숙영했는데 기온이 섭씨 영하 15도였다. 이에 응달에 은폐한다는 원칙을 깨고 햇볕이 드는 따뜻한 바위 앞에 짐을 풀었다. 이 실수로 인해 그들은 여러 명의 민간인을 만나게 된다. 땔감을 구하러 네 명의 우씨 형제가 산에 오르다가 그들과 마주친 것이다. 우성제를 비롯한 네 형제는 그들이 국군이 아님을 바로 알아봤다. 그러나 살해될 수 있는 상황임을 눈치챈 형제들은 기지를 발휘했다. 학교는 어디까지 나왔냐는 질문에 중학교를 졸업했음에도 국졸이라고 거짓말했고 청와대는 가봤냐는 질문에 한 형제의 답은 이랬다. "그게 뭐 하는 곳인가요?" 김신조 부대원 중 하나가 형제들을 떠보는 질문을 던졌다. "우리가 누구로 보이지?" 형제들은 바로 국군이라고 답했다. 그러자 그들은 신분을 밝혔다. "우리는 지하혁명당 소속이다. 지금 일 끝내고 북으로 복귀하는 길이다." 형제들이 깜짝 놀란 척하자 그들은 6개월 후면 남한이 해방되어 거지 없이 모두 잘살게 된다고 진지하게 말했다. 우성제가 이 말에 바로 거들었다. "와, 우리는 죽지 못해 사는데요. 벼 열 가마니 거두면 자본가들이 세금을 다 가져가서 끼니도 못 때웁니다. 그런 나라에 우리도 살고 싶네요." 세수도 못 하고 머리도 안 감은 채 구멍 뚫린 작업복 차림으로 산에 오른 나무꾼들의 말을 그들은 일단 믿었다. 김신조 부대원들은 곧 북에 무전을 쳐서 나무꾼들의 처리를 물었지만 돌아온 암호를 해석하지 못했다. 그리고 밤이 됐다. 북으로부터의 명령을 받지 못한 그들은 투표를 해서 형제들의 운명을 결정하기로 했다. 투표 결과는 반반이었다. 대장은 고민하기 시작했다. 형제들을 죽이더라도 꽁꽁 얼어붙은 땅을 파고 시체를 묻는 것이 가능하지 않아 보였고 무엇보다 형제들이 죄 없는 프롤레타리아 계급인 점이 마음에 걸렸다. 그래서 결국 이들을 살려주기로 결정했다. 북한에 동조하는 척했던 우씨 형제 나무꾼들의 기지가 이날의 운명을 가른 것이다.[1] 신고하면 가족을 몰살하겠다고 협박했지만 우씨 형제들은 집에 돌아온 뒤 바로 경찰에 신고했고 이후에 벌어진 일은 1.21 사태로 잘 알려진 바와 같다. 대응 수위가 높아진 상태에서 청와대 근방 자하문 초소에서 검문당한 그들은 교전 끝에 29명이 사살됐고 한 명은 북으로 도주했으며 한 명은 투항했다. 투항한 사람이 바로 김신조다.

우리는 '나무꾼과 김신조'보다 '나무꾼과 선녀' 이야기를 훨씬 더 잘 안다. 여기서 잠시 어려서부터 들어온 나무꾼과 선녀 이야기를 짧게 리뷰해보자. 나무꾼이 나무를 베고 있었는데 사냥꾼에게 쫓기는 사슴을 보고 숨겨준다. 무사히 살아난 사슴은 은혜를 갚기 위해 나무꾼에게 선녀들이 목욕하고 있는 곳을 알려주며 선녀의 옷을 숨기면 선녀가 하늘로 올라가지 못해 부인으로 삼을 수 있다면서 아이를 셋 낳을 때까지 절대로 옷을 돌려주면 안 된다고 신신당부했다. 사슴이 가르쳐준 대로 옷을 숨기고 선녀를 부인으로 맞이한 나무꾼은 아이를 둘 낳을 때까지 잘 살았는데 선녀 옷을 보고 싶다고 애원하는 부인의 간청에 못 이겨 옷을 꺼내온 순간 선녀는 옷을 입고 아이 둘을 안은 채 하늘나라로 돌아간다. 여기까지가 우리가 잘 아는 나무꾼과 선녀의 설화다. 그런데 참으로 묘한 것은 주인공만 바뀌었을 뿐이지 '나무꾼과 선녀' 그리고 '나무꾼과 김신조' 두 이야기의 기저에는 같은 본질의 의미가 숨어 있다는 점이다. 내용 가운데 공통점은 모두 상대방의 거짓말에 넘어갔다는 것이다. 설화에서는 나무꾼이 선녀에게 속았고 1.21 사태에서는 김신조 일행이 나무꾼에게 속았다. 나무꾼과 선녀에 나오는 사슴은 북한 정부이고 나무꾼이 김신조가 되며 선녀가 나무꾼들이 된 상황이다. 북한은 당연히 나무꾼들을 제거하도록 명령했을 것이다. 하지만 김신조 일행은 나무꾼 형제들의 기지 넘치는 거짓말에 속아 넘어갔다. 마치 설화에서 나무꾼이 옷만 보여달라는 선녀의 애원에 넘어간 것처럼 말이다. 사슴이 신신당부한 것처럼 부대도 그들에게 실수하지 말 것을 지속적으로 주입했을 텐데 왜 김신조 일행은 막상 중요한 순간에 실수를 저질렀을까?

상황 판단의 오류는 그 순간의 시야 사고, 지식 사고, 만족 사고가 어우러지면서 벌어진다. 김신조 일행에게 붙들린 나무꾼 형제들은 최대한 불쌍하게 보이려 노력했고 일행은 그들 눈앞의 광경을 믿었다. 그들이 북한에서 배웠듯 대한민국의 하층 계급은 민중 봉기를 갈구하는 프롤레타리아라는 지식에서 벗어나기도 어려웠다. 게다가 북한에서 왔다며 신분을 밝혔는데도 대한민국 나무꾼들이 자신들의 의견에 동조하니 그들 나름대로는 만족스러웠던 것이다. 선녀가 자신의 옷을 한 번만 보여줄 수 없냐며 간절한 눈빛을 보일 때 나무꾼은 그 말을 믿었을 뿐만 아니라 아이를 이미 둘이나 낳고 재미있게 살고 있으니 하늘로 되돌아가기는 어려울 것이라는 자기만족에 빠져 옷을 내주고야 말았다. 언제나 당하면서도 인간은 자신의 시야 사고와 지식 사고, 만족 사고를 반복한다. 이 잘못된 사고에서 벗어나고 싶다면 또 하나 반드시 고려해야 할 사항이 있다. 어떤 사건이 벌어졌는데 이를 이겨내고 성공하기 원할 때 그 상황의 명분과 실리를 따져보라. 거기에 본질이 존재한다. 인간은 본능적으로 손해를 기피하려 하고 이득에 눈이 가기 때문에 제대로 된 명분을 갖지 못하면 자연스럽게 실리를 추구하려는 경향을 보인다. 명분을 크게 따졌으면 김신조 일행은 나무꾼 형제를 그 자리에서 죽였어야 했다. 하지만 나무꾼들을 자기편으로 만든다는 생각과 우월한 자신들이 베푼다는 실리가 더 크게 작동한 그날 김신조 일행은 빤히 내다보이는 실패의 길에 들어섰다. 나무꾼들의 처리를 무전으로 물었으나 돌아온 암호 답변을 풀지 못해 투표로 해결하게 됐다고 했는데 나중에 밝혀진 바에 따르면 이 암호는 '복귀' 명령이었다.[2] 나무꾼들에게 노출된 사실 하나만으로도 더 이상 작전이 불가능할 것으로 북한 수뇌부는 이미 파악하고 있었다. 김신조 일행만 오판한 것이다.

과업을 수행함에 있어서 명분과 실리 중 하나만 쳐다보면 일을 그르치게 된다. 어렵지만 둘 다 만족시키려고 노력해야 성공할 확률이 높아진다. 그것이 쉽지 않아 사람들은 곧잘 실수한다. 눈앞의 이득을 취하려는 본능 때문에 인간은 명분보다 실리를 추구하다가 무너진다. 순간의 이익을 버리고 또한 손해를 감내할 줄 알아야 명분도 살리고 실리도 꾀할 수 있는 법이다. 잘나가던 사람이 혹은 기업이 한순간에 무너지는 대부분의 원인이 과도한 실리 추구라는 것을 우리는 역사와 현실에서 끊임없이 보고 있다. 물론 실리를 버리고 명분만 추구하다보면 이 또한 실패의 지름길이 된다. 병자호란을 논할 때면 늘 두 명의 인물을 떠올린다. 최명길과 김상헌이다. 명나라가 지고 오랑캐로 여기던 청나라가 들어서 세를 키우자 최명길은 현실을 고려해볼 때 청나라와 화친하고 훗날을 기대해보자는 '주화파'를 내세웠고, 김상헌은 명나라와의 의리를 지켜 청나라와의 전쟁도 불사하겠다는 '척화파'를 내세웠다. 최명길이 실리를 택했다면 김상헌은 명분을 따진 것이다. 당시 조선은 명분만으로 청나라에 대항하기에는 힘에 부쳤다. 남한산성으로 피신한 인조는 척화와 주화의 논쟁 속에서 명분과 실리 모두를 살리는 안을 내놓지 못한 채 시간만 끌다가 삼전도로 나와 굴욕적인 항복을 하게 된다. 명분이 옳았어도 실리가 뒷받침되지 않은 완고함으로는 세상을 헤쳐나갈 수 없다.

오래전 학회 참석을 위해 부산 해운대에 위치한 컨벤션 센터에 간 적이 있다. 점심식사가 인근에 위치한 청사포의 한 횟집에 마련되어 있어서 일행과 함께 도착했는데 식사 준비가 덜 되어 있어 모두 연해가 있는 앞 공터로 나갔다. 그곳 바닷가에는 방파제 테트라포드가 가득 차 있었다. 이 테트라포드는 큰 파도를 막아주는 방파제 역할을 하지만 바다 낚시꾼들이 횟감을 잡아올릴 때 애용하는 장소이기도 하다. 하지만 둥근 표면 때문에 미끄러워 추락 사고가 많이 발생하며 생명을 잃을 수도 있어 위험하다. 파란 하늘과 맞닿은 옥빛 바다에 취한 우리는 아름다운 수평선을 바라보며 감탄을 연발하고 있었다. 그때 한 젊은 후배 교수가 테트라포드 위로 뛰어올라갔다. 그는 경중경중 뛰더니 벌써 몇 개의 테트라포드를 지나 바다 쪽에 가까이 접근했다. 멋있어 보였다. 그러자 나도 바다를 더 가까이서 보고 싶어져 곧바로 테트라포드 위로 따라 올라갔다. 조심하면서 하나를 지나고 두 번째 테트라포드도 지났다. 후배 교수가 서 있는 곳까지 얼마 남지 않았다고 생각하며 약간 높게 보이는 다음 테트라포드로 힘껏 뛰어오르는 순간 나는 그만 미끄러지고 말았다. 착지하는 위치가 둥근 테트라포드의 가장 윗부분이 아니라 중간이어서 내 구둣발은 제대로 딛지 못하고 여지없이 미끄러진 것이다. 내 뒤에서 쳐다보던 동료의 말에 따르면 내가 그 순간 등허리를 아래쪽으로 하고 양팔과 다리 그리고 머리를 하늘로 뻗은 접힌 자세로 땅속으로 쏙 빠져들어갔다고 했다. 나도 아차하며 테트라포드 사이로 떨어지는데 스스로를 보호할 방도가 없었다. 바닥에 떨어지는 동안 이 왜 그렇게 길게 느껴졌던지. 쿵. 다행히 썰물이어서 바닥은 모래였다. 등으로 떨어진 나는 잠시 상황 판단을 하느라 정신이 없었다. 곧 큰일이 일어나지 않았음을 깨달았다. 그때 깍 소리를 내며 놀란 일행 중 한 명이 119에 전화하는 소리가 들렸다. 어두컴컴한 바닥에 누워서 테트라포드 사이로 보이는 밝은 하늘을 바라보니 한 3미터는 떨어진 듯했다. 일어나며 내가 외쳤다. "괜찮아요. 아무 일 없습니다." 떨어지면서 긁힌 팔꿈치와 등이 약간 아팠지만 걸을 수 있었다. 나는 허리를 굽혀 테트라포드 사이사이를 지났고 곧 지상으로 올라가는 계단을 발견했다. 공터에 올라와 아직도 놀란 모습의 일행을 쳐다보는 내 마음은 몹시 착잡했다. 웃어야 하는 건지 울어야 하는 건지. 식당 주인이 한마디 했다. "거기서 사람 많이 죽었어요." 나는 도대체 무슨 짓을 한 것인가? 우선 독자들에게 부탁하고 싶은 것은 절대로 테트라포드에 올라가지 말라는 것이다. 나는 만용을 부렸다. 테트라포드의 위험성을 이미 알고 있었는데도 젊은 후배가 올라간 그곳을 내가 못 오를 리 없다는 오만함이 작동했다. 왜냐하면 나도 남자니까. 남자라는 명분은 나를 생명이 위협받는 상황까지 밀어넣었던 것이다. 실리는 당연히 위험한 곳에 가지 말아야 한다는 것이었지만 명분 앞에 그 중요한 실리는 단숨에 밀려버렸다.

세상의 모든 일은 지나고 나면 다 알게 된다. 무엇이 잘한 일이고 무엇을 잘못했으며 어떻게 하면 더 잘할 수 있었는지 다 안다. 결정을 내리는 그 순간에 내가 어떤 아이디어를 가지고 치열하게 고민했는지 혹은 내 직관은 어디를 향하고 있는지가 매우 중요해진다. 명분과 실리를 열심히 따져본 것도 통찰이고 한순간의 직관적 판단도 통찰이다. 올바른 통찰은 모두 자신의 후견지명을 통해 선견지명을 도출하는 과정을 거친다. 일을 앞에 두고 자꾸 명분과 실리를 따져보는 습관을 갖자. 둘 다 만족시키도록 고민해보자. 그러면 자연스럽게 직관이 늘며 점점 내가 행한 일에 후회가 적어짐을 느끼게 될 것이다.

인간이 실리만 따지는 것처럼
보이는 이유
IQ + EQ < InQ

세상의 모든 사물은 스스로가 목적이다. 바람도 구름도 풀 한 포기도 모두 존재 이유가 있는 것이다. 인간관계도 정책도 마찬가지다. 조직에서 일을 하는데 과제가 주어지면 팀은 맡은 과제를 수행하기 위해 힘을 모은다. 가장 먼저 하는 작업은 그 과제의 목적을 알아보는 것이다. 목적이나 계획이 이해되지 않는다면 일을 시작하기 어렵다. 일을 진행하더라도 의미가 퇴색된다. 그래서 명분을 쌓는 과정이 꼭 필요해진다. 명분이 충분히 쌓이면 이제는 효율적인 과제 수행 방안을 마련하기 위해 동분서주한다. 팀 내 의견이 각자 다를 수 있어 삐걱대기도 하고 갈등이 표출되어 언성이 높아지기도 하지만 사실 이 과정은 과업의 성공을 위해 당연히 벌어지는 일이다. 내가 존경하는 웃어른 한 분의 말씀이 기억난다. "성공을 하려면 말이야 두

가지만 있으면 되지. 하나는 목표고 나머지 하나는 그 목표를 향해 다가가는 치열함이야." 목표는 명분이고 치열함은 실리를 위한 것이다. 우리는 목표가 주어지면 실리를 향해 에너지를 쏟아붓는다. 가족도 학교도 직장도 국가도 모두 같은 패턴을 따른다. 이것이 세상을 살아가는 본질이다. 그래서 명분과 실리는 균형을 이루어야 하며 어느 한쪽에 치우치지 않도록 주의를 기울여야 한다.

이 세상에 나 혼자 산다면 명분을 정하는 것도 쉽고 실리를 택하는 것도 매우 수월할 것이다. 내가 정하면 그만이고 만족하면 되니까 말이다. 하지만 함께 살아가는 타인의 입장을 고려해야 하기 때문에 생각지도 못했던 수많은 변수를 만나고 이에 따라 명분과 실리는 들쭉날쭉한다. 가장 짜증 나고 실패할 가능성이 높은 상황은 내가 해야 하는 일의 명분이 내가 아닌 타인에 의해 결정되는 경우다. 집단에 소속되어 있는 나는 집단에 동화되는 것이 당연하다. 집단의 이익이 나의 이익이라고 믿게 되며 약간의 희생은 각오하고 산다. 하지만 에고ego의 나와 집단 사이에는 늘 선이 존재한다. 이 선이 침범당한다고 느끼는 순간 왜 그런지 나는 손해 보는 기분이다. 그럴 때 의식과 무의식의 나는 둘 다 상대방에게 외치게 된다. '선을 넘지 마.' 나의 불편감은 의식을 대변하여 말과 행동으로 나타나고, 무의식적으로는 나쁜 기억으로 자리잡는다.

실리를 따져볼 때 손해가 되므로 불편해지는 것이라 생각할 수 있지만 본질적으로는 이미 명분을 받아들이지 못했기 때문에 불편해진 것이 맞다. 사실 명분은 두 종류로 나뉜다. 내가 속해 있는 집단의 명분과 나 자신의 명분이다. 많은 일에서 우리는 이 두 가지 명분을 헷갈려한다. 집단이 내놓은 명분이 내 생각과 일치하면 나는 마치 그것이 자신이 이미 생각해왔던 명분인 양 밀고 나간다. 이때는 별다른 충돌이 벌어지지 않는다. 집단의 명분을 따르려다보니 내가 생각해왔던 것과 다르고 또한 이득이 되지 않을 것 같다는 느낌이 들면 그때부터 나는 성실해지기 어렵다. 명분은 팀원 전체가 공유하는 것인 반면 실리는 나 자신을 기준으로 판단하므로, 과제가 마음에 안 들어 반대하고자 할 때 집단을 거부하지 못하는 나로서는 집단을 비난하기보다 자신의 손익에 관련된 핑계를 먼저 대게 된다. 다시 말해 주어진 일에 불만이 있어도 주변 사람들에게는 나한테 별로 이득이 될 것 같지 않다는 개인적인 불평만 하면서 과제를 대충 수행한다. 그 과제의 명분을 바닥부터 다시 따져보는 것을 시도할 생각은 잘 하지 못한다. 이것이 사람들의 일반적인 행동이고 타인은 그 모습을 보며 뒤에서 수군거리게 된다. 그래서 어느 날 갑자기 나는 실리만 챙기는 사람이 되어버린다. 이것을 감으로 아는 우리는 조직에서 따로 벗어나는 것을 본능적으로 두려워한다.

김신조 부대는 북에서 받아온 명분을 수행하고 있었다. 목표를 실행하기 위해 그들은 엄동설한에 인간의 한계를 뛰어넘는 산악 행군으로 최단 시간에 서울 시내까지 침투할 정도로 잘 훈련된 집단이었다. 하지만 디테일의 변수는 예상하지 못했던 것 같다. 한 명의 민간인을 산에서 조우했으면 당연히 살해했을 것이다. 네 명을 만난 그들로서는 부담을 느꼈고 북측에 무전을 띄울 수밖에 없었다. 북으로부터 하달받은 최초의 명분이 강력하게 작동했다면 이들 나무꾼은 살아남기 어려웠으리라. 그러나 김신조와 일행은 그래도 인간성을 가지고 있었고, 온순하고 가난한 나무꾼들에게 동화됐다. 돌아온 무전 회신이 해독되지 않았다면 다시 한번 보내 확인받을 수도 있었을 텐데 그들은 집단의 명분과 인간 개인의 명분 사이에서 틈을 보이며 나름의 민주적인 투표로 나무꾼들의 생명을 결정하게 된 것이다. 전향하여 현재 대한민국의 목회자로 활동을 하고 있는 김신조 목사는 나중에 회고하면서 당시에 자신도 나무꾼 형제를 풀어주는 쪽에 거수했다고 한다. 김신조와 그의 일행은 인공지능을 주입받은 기계 인간이 아니었다.

모든 일에는 명분이 우선이다. 사람들이 어떤 일에서 자신의 의지로 명분을 받아들였다면 실리가 부족해 보여도 그 일에 뛰어들 가능성이 높다. 주변을 둘러보라. 그런 경우는 아주 흔하다. 하지만 내가 속한 집단이 내가 동의할 수 있는 명분을 주지 못했을 때 이를 거절하지 못한 나는 맥없이 그리고 남들이 보기에 거슬릴 정도로 갑자기 실리만 되뇌며 태업을 하게 된다. 이것이 사람들이 겉으로 실리만 따지는 것으로 보이는 주된 이유다. 나 스스로 선택하고 결정하면 좋을 텐데 우리는 그렇지 못하다. 집단의 힘은 그래서 무섭다.

첫 주장
독식 현상
IQ + EQ < InQ

　어느 더운 여름날 텍사스주 콜먼의 장인어른 댁을 방문한 그는 한가롭게 쉬고 있었다. 그때 갑자기 장인이 집으로부터 85킬로미터 떨어진 애빌린에 가서 저녁 식사를 하자고 제안했다. 그의 아내는 아빠의 의견에 좋은 생각이라고 답했다. 그는 무더운 날씨에 애빌린까지 운전하고 가는 것이 부담됐지만 장인과 아내가 낸 의견에 반대할 수가 없어 이렇게 말했다. "괜찮은 아이디어입니다. 장모님도 가겠다고 하시면 좋겠습니다." 장모도 바로 답했다. "물론 가고 싶단다. 애빌린에 가본 지 오래됐거든." 애빌린으로 가는 차 안은 매우 더웠고 일행은 가는 내내 먼지에 시달렸다. 레스토랑의 음식도 만족스럽지 않았고 지칠 대로 지친 그들은 네 시간 만에 집으로 돌아왔다. 그들 중 한 명이 정직하지 못하게 "아주 즐거운 여행이었지요?"라고 얘기하자 장모가 사실은 집에 있고 싶었는데 세 사람이 가자고 우기는 바람에 따라간 것이라고 말했다. 그러자 그도 장모의 말을 거들었다. "저도 애빌린에 그다지 가고 싶지 않았는데 다른 분들이 원하는 듯해 간 것입니다." 아내도 말했다. "전 당신 좋으라고 간 거예요. 이런 더운 날 밖에 나가는 건 미친 짓이죠." 딸의 말을 듣고 결국 장인이 입을 열었다. "나는 모두가 지루해하는 것 같아 그냥 제안한 것뿐이었어." 가족 중 누구도 원하지 않았는데 애빌린에 가는 것에 찬성한 그날 일에 대해 모두 난처해했다.

한 집단 안에서 각 구성원 모두가 원하지 않는 방향으로 결정이 내려졌는데도 이에 동의하고 따르게 되는 현상을 '애빌린의 역설'이라고 한다. 경영 전문가 제리 하비의 논문에 실린 일화에서 비롯된 이 역설은 집단의 의견이 자신의 뜻과 다름에도 불구하고 반대하지 못한 채 구성원 모두가 동의하게 되는 것을 의미한다.[3] 우리는 집단 지성collective intelligence과 집단 사고group think의 개념 차이를 잘 안다. 많은 사람이 모여 토의하고 합의점을 찾다보면 나 자신의 생각에 타인의 의견이 더해지며 더욱 합리적인 방안이 도출되기 쉽다. 소수보다 다수의 생각이 더 나은 해결점을 제시할 수 있어서 위키피디아 같은 대표적인 집단 지성의 산물을 탄생시키게 된다. 대부분의 사람은 이 집단 지성을 기대하고 구성원들과 상의한다. 하지만 집단에서 리더의 자기 확신이 강하거나 그 집단이 전문가에게 지나치게 의존하면 충분한 분석과 토론 없이 쉽게 합의가 이루어지며,

이렇게 만들어진 집단 사고는 반대 정보를 차단하고 문제점을 고려하지 않아 집단의 착각 현상으로 귀결되기 쉽다.[4] 애빌린의 역설은 이 집단 사고의 폐해를 보여주는 대표적인 일화다. 집단 사고는 사실 구성원들의 합의에 의해 탄생한다. 분명히 충분한 토론을 거쳤고 어떤 경우는 문제점에 대한 분석까지 마쳤는데 왜 이런 결론에 이르렀을까? 가장 근본에는 첫 번째로 안건을 제시하고 주장한 사람이 누구냐에 따라 집단의 해결 답안이 좌지우지된다는 점이 자리하고 있다. 애빌린의 일화로 돌아가본다. 만일 애빌린에 가자고 처음 얘기한 사람이 장인이 아니고 사위였다고 가정해보자. 더운 날 밖에 나가는 것을 싫어하는 아내가 바로 반대 의견을 낼 수 있다. 장모도 그러지 말자고 거들 것 같다. 장인이 말을 꺼냈을 때 아무도 반대하지 못했던 것은 바로 권위 때문이다. 연장자였건 직위가 높은 사람이었건 집단에서 권위가 있는 사람이 처음으로 주장을 하면 나머지 사람들은 그 주장이 자신의 의견과 달라도 '아마도 내가 모르는 무슨 이유가 있을 거야'라는 생각과 함께 긍정적으로 반응하게 된다. 이렇게 시작된 제안은 별다른 반대 의견 없이 합의안으로서 수월하게 채택된다. 바로 '첫 주장 독식 현상The-first-claim-takes-it-all phenomenon'이다. 폐쇄적인 집단에서 구성원이 소수일수록 첫 주장은 더 잘 먹힌다. 애빌린의 일화는 대표적인 첫 주장 독식 현상이다. 이것은 집단 사고의 결정판으로 아마도 주변에서 가장 흔하게 보는 장면일 것이다. 그룹에서 첫 주장이 나왔을 때 특히 그들 중 권위 있는 사람이 내뱉은 첫 주장은 프레임으로 작동한다. 모두 이 프레임에서 벗어나기 어려우며 반대가 나오지 않으면 거의 그 주장대로 일이 진행된다. 이런 상황을 막을 방법은 존재한다. 집단 사고의 상황을 역전시킬 수 있는 계기는 퍼스트 펭귄의 등장이다. 이 책 앞부분에서도 설명했듯이 남극 얼음 위에 일렬로 죽 늘어서 있는 펭귄의 무리를 사진에서라도 본 기억이 있을 것이다. 먹이를 구하러 바다로 들어가야 하지만 포식자 바다사자가 밑에서 기다리고 있기 때문에 펭귄들도 머뭇거린다. 그러다가 어느 한 마리가 바닷속으로 뛰어들면 뒤이어 줄을 섰던 펭귄들이 다 같이 바다로 뛰어든다. 이 첫 번째 펭귄은 그룹을 위해 자신을 희생한 것이다. 잘못된 첫 주장이 나왔을 때 나머지 사람들은 모두 눈치를 보게 된다. 괜히 나섰다가 그룹에서 불편해질 수 있어서다. 이때 퍼스트 펭귄이 필요한데 소규모의 친밀한 집단에서는 이것이 어렵다. 그래서 첫 주장은 모든 것을 가져간다The first claim takes it all. 마치 어느 노래의 제목처럼 승자가 모든 것을 가져가듯이The winner takes it all. 첫 주장은 그 집단의 명분이 되었고 이를 거부하지 못한 나머지 구성원은 실리를 챙기지 못한 채 그 명분에 희생당한다.

심리학에서 이런 현상에 대한 연구는 잘 되어 있다. 심리학자이면서 행동경제학자인 대니얼 카너먼이 정리한 '닻내림 효과anchoring effect'는 배가 닻을 내리면 바다에서 움직이지 않게 되듯 처음으로 접한 정보가 기준이 되어 인간의 판단에 영향을 미치게 되는 편향을 의미한다. 처음 제시되었던 정보를 기억하면 사람들은 행동과 의사를 결정하는 데 있어 첫 정보를 기준점으로 삼아 판단하게 된다. 나중에 제시되는 정보들은 이미 가지고 있던 기준에서 벗어나지 못한 채 약간 조정하는 형태로 활용한다. 의사 결정 과정에서 상황이 애매하고 확실한 답을 찾아내지 못할 때 사람들은 특히 첫 기준점을 따르게 되어 있다. 설령 그것이 잘못된 정보여도 그렇다. 첫 주장 독식 현상도 처음 제안된 내용이 사람들의 마음에 닻내림을 했기 때문에 벌어지는 것이다. 도널드 트럼프는 부동산으로 돈을 많이 벌면서 닻내림 효과를 자주 이용했다고 한다. 그는 부동산을 팔때 언제나 원래의 가격에 5000만 달러나 6000만 달러를 더 붙였다고 한다. 사람들은 첫 번째로 제시된 가격 프레임에서 벗어나지 못하고 이를 기준으로 구매를 고려하게 된다. 지금 이 순간 유명 화가의 작품 경매에 와 있다고 상상해보자. 작고한 모 유명 화백의 그림 한 점의 첫 경매 가격이 10억이다. 10억에서 시작하여 부르는 가격이 올라간다. 그런데 궁금증이 생긴다. 왜 이 그림은 경매 시작 가격이 10억일까? 과거에 낙찰된 가격을 기준으로 새로 책정한 것일까? 그렇다면 이전에 낙찰되었을 때의 시작 가격은 어떻게 정해진 것일까? 계속 과거로 올라가다보면 이 그림의 경매가 처음으로 개시되었을 때 가격은 어떻게 정해졌던 것인지 정말 궁금해진다.

댄 애리얼리를 비롯한 MIT 슬론 경영대학원의 행동경제학 교수들은 MBA 과정에 있는 학생들을 대상으로 무선 키보드와 마우스 그리고 초콜릿과 와인 등 여러 물품으로 경매 실험을 했다. 교수들은 우선 학생들에게 자신의 사회보장번호 끝 두 자리를 적으라고 한 뒤 각 물건에 대한 입찰가를 적어내도록 지시했다. 실험진은 학생들이 사회보장번호 끝 두 자리에 의해 머릿속에서 닻내림을 하고 임의적으로 가격을 매기면 이후의 가격도 그렇게 규정하는지를 확인하고자 했다. 결과는 놀라웠다. 펜으로 한 번 적어본 사회보장번호 두 자리가 입찰가에 영향을 미쳤음이 밝혀진 것이다. 끝 두 자리가 매우 높았던 학생(80~99)들은 높은 가격을 매겼고 번호가 낮은 학생(1~20)들은 낮은 가격을 매겼다. 예를 들어 번호가 높았던 학생들은 무선 키보드에 평균 56달러를 써냈고, 낮은 학생들은 평균 16달러를 써냈다. 이것을 '임의적 일관성arbitrary coherence'이라고 부른다.[5] 이 현상은 주변에서 꽤나 자주 볼 수 있다. 내가 속해 있는 의과대학 소아청소년과학 교실의 소아신장학 교수는 한 명인 데 반해 비슷한 규모의 다른 의과대학 소아신장학 교수는 세 명이나 된다. 특별한 이유가 있는 것은 아니다. 그냥 애초부터 그랬다. 이렇듯 처음에 정해진 임의적인 상황은 일관성 있게 유지되어 시간이 흘러도 잘 변하지 않는다. 아무도 그 이유를 제대로 설명하지 못하는 깃은 당연하다. 권위나 힘에 의해 임의적으로 정해진 첫 주장은 생각보다 강력해 집단의 현재와 미래를 지배하기 마련이다.

갑자기 툭 튀어나온 첫 주장이 왜 문제가 되는가 하면 이것의 닻내림이 그 집단의 명분으로 작동하기 때문에 그렇다. 집단이 결론으로 낸 의견은 주어진 과제의 방향성, 즉 목적이 된다. 구성원의 수가 적은 집단일수록 집단 사고에 빠지기 쉽고 한번 정해진 방향성은 정말로 바뀌기가 어렵다. 의견을 내고 이끄는 리더를 제외한 나머지 구성원의 실리는 온데간데없어진다. 우리는 대부분 이러고 살아가는 중인데, 집단이 커질수록 보이지 않는 부분이 너무 많아 아무것도 모르고 그냥 살아가는 것이 더 문제다.

이성주의와 경험주의
IQ + EQ < InQ

예전에도 그랬지만 지금도 갈라져 있다. 이성주의와 경험주의를 말하는 것이다. 14세기 르네상스가 시작되기 전까지 중세 서양의 사상가들은 지식을 신앙과 일치시키려 했다. 그러나 자연과학이 발전하면서 16세기 종교개혁 이후로는 인간 중심적인 관점에서 지식의 근본을 찾게 되었다. 여기서 이성주의와 경험주의가 출발했다. 이성주의는 본능이나 감각에 의존하지 않고, 인간이 가진 사고력인 이성을 바탕으로 지식을 얻게 된다고 하며 합리주의라고도 불린다. 반면 경험주의는 우리가 보고 듣고 만지는 감각, 즉 경험을 통해서 지식을 알게 된다고 주장한다. 지식을 얻는 방법에서 이성주의자는 기하학을 표본으로 삼아 이미 확인된 명제에서 이성을 통해 추론하여 사물의 이치를 찾는 연역법을 내세운다. 하지만 경험주의자는 관찰과 실험을 통해 수집하고 분석해 과학적인 법칙을 찾아내는 귀납법을 주창한다. 데카르트와 스피노자가 이성주의를 대표한다면 베이컨과 로크, 흄이 대표적 경험주의자다. 둘 다 진리를 추구하고 인간성을 탐구하는 철학임에 틀림없는데 우리는 어떤 이유에서인지 그중 한쪽만 택해야 할 것 같은 불안감을 종종 느낀다. 세상이 회색지대를 잘 인정하지 않으려 해서 그런 것일까? 사실 중간에서 양쪽을 바라보는 것이 '경험'상 가장 '합리'적인데 말이다. 세상을 이분법으로 보지 말자고 늘 가르치고 배우면서도 인간이 가장 자주 하는 행동 하나는 세상을 둘로 갈라놓고 비교하는 것이다. 손실에 취약하고 이득에 예민한 인간이 세 가지 이상의 선택에 맞닥뜨리면 본능적으로 결정 장애를 보이는 탓인지 우리 두뇌는 이분법에 능숙하고 한쪽을 택한 뒤에는 다른 쪽을 '신 포도'로 몰아붙이는 자기 합리화를 잘 하도록 진화되어왔다.

내가 소속되어 있는 팀이 새로운 과제 하나를 맡았다. 팀장과 팀원 모두가 모여 회의를 시작한다. 팀장이 모두 발언을 한다. "이번 프로젝트는 특이하게도 어느 누구도 경험해보지 못한 매우 창의적인 것이라 도움이 될 만한 자료가 거의 없습니다." 팀원들의 눈이 갑자기 커진다. "그럼 아무도 해보지 않은 일에 대해 우리가 처음으로 맨땅에 부딪혀보는 것입니까?" 자조 섞인 누군가의 질문에 모두가 머리를 저으며 한숨을 내쉰다. 팀장이 비장하게 한마디를 던진다. "맞습니다. 그래도 우리는 할 수 있습니다. 여기 있는 모든 팀원의 머리를 하나로 모아봅시다. 꼭 성공할 것입니다." '경험'해보지 못한 일에 우리는 당연히 두려움을 갖게 된다. 간접 경험도 없다고 하니 이제 믿을 것은 우리 자신의 두뇌, 즉 '이성'뿐이다. 브레인스토밍이 시작됐다. 이 프로젝트가 갖는 의미는 무엇인가? 왜 우리는 이 과제를 완수해야 하는가? 진행이 잘 되었을 때 우리는 어떤 이득을 얻는가? 실패할 확률은 얼마인가? 회의의 초반부는 프로젝트에 대한 명분 쌓기 시간이다. 경험이 부족한 상황에서 우리의 '이성'은 명분을 찾아내는 데 주로 쓰인다. 수차례의 회의 끝에 성공 가능성이 보였다. 예상대로 성과가 나왔을 때 얻는 혜택은 상상을 초월할 수도 있어 보였다. 이제 모델을 만들어본다. 시뮬레이션 과정에서 변수가 수도 없이 나타났다. 변수를 하나씩 넣고 빼는 과정을 반복하면서 생각만큼 쉽지 않을 것임을 미리 '경험'하게 된다. 그다지 이득이 없을 수도 있겠다는 보고서도 나온다. 그렇다면 이 일을 접어야 하나? 팀장이 긴급 회의를 소집했다. "생각보다 쉽지 않아 보입니다. 실리가 없을 수도 있겠어요. 곧 우리는 중대한 결단을 내려야 할지도 모릅니다. 이 팀이 해체될 수도 있습니다." 자, 이제 우리는 어떻게 해야 할까? 이성주의와 경험주의 철학은 이렇게 우리 삶에 밀접하게 관여하고 있다. 살아가는 방식에서 우리는 늘 이성론과 경험론을 가지고 고민하며 울고 웃는다. 팀원 중 누군가 포기하지 말자는 이야기를 꺼내자 다른 동료도 이에 동의했다. 또다시 회의가 이어진다. 결국 과제의 목표를 약간 축소하고 얻을 수 있는 실리도 어느 정도 양보하는 쪽으로 결론이 내려졌다. 명분과 실리를 모두 챙긴 것이다. 누가 시키지도 않았는데 프로젝트 모델링에서 이성론과 경험론은 자연스럽게 절충됐다. 커다란 변수만 없다면 이번 프로젝트는 아마도 성공적으로 끝날 것이다. 팀장이 마지막 회의를 마치며 팀원들에게 감사의 말을 전했다. "모든 분이 진정으로 내주신 탁월한 의견들에 감사드립니다. 우리는 해낼 것 같습니다." 명분과 실리를 모두 고려한 이 '의견들'은 집단 지성이면서 훌륭한 통찰이 된다. 그리고 최고의 통찰은 바로 성공을 담보하는 법이다.

현대 의학의 발전으로 인류가 얻은 최고의 선물 중 하나는 장기 이식이다. 콩팥이나 간 그리고 각막 등 장기를 더 이상 사용하지 못하는 상황이 올 때 장기 이식은 마지막 치료가 된다. 아직 거부 반응 문제를 모두 해결하지 못한 상태이기는 하지만 가까운 미래에는 동물의 장기나 인공 장기를 치료에 활용하는 날도 곧 오리라 내다보고 있다. 문제는 장기 이식의 수요가 증가하는 반면 뇌사자로 대표되는 장기 공급자는 늘 부족하다는 점이다. 우리나라의 장기와 조직에 대한 기증 희망 등록자는 2010년 약 20만 건에서 2018년 약 11만 건으로 매년 감소하고 있다.[6] 사실 나 자신이 사후에 장기를 기증하여 그 장기를 간절히 필요로 하는 사람에게 새로운 삶을 선물할 수 있다는 것은 얼마나 아름답고 멋진 '명분'인가? 하지만 우리나라의 정서처럼 본인이나 가족이 사후의 신체라도 훼손당하는 것을 손해라고 느낀다면 장기 기증은 꺼려질 수밖에 없다. 아무리

'이성'적 명분이 좋아도 본인이나 가족이 겪어야 하는 미지의 '경험'은 무시할 수 없는 것이다. 그래서 전 세계적으로 각국 정부는 국민의 인식을 긍정적으로 바꾸고 장기 기증을 활성화하여 공리주의적 '실리'를 높이려는 노력을 기울이고 있다. 2003년 에릭 존슨과 댄 골드스타인은 온라인 설문조사를 이용하여 장기 기증에 있어서 디폴트 선택이 매우 중요한 역할을 한다는 것을 실험으로 밝혔다. 명시적 승인 조건, 즉 옵트-인opt-in은 장기를 기증하지 않는 것이 디폴트로 설정되고 본인이 기증을 허락하면 사후 장기를 기증하게 되는 것이며, 승인 추정 조건, 즉 옵트-아웃opt-out은 디폴트로서 본인이 장기 기증을 동의한 것으로 추정하되 기증을 원하지 않을 경우 손쉽게 기증 거부 의사를 밝히면 되는 것을 뜻한다. 실험에서 사람들은 옵트-인 옵션일 때 42퍼센트가 동의했지만 옵트-아웃 조건에서는 무려 82퍼센트가 장기 기증 의사를 밝혔다. 실제로 옵트-인 설정을 한 독일에서는 장기 기증에 동의한 국민이 12퍼센트에 불과했지만 옵트-아웃을 사용한 오스트리아에서는 99퍼센트의 국민이 동의했다.[7] 현재 프랑스와 스페인 등 많은 유럽 국가가 옵트-아웃 제도를 시행 중이고 우리나라는 옵트-인 제도를 사용하고 있다. 장기 기증에 있어서 옵트-아웃 제도는 명분과 실리 모두를 살리는 묘안이 된 것이다.

다음의 문제를 같이 풀어보자. 퀴즈는 아니고 어떤 선택이 가장 현명할지를 묻는 것이다. 1000만 원을 자식에게 유산으로 남기고 싶다. 그런데 세 가지 방법을 두고 고민 중이다.

1000만 원 모두를 유산으로 남긴다.
900만 원을 유산으로 주고 100만 원은 미리 자식의 기억에 남는 선물
로 사용한다.
1000만 원 모두를 생전에 기억에 남는 선물로 사서 준다.

우리는 이미 명분과 실리가 왜 중요한지 배웠고 이제 실습 문제를
풀어보는 것이다. 명분은 당연히 유산이다. 이 유산으로 자식은 힘
을 얻고 더 나은 미래를 설계하게 된다. 이것이 자식이 얻는 실리인
데 1000만 원 모두를 유산으로만 남긴다면 뭔가 빠진 것이 있음을
느낄 수 있다. 그렇다. 유산을 남기는 나 자신의 실리가 보이지 않
는다. 유산이 영원할 것 같지는 않다. 내가 세상을 떠나더라도 자식
의 기억에 남는 소중한 선물이 하나 있다면 나 자신은 자식의 마음
에 두고두고 남아 있을 수 있다. 반면 1000만 원 모두를 기억에 남
는 선물로 주는 것은 죽음을 앞둔 나 자신에게는 큰 의미를 부여할
지 몰라도 자식에게 돌아가는 실리는 그다지 많지 않아 보인다. 이
런 게 뭐가 중요하냐고 말하는 사람도 있겠지만 우리는 휴머니즘을
가진 인간이다. 자식에게 유산도 남겨주면서 생전에 준비한 작지만
뜻깊은 선물 하나는 나와 자식에게 행복한 기억이 되어 전해질 것
이다. 명분과 실리 모두를 추구하려는 노력은 그래서 최고의 통찰로

향하는 길이 된다.

[표 3] 명분과 실리, 그리고 통찰

		실리	
		+	−
명분	+	최고의 통찰	통찰 부족
	−	통찰 부족	실패

　많은 사람이 성공을 위해 이성적으로 또한 경험적으로 명분과 실리 둘 다를 균형 있게 챙기려고 노력한다. 하지만 그 사람의 행위에 진심이 들어가지 않았다면 바라보고 있던 다른 사람들은 명분과 실리의 비대칭성을 바로 깨닫는다. 자신의 이득만 취하려는 사람의 무의식적인 행동을 눈치챈 타인은 그 상황이 본인에게는 손해로 느껴지기 때문에 직관적으로 그 사람이 거짓말하고 있다는 사실을 알게 되는 것이다. 인간의 마음 깊은 곳에는 어느 정도 사기꾼 기질이 존재하며 이것을 '트릭스터'라고 부른다. 트릭스터는 신화에서 선과 악의 양면성을 겸비한 장난꾸러기이자 질서의 파괴자다. 누구라도 얄은꾀와 소소한 거짓말을 통해 자신을 포장하고 남을 기만했던 기억이 있을 것이다. 그런데 흥미로운 점은 이렇게 진화된 타인 기만의 심리적 모듈에 대항하여 더 강력한 '사기꾼 탐지 메커니즘'도 함께 진화했다는 것이다.[8] 그래서 거짓말하는 사람이 남들은 모를 것이

라 오판하지만 타인은 바로 그 거짓말을 알아낸다. 진화심리학자 레다 코스미디스는 "조상으로부터 물려받은 우리의 상호 이타성의 역사가 인간의 추론에 영향을 미쳐 사기꾼 탐지 메커니즘을 만들어냈을 것이다"[9]라고 했다. 우리는 주변에서 이런 일을 자주 접한다. 일부 리더는 집단의 명분을 앞세우는 듯하지만 사실 본인의 실리를 추구한다. 왜냐하면 그들은 훌륭한 명분을 만들어야 집단을 이끌고 성공한다는 것을 체득하고 있으므로 어떻게든 '만드는 명분'을 세우려 한다. 그러나 이런 명분의 허구성은 쉽게 겉으로 드러난다. 우리는 개인의 이득을 위해 디자인된 명분에 속지 말아야 한다. 속지 않기 위해서는 누가 실리를 얻는지 꼭 따져보라.

악한 트릭스터 리더가 만든 명분을 가만히 들여다보고 있으면 그의 피해의식이 느껴질 때가 있다. 트릭스터는 그가 부러워하면서도 그 사실을 인정하기 싫은 무언가를 숨기고 있다. 부러움의 대상이 잘하고 있어 그것을 따라잡고 이기고 싶었다면 그는 먼저 그 부러움을 인정했어야 한다. 그래야 올바른 명분과 실리를 내세울 수 있는데, 그러지 못하다보니 부러운 대상의 모든 것은 '신 포도'가 되었고, 그가 명분을 만들면 옹졸해질 수밖에 없다. '옹졸한 명분', 즉 '신 포도 명분'을 전해 들은 우리는 이솝 우화를 보듯 트릭스터를 보며 비웃기도 한다. 또한 그는 자신이 만든 옹졸한 명분에 대해 저항이 생길 때면 명분과 실리 모두를 살린다며 어느 정도 양보를 하는데, 어차피 해줄 것이면서 꼭 조건을 달아 양보한다. 나쁜 리더가 보이는 이 특징적인 '조건 달린 양보'는 그래서 '찌질한 양보'다. '옹졸한 명분'은 항상 '찌질한 양보'로 이어지기 마련이다. 이런 리더는 명분과 실리를 모두 추구하는 것처럼 자신을 포장하는 데 능하지만 사실 그는 명분과 실리 모두를 놓치고 있다.

이성주의와 경험주의, 다시 말해 명분과 실리는 대립되는 개념이지만 열심히 평범한 삶을 살아가는 우리로서는 군이 둘을 갈라놓을 필요가 없다. 둘 다 선택하면 된다. 명분과 실리 모두를 고민하고 추구하는 가운데 우리는 통찰을 깨우치고 어느 순간 성공의 문턱에 들어서게 되는 것이다. 내가 근무하고 있는 성균관대 의과대학 서울 캠퍼스에는 큰 계단식 강의실이 세 개 있다. 각 홀에는 의학에 관련된 위인의 이름이 붙어 있는데 히포크라테스 홀, 슈바이처 홀, 정약용 홀이다. 의사로서의 덕목을 선언한 히포크라테스와 봉사의 아이콘인 슈바이처는 세상 누구라도 인정하는 의사의 귀감이지만 정약용은 의사가 아니다. 백과사전을 찾아보면 정약용은 조선 후기의 문신이자 실학자, 저술가, 시인, 철학자, 과학자, 공학자라고 소개되어 있다. 정약용 홀로 명명하자는 의견이 처음 나왔을 때 몇몇 의대 교수는 반대 의견을 냈다. 그가 의사가 아니라는 이유에서였다. 하지만 정약용은 우리나라의 어느 의사보다 성균관 의대의 핵심 가치를 나타낼 수 있는 철학을 가지고 있었다. 바로 '실사구시'다. 사실을 토대로 옳음을 구한다. 즉 관찰된 데이터를 분석하고 이를 설명할 수 있는 모델을 만든 뒤 그것이 옳다는 것을 증명한다는 뜻이다. 성균관대학의 교시는 '인의예지'이고 이를 수행하는 교육철학이 '실사구시'다. 의과대학이 추구하는 진료와 연구가 바로 실사구시를 바탕으로 한다. 이제는 의학만 다루는 의사를 양성하는 것이 아니라 융합형 의과학자를 만들어내야 하는 시대이므로 정약용 홀은 이름에 걸맞은 명분과 실리를 갖추고 있는 것이다. 나는 오늘도 성균관 의대의 세 강의홀이 나란히 붙어 있는 복도를 걸으면서 히포크라테스의 사명을 가슴에 새기고 슈바이처의 봉사 정신으로 정약용의 실사구시를 수행하는 의사를 만드는 꿈을 키워본다.

부부 싸움 :
명분과 실리 모두를 살리는 인생의 자습법
IQ + EQ < InQ

  부부는 싸운다. 부부생활은 상호작용이기에 서로의 가치관이 다르면 갈등이 벌어지는 것은 당연하며, 오히려 싸우지 않고 무관심한 부부가 미래에 더 위험할 수 있다. 완전히 다른 라이프 스타일로 살아온 두 사람이 어느 날부터 한집에 살면서 갑자기 일심동체인 양 아무 일 없이 지내기란 하늘의 별 따기만큼 어려울 것이라 단언한다. 사람들은 다른 부부들도 자신들과 비슷하게 살고 있는지 궁금해한다. 그래서 부부 모임에 갔다 오면 남의 집을 부러워하고, 이것이 또 다른 부부 싸움의 원인이 되기도 한다. 싸움의 원인은 각양각색인데 꼭 명분이 있기는 하다. 가정경영연구소가 서울과 부산을 비롯한 6대 도시의 20~60대 기혼 남녀 1500명을 대상으로 부부 싸움에 대한 설문조사를 시행하여 발표한 자료에 따르면 가장 큰 원인으로 약 30퍼센트가 성격 차이를 들었다. 다음으로는 자녀 문제와 돈 문제가 각각 15퍼센트 정도를 차지했으며 생활습관과 의사소통 문제가 뒤를 이었다. 부부 싸움의 원인을 연령대별로 나누었더니 흥미로운 차이가 발견되었다. 20대 부부는 생활습관과 친인척 문제로 주로 싸웠고, 30대와 50대는 돈 문제, 그리고 40대와 60대는 자녀 문제가 싸움의 주된 원인이었다.[10]

나 또한 부부 싸움을 꽤 한 것 같다. 부부 싸움을 자주 했던 시기에는 불행하다는 느낌을 받았고, 싸움이 없는 시기에는 행복한 경험이 더 많았다는 기억을 갖고 있다. 우리 부부의 싸움의 원인을 곰곰히 생각해보니 성격 차이도 물론 있었겠지만 가장 크게 드러난 부분은 대개 아이들에 관한 문제였다. 대니얼 길버트는 그의 명저『행복에 걸려 비틀거리다』에서 부부의 행복 곡선을 논했다. 그는 [그림 21]에서처럼 부부의 만족도가 자녀의 탄생과 더불어 떨어지기 시작해 아이가 10대일 때 최저점을 찍고 첫째 자녀가 독립하여 집을 떠나면서 만족도는 회복된다고 설명한다.[11] 이 그래프에 나는 공감했다. 10대 자식들은 사춘기를 거치며 부모와 갈등을 일으키기 쉽고 또한 중고등학교를 다니는 시기라서 부모는 신경 쓸 일이 많아진다. 그렇기 때문에 부부 간의 문제보다 자식으로 인한 부부의 의견 차이가 싸움의 원인으로 작동할 확률이 높아진다. 자식이 10대면 대부분의 부모는 40대다. 위에서 말한 40대 부부의 싸움의 주된 원인이 자녀 문제인 것과 일치한다.

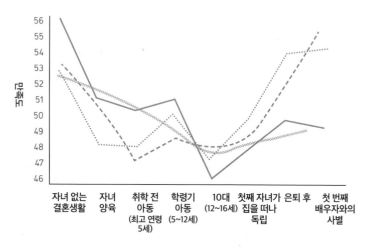

행복도

자녀 없는 결혼생활	자녀 양육	취학 전 아동 (최고 연령 5세)	학령기 아동 (5~12세)	10대 (12~16세)	첫째 자녀가 집을 떠나 독립	은퇴 후	첫 번째 배우자와의 사별

[그림 21] 부부의 행복 곡선

40대였던 어느 날 저녁, 나는 아내와 말다툼을 했다. 본인이 운전하던 차가 사고 나서 정비소에 실려갔다며 아내는 그 원인이 나에게 있다고 했다. 도무지 이해가 가지 않았고 나도 아내에게 따져 물으며 싸움이 시작됐다. 들어보니 아내는 차를 몰고 급하게 아파트 동 사이의 좁은 사잇길을 돌다가 차의 오른쪽 뒷부분이 화단 석축을 들이받고 뒷바퀴 차축이 어긋나 멈춰버린 것이었다. 급하게 차를 몬 이유는 아이가 학원 가는 시간에 맞춰 식사를 준비하려고 마트에 가려 했기 때문이다. 아내도 의사여서 병원 일을 마치고 집에 돌아오자마자 쉴 없이 이동하다가 발생한 일 같았다. 아내는 그동안 이렇게 바쁘게 움직이는 일이 잦았는데 내가 병원 일을 핑계로 자주 늦게 오는 바람에, 자기 혼자 아이들에 관한 모든 일을 하려다보니 사고가 났다며 화를 냈다. 사실 팩트이기는 했다. 나는 당시 연구 업적을 올리기 위해 혹은 조직생활을 위한 회식 때문에 늦게 귀가할 때가 많았다. 그렇다고 아이들 챙기는 것을 소홀이 한 것은 아니고 나름 아이들 학원 가는 스케줄에 맞추어 회식도 안 하고 차로 데려 다주며 아이들 챙기기를 뒷바라지했다고 생각했는데 본인 차 사고의 원인으로 나를 지목하니 나도 서운할 수밖에 없었다. 내가 버럭 화를 냈다. "아니 급할수록 돌아가라고 하잖아. 차를 빨리 몰다가 사고 낸 게 어떻게 내 책임이야?" 나는 아내가 아이들 교육에 너무 매진하는 것 같아 불만을 토로한 적이 꽤 있었다. 내 의견은 항상 이랬다. '스스로 공부하는 것이 가장 중요하지 강요한다고 좋은 대학에 가는 것은 아니다.' '아이들이 원하는 것을 하게 해주자.' 하지만 아내의 생각은 나와 달랐다. 살면서 아이들에게 집중할 시간이 정해져 있는데 지금이 그때라는 것이다. 미래에 아이가 자립할 수 있도록 부모가 준비해주는 적기가 아이들의 중고등학교 시절이라고 아내는 열변을 토했다. 그래도 본인이 바쁘게 움직이다가 차 사고를 낸 것을 내 탓으로 돌리는 게 불합리하다고 생각돼 나는 하지 말아야 할 말을 내뱉고 말았다. "본인이 좋아서 한 일인데 왜 내 잘못이 되는 거지?" 아내가 원해서 아이들을 챙기다가 벌어진 사고에 왜 나를 끌어들이냐고 한 이 질문에 아내는 충격을 받은 듯했다. 바로 내게 쏘아붙인 아내의 말은 나를 얼어붙게 만들었다. "왜 당신 잘못이냐고? 내가 지금 당신의 노후를 편하게 해주려고 이러는 거 당신은 알기나 해?" 미래를 대비해서 둘이 같이 아이들 챙기는 것도 버거운데 혼자 고군분투하는 자신을 응원은 못 할망정 남의 일인 양 쳐다보고 있는 내가 아내는 야속했던 것이다. 아이들이 장성한 지금에 와서 그 당시를 돌이켜보니 얼굴이 화끈거린다. 지금 보면 아이들도 엄마를 존경하며 중고교 시절을 좋은 추억으로 간직하고 있는 것 같다. 요즘도 아내는 그때 얘기를 웃으며 꺼낸다. 나도 따라 웃지만 사실 웃는 게 웃는 게 아니다. 미안할 따름이다. 아내의 큰 그림 그리기에 제대로 따라가지 못한 내가 한없이 창피하게 느껴진다. 젊어서 부부 싸움을 하지 않아도 됐을 상황이 대부분은 내 탓이었다는 자책을 하게 됐다. 아내는 내가 자주 회식에 가는 것보다 그 횟수를 줄이고 집에 일찍 와서 서로를 응원해주길 바랐던 것이다. 지금도 아내가 묻는다. "그때 회식하던 사람들 혹시 기억나? 우리가 다 바쁘던 그 시절에 서로 조금씩만 양보해서 아이들과 함께했다면 현재가 더 나아지지 않았을까?" 아내의 말이 백번 옳았다. 지나보니 내가 무엇을 잘못했는지 금세 알 수 있다. 그런데 그 순간에는 무엇이 중요한지 알지 못했다. 미래를 보지 못하고 눈앞에만 집중하다가 놓치는 일이 얼마나 많았을까 생각하니 마음이 무거웠다.

내 미래는 남의 오늘을 보면 안다. 우리 부부의 미래는 부모님의 오늘이다. 나만 특별하지는 않을 것이다. 시간이 흐르면 그 시간을 이미 지낸 누군가의 오늘을 우리가 다시 살게 될 것이다. 세상 살아가는 이치는 늘 비슷하리라는 게 본질이다. 나는 부모님으로부터 40대가 되면 어떤 일이 주로 일어날 것이고 50대가 되면 무슨 일이 벌어질 테니 미리 대비하라는 교육을 받은 적이 한 번도 없다. 한 세대 앞의 어른에게 그런 이야기를 제대로 들은 사람은 아마 거의 없을 것이다. 누군가 내 앞길에 예상되는 일을 미리 알려주었다면 잘 대비할 수 있었을 텐데 우리는 미래를 모른다는 이유로 그렇게 또 살아간다. 부부의 삶은 그냥 겪고 지나가는 것이 최선일까? 부부 행복 곡선은 이미 답을 알려주고 있다. 남들도 다 비슷하니 40대의 상대적 불행을 너무 두려워하지 말고 미리 대비하거나 이겨나가라는 메시지를 전하고 있다. 부부 싸움을 하더라도 결말을 알고 싸우는 것이므로 싸움에 집중하지 말라는 의미이기도 하다.

이 세상에 부모님 말고 (기혼자라면) 나 자신을 제일 잘 아는 사람은 배우자일 것이다. 나도 모르는 나 자신마저 속속들이 알고 있으니 한편으로는 무서울 수도 있겠다. 배우자는 내 무의식을 가장 많이 보고 판단해온 사람이다. 사실 그래서 싸운다. 의식에서는 내가 잘하고 있다고 생각하는데 무의식이 그것을 따라주지 못하니 배우자가 보기에는 엉망이다. 지적을 받으면 자신이 무슨 잘못을 했냐며 버럭 화를 내는 것도 이해가 간다. 의식과 무의식이 잘 일치하지 않는 우리 인간이 잘한 것은 '내 탓', 못한 것은 '남 탓'하는 게 특별히 이상하지 않다. 배우자가 내 문제점을 지적하면 그것이 일단 옳은 지적이라고 생각해야 한다. 내 의식과 무의식에서 뭔가 잘못을 저질렀을 가능성이 높을 테니 인정하고 들어가는 것이 좋다. 하지만 내 단점을 꼬집은 배우자에 대해 나 자신은 회피로 반응하기가 쉽다. 즉 말을 하지 않거나 화만 내면서 덮어두는 것이다. 부부 싸움의 목적이 두 사람과 가족의 생활 패턴 개선이라면 이렇게 해서는 안 된다. 들어야 한다. 왜 상대방이 그렇게 생각하는지 나 자신부터 따져 봐야 한다. 나뿐만 아니라 상대방에게 문제점이 있다고 판단했어도 나를 성찰한 뒤 상대방 이야기를 꺼내야 한다. 부부 싸움은 대화의 연습이고 공감의 연습이다. 부부 싸움은 명분과 실리를 모두 살리는 법을 배울 수 있는 가장 쉬운 인생의 자습 방법이다. 싸움을 두려워하지 말자. 부부 싸움으로 얻는 이득이 훨씬 더 많을 수 있다.

아이들 교육에 대한 견해 차이로 자주 부딪쳤던 40대 시절 아내가 나에게 강조했던 농담 섞인 통찰이 기억에 남는다. 지금도 잘 알려져 있지만 당시 유행하던 말 중에 이런 게 있었다. 자식이 좋은 대학에 가기 위한 필수 조건 세 가지는 조부모의 재력, 엄마의 정보력, 아빠의 무관심이다. 사실 나는 아이들의 대학 진학에 관심이 많았다. 앞의 두 가지에는 그럴 수 있다 해도 세 번째는 도무지 말이 되지 않아 보였다. 아빠의 무관심은 말 그대로 무관심해야 한다는 의미일 것이다. 엄마가 검색하거나 주변으로부터 들은 정보를 종합하여 교육 방법에 대한 결론을 내리면 아빠는 그냥 따르면 된다는 메시지다. 그 학원을 꼭 다녀야 하는지 혹은 그렇게까지 공부를 시켜야 하는지 아빠가 의견을 낼 수는 있지만 '대학진학호'라는 배에 탄

가족 중에 선장은 한 명이라는 말로 설득이 되기는 했다. 그렇다면 아빠는 아이 교육에 관해서는 아무것도 하지 말고 원래 하던 사회 생활을 그냥 하라는 의미였을까? 아내는 내가 혼란스러워하던 것을 이렇게 정리해주었다. "필요한 세 번째는 '아빠의 무관심'이 아니고 '아빠에 무관심'이야." 이해 못 하는 나에게 돌아온 설명은 다음과 같았다. '엄마가 아이 교육에 신경을 곤두세우고 있는 시기에 아빠가 직장 일로 술 마시고 늦게 오는 일이 잦으면 학원을 데려다주고 데리고 오는 일마저 모두 엄마의 몫이 돼버리니 엄마는 더 힘이 든다. 귀가가 늦은 아빠에게 엄마는 전화해서 집에 언제 오는지를 확인하니 이 또한 가욋일이다. 아빠가 알아서 회식을 줄였다면 아이에게 더 집중할 수 있게 된다.' 엄마가 '아빠에 무관심'할 수 있어야 아이의 진학 지도에 더욱 도움이 된다는 설명이었다. 아이들에게 예민한 시기에 엄마가 아빠에게 신경 쓸수록 부부 싸움만 늘어나는 원인과 메커니즘을 쉽게 설명해준 아내 앞에서 할 말을 잃었다. 특이한 일이었지만 싸울수록 나는 성장하고 있었다.

제 8 장

보이지 않는 것을
보는 열 가지 방법

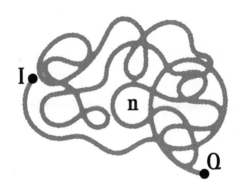

통찰은 는다

늘어나는 것은 주름뿐만이 아니다. 시간이 흐르면 인간의 통찰은 무조건 늘어난다. 아프리카 속담에 족장이 사망하면 도서관 하나가 없어지는 것과 같다고 했다. 글로 써서 기록으로 남긴 지식보다 인간의 암묵적인 지식은 값을 매길 수 없을 정도로 귀중하다. 실제로 인간에게는 명시적 지식보다 암묵적 지식이 더 많다. 물론 시간이 통찰을 저절로 늘려주기만을 기대하는 것은 어불성설이다. 통찰이 늘기를 바란다면 사람과 일에 직접 부딪혀야 한다. 피해서는 통찰을 얻기 힘들다. 스스로의 결정에 따라 부딪히다보면 창피한 일도 당할 수 있고 윗사람으로부터 혼나기도 하며 화나고 짜증 나는 사건을 겪을 때도 있다. 이 모든 일이 나를 가르치는 통찰 선생님이다. 자신을 돌아보라. 혹시 회피형 인간은 아닌지. 그렇다면 삶을 대하는 태도부터 바꿔야 한다. 손해 보고도 살 줄 알아야 한다. 지는 법도 배워야 한다. 자신이 행한 일이 올바른 것이었다면 후회하지 말자. 삶과 부딪히며 나 자신의 통찰 훈련은 어느덧 성공의 마지막 시험을 앞에 두게 된다. 늘어난 주름은 훈장이다.

1) 네 안에 나 있다

2004년 방영된 신데렐라 스토리의 드라마 「파리의 연인」에는 지금도 회자되는 유명한 대사가 나온다. 삼각관계에 있는 남자 주인공이 여주인공의 손을 자신의 가슴으로 끌어다 대고는 이렇게 말한다. "내 안에 너 있다." 뭇 시청자의 가슴을 오글거리게 한 이 대사는 '지금 내가 사랑하는 사람이 바로 너'라는 의미로서 그런 자신의 마음을 알고는 있는지 물어보는 안타까움이 절절하게 배어난다. 물론 남자는 여자의 마음을 모를 것이다. 하지만 어떻게든 여자의 마음을 읽고 싶은 그 남자는 자신을 열고 여자에게 '이제 내 마음을 읽어주세요'를 거꾸로 외치고 있다. 연인의 마음을 읽는 것은 이처럼 어렵고 로맨틱하다.

남의 마음을 알고 싶다면 가장 먼저 할 일은 상대방의 입장이 되어보는 것이다. 하지만 우리는 늘 내 입장에서 상대방을 바라보며 그 사람의 생각을 알고 싶어하기에 타인의 마음을 똑바로 읽기가 어렵다. 상대방의 입장이 된다는 것은 그 사람이 처한 환경을 우선 알아보는 것을 말한다. 삼각관계에서 여주인공이 두 남자 가운데 누구를 더 좋아하는지 궁금했다면 그 남자는 여자의 현재 상황에서 자신과 경쟁자를 바라봤어야 하는데 인간은 대부분 그 능력이 출중하지 못하다. 내 입장이 우선인 것이다. 다시 말해 앞서 언급한 '시야 사고'와 '지식의 저주'가 여기에 끼어든다. 나 자신이 보고 아는 범위에서는 도저히 상대방의 머리와 마음을 읽어낼 방도가 없다. 어떤 행동을 했는데 그게 '헛발질'이었던 경험이 많다면 시야 사고와 지식 사고에 취약한 경우에 해당된다. 그렇다 해도 모두가 자신의 시야·지식·만족 사고를 벗어날 수는 없으니 그리 슬퍼할 필요는 없다. 단 자신이 그동안 살아왔던 생활의 패턴을 바꿔보는 것이 필요하고 또한 새로운 시도를 두려워하지 않았으면 좋겠다. 시도해보지도 않고 미리 겁먹지 말자.

　상대방이 현재 처한 환경은 내게 보이는 것도 있고 보이지 않는 것도 있다. 보이면 그대로 해석하면 되겠지만 보이지 않는 것을 보려면 상대방 입장이 되어보는 노력을 기울여야 한다. 즉 사건과 사건 사이의 맥락을 상상해봐야 하고 빠진 과정을 복구해봐야 한다. 혼자서는 해내기가 어렵다. 주변 사람들에게 묻고 조언을 구할 수도 있다. 이제 부분적으로 알게 된 정보를 모아봐야 한다. 늘 그렇듯 '부분'의 합은 합보다 더 큰 '전체'로 귀결된다. 내가 그려낸 전체라는 맥락이 진실일 수도 있고 혹은 틀렸을 수도 있다. 어떻게 하면 틀린 것을 알 수 있을까? 이제는 전체를 가장 위에 놓고 그 아래로 각 부분을 펼쳐놓은 뒤 가만히 쳐다보라. 설명되지 않는 '부분'이 나온다면 내가 상상하여 이끌어낸 '전체'는 틀렸을 가능성이 있다. 나는 앞서 여러 증상을 가지고 병원을 방문한 환자의 증상들을 모아 추론하여 진단했을 때 일부 증상이 최종 진단명으로 설명되지 않으면 내 진단이 틀렸을 것이라고 했다. 이것이 의학이고 과학이며 삶의 통찰이다.

신약성경 「마태복음」은 '남에게 대접을 받고자 하는 대로 너희도 남을 대접하라'고 가르친다. 이러한 예수님의 가르침을 '황금률 golden rule'이라고 부른다. 황금률은 옳은 것을 위해 반드시 '~하라'고 명령한다. 반면에 공자는 이렇게 말했다. '내가 원하지 않는 것을 남에게 행하지 마라.' '~하지 마라'고 하는 소극적인 표현을 우리는 '은율silver rule'이라고 칭한다. 황금률과 은율 모두 우리 스스로 지켜야 할 철학적이고 윤리적인 명언이 된다. 그런데 중요한 차이는 황금률은 나의 입장에서 본 것이고 은율은 상대방 입장이 우선된다는 것이다. 황금률을 주장하는 사람들은 개입을 선호한다. 자신이 주인공이어야 하기 때문이다. 내가 싫어하는 행동을 남에게 하지 않는 은율은 타인의 입장을 먼저 고려하므로 훨씬 더 인간적이다.

스스로 상대방의 마음을 읽는 훈련이 필요하다고 느끼는 사람이라면 황금률보다 은율을 따르도록 해보라. 살아가는 데는 은율이 사실 더 쉽다.

바꿔보자. '내 안에 너 있다'가 아니라 '네 안에 나 있다'로. 내가 '내 안에 너 있다'를 외치는 것은 남으로 하여금 내 마음을 읽어달라고 간절히 바라는 것이다. 남에게는 요구하면서 왜 나는 못 하는가? 나도 남의 입장이 돼보도록 나 자신에게 요구해야 한다. '네 안에 나 있다'는 이기심 가득한 나를 벗어날 수 있어야 가능한 자기성찰의 명제다. '네 안에 나 있다'를 온전히 실천해보고 싶은가? 좋은 방법이 하나 있다. 진심을 담아야 한다.

2) 진심을 보라

"진심이야." 우리가 '자주' 쓰고 또 듣는 말이다. 빈도 관련 부사 '자주'는 개인 차이를 내포한다. 빈도가 적을수록 더 진심이 담길 것 같긴 하지만 요즘 사용되는 '진심'을 보면 범위가 방대하고 상투적인 단어가 될 수도 있겠다 싶다. 왜냐하면 진심이라는 말의 동의어가 하도 많아 이래도 진심, 저래도 진심이기 때문이다. 정말, 참말, 진실로, 충심으로, 성심성의껏, 진정, 솔직히 말해, 하늘에 맹세하건대, 목숨 걸고…… 이 모두가 진심이다. 이런 단어가 상투적으로 쓰이면 남들은 그 말을 진심이라고 받아들이지 않게 된다.

나 자신이 타인의 마음을 보고 싶을 때 꼭 필요한 한 가지가 바로 나의 진심이다. 내가 진심이어야 타인의 진심이 보인다. 내가 상대방을 좋아하고 있다면 좋아하는 나의 진심을 알려야 그 사람의 진정한 마음을 볼 수 있다. 상대는 분명히 셋 중 하나로 반응한다. 미소짓거나 황당해하거나 고민하거나……. 셋 중 하나의 진심을 나도 바로 읽을 수 있다. 남을 미워해도 마찬가지다. 내가 상대방을 경계하고 꺼려한다는 진심을 보이면 상대도 그에 합당한 반응을 보일 것이다. 상대방을 떠보려고 원래 알고 싶었던 내용과 상반된 개념의 말을 넌지시 건네보는 경우가 꽤 있다. 이때 상대방도 동등한 반응을 보일 확률이 높다. 나의 진심이 보이지 않는데 상대방이 진심을 보여줄 리 만무하다. 나는 진심을 감추고 상대방을 떠봤으면서 상대방이 보이는 언행이 진심일 것이라고 믿는다면 나 자신은 여전히 시야 사고와 지식 사고에 파묻혀 있는 것이다.

1949년 출간된 조지 오웰의 소설 『1984』는 21세기 들어 재조명을 받고 있다. 전체주의가 극도화된 오세아니아, 동아시아, 유라시아의 세 초국가가 끊임없이 전쟁을 일으키는 가운데 빅 브러더가 이끄는 당에 의해 지배되는 오세아니아는 내부를 통제하고 국민을 세뇌시킨다. 그들이 거짓을 감추기 위해 만든 부처가 아이러니하게도 '진실부'다. 진실부는 '전쟁은 평화, 자유는 복종, 무지는 힘'을 외친다. 국민이 '상반된 개념'을 동시에 이해하고 받아들여야 한다면서 이중사고를 강요하는 것이다.[1] 이중사고를 하면서 진심을 담는 것은 말이 되지 않는다. 사실 우리는 현대를 살아가며 이중 메시지를 전달받는 것에 매우 익숙하다. "살살 쉬어가면서 끝까지 잘 마무리해봐." 어려운 과제를 던져준 팀장이 팀원들에게 전하는 가장 대표적인 이중 메시지다. 복잡해진 사회에서 일의 성과는 반드시 최고로 올려야 하는데 개인의 삶의 질도 알아서 같이 챙겨야 한다. 소모적이고 힘이 많이 들 것 같다. 그런데 찬찬히 살펴보면 우리는 잘 쉬면서 사실 일도 잘 하고 있다. 이중 메시지 속에서 나름대로의 행복 찾기를 성공적으로 수행하고 있는 것이다. 이것이 어떻게 가능할까?

한참이나 나이 차가 나는 후배가 한 명 있었다. 연애는 끊임없이 하지만 결혼하지 않고 이별도 반복하기에 궁금해서 물었다. "왜 자꾸 헤어지고 다른 사람을 또 만나는 거야?" 후배는 이렇게 대답했다. "만나는 그 순간은 진심입니다." 후배의 말이 옳았다. 본인이 진심을 가지고 만나는 상대의 진심을 보려고 하는데 무슨 후회가 있겠는가? 물론 헤어지는 것은 별개의 문제다. 행복한 사람들은 분리된 심리적 계좌를 보유하고 있다. 쉴 때와 일할 때를 구별할 줄 안다. 나도 잘하지만 남이 더 잘하는 것을 멋지게 인정해줄 수 있다. 내가 힘들지만 남이 곤경에 빠져 있으면 가만히 있지 못한다. 그러지 못하면서 마음이 갈등에 취약하고 이중사고를 하고 있는 사람에게 진심은 보이지 않게 된다. 이득과 손해를 따지고 남이 잘되는 것을 배 아파하는 경향의 사람은 언제나 이중사고에 매몰되어 있다. 그의 마음속에는 진심이 들어갈 여지가 없고 타인의 진심을 보고 싶어하는 순수함은 더더욱 없다. 한순간에 두 생각은 진심으로부터 멀어지는 지름길이다. 그 순간에 집중하자. 그러면 나도 진심이 되고 상대방의 진심도 함께 보인다.

부부 싸움의 예를 다시 들어보겠다. 배우자가 나의 잘못을 지적했다고 치자. 내가 잘못한 것은 맞는데 큰 잘못은 아니라고 나는 믿고 있다. 그러다보니 배우자가 자꾸 같은 지적을 하면 짜증이 난다. 계속되는 지적을 한 귀로 듣고 한 귀로 흘린다. 건성으로 듣는 듯한 모습을 배우자가 눈치채고 더 크게 화를 낸다. 나도 따라 화가 돋는다. 사실 싸움은 나의 이중사고 때문에 더 커진다. 배우자의 지적은 대부분 나를 비난하기 위한 것이 아니다. 함께 잘해보자는 의미를 담고 있을 때가 더 많다. 배우자의 진심을 모르는 나는 회피하기에 바쁘다. 나는 옳고 배우자는 그르다는 이중사고가 머릿속에 가득하다. 그러니 싸움이 커질 수밖에. 이렇게 해보자. 잘못을 지적받은 그 순간 내가 진심으로 잘못했다고 인정해보라. 내 책임이라고 믿는 진심의 그 짧은 순간 갑자기 배우자의 진심이 보인다. 나를 비난하려함이 아니라는 배우자의 진심이 읽힐 것이다.

어려서 리튬 배터리를 삼켜 식도가 녹고 협착이 생겼으며 성대까지 다쳐 중환자실 생활을 비롯해 오랜 기간 고생한 은수의 이야기를 기억할 것이다. 나를 포함한 의료진들은 은수가 참 안타까웠다. 진심으로 도와주고 싶었고 은수네 가족도 의료진의 진심을 읽고 있었다. 입원 기간이 길어지면서 은수네 입장에서 보면 병원에 대한 불평도 많았을 것이고 의료진과 여러 다툼도 있었겠지만, 은수에 대한 최선의 지원과 치료를 흐트러뜨리는 다른 변수, 다시 말해 잘 낫지 않는 환자에게 흔히 발생할 수 있는 상호 간의 이중적 태도는 나타나지 않았다. 그래서 서로가 상대방의 보이지 않는 면을 보려고 따로 노력할 필요가 없었다. 그냥 서로를 있는 그대로 본 것이다. 당시에 치료 과정이 오래 걸릴 것이고 사실 우리 의료진이 아무리 노력해도 다다를 수 없는 부분이 나올 것이라고 진심으로 은수 엄마에게 얘기했다. 서로를 믿었기에 10년이 지나도록 은수네는 불만 없이 의료진을 따랐다. 정말이다. '진심이 통하는 곳에서 보이는 것과 보이지 않는 것은 하나로 만난다.' 이를 인식하지 못하고 나 자신만의 시야 사고와 지식 사고에 파묻힌 채 얕은 이득을 얻기 위한 이중 사고를 하는 순간 보이지 않는 타인의 진심을 읽는 것은 이미 물 건너간 것이다.

조금 다른 상황을 가정할 수도 있어 한 가지 짚고 넘어가야겠다. 그 상황이란 내가 상대방에게 진심을 보여주기 어려운 경우를 말한다. 처음 만나는 사람으로부터 정보를 얻어야 할 때라든가, 나와 상대방 중에 누군가 다른 한 명의 정보를 알지 못할 때가 있다. 이런 경우 서로 처음부터 진심을 내보이기는 어렵다. 그때는 할 수 없다. 상대방의 행동을 읽어야 한다.

3) 무의식은 샌다

일곱 살 진수는 수개월 전부터 윗배를 자주 움켜쥐며 아프다는 말을 했다. 잠깐 그러고 말기에 별일 아니려니 생각한 엄마는 진수를 관찰만 하고 있었다. 가끔 동네 의원에 가면 의사가 역류성 식도염 증상이라고 하면서 제산제만 처방했다. 최근 들어 빈도가 잦아지자 걱정된 엄마는 아이를 데리고 내 외래로 왔다. 아이의 표정은 밝았고 병원을 두려워하지 않는 눈치였다. 걱정은 엄마 몫이었다. "위내시경을 해봐야 하는 거 아닌가요?" 엄마가 벌써 진단까지 다 해놓은 것 같았다. 아이의 성장 곡선을 보니 키는 중간에 위치하고 있었는데 체중이 아래쪽에 가 있었다. 입 짧은 아이들이 보이는 전형적인 성장 패턴이었다. "최근에 살이 빠진 적은 없지요?" 내 질문에 근심 가득한 엄마는 원래부터 몸무게가 적게 나갔는데 이것도 문제라며 성장에 대한 상담도 요청해왔다. "잠이 들기 전까지는 아프다고 하지만 자기 시작하면 잘 잡니까?" "놀 때는 안 아파하죠?" "자기가 좋아하는 음식은 잘 먹는 편인가요?" 모든 질문에 엄마는 그렇다고 했다. 엄마와 대화를 하면서도 나는 아이를 유심히 관찰하고 있었다. 그러다가 아이에게 물었다. "진수야, 너는 밥 먹는 시간이 즐거워? 아니면 별로야?" 1초의 망설임도 없이 진수는 답했다. "별로예요." 그 순간 엄마가 어색한 미소를 지었다. 복부 진찰을 마치고 나서 엄마에게 물었다. "아이가 입이 짧지요?" 엄마는 진수가 어려서부터 잘 먹지 않아 하루 종일 먹이는 데 고생했던 이야기를 줄줄이 꺼내놓았다. 엄마의 말을 다 듣고 나는 입 짧은 아이에게 흔히 벌어지는 기능성 소화기장애 증상에 대해 설명을 시작했다. 워낙 먹는 것에 관심이 없는 입 짧은 아이들은 부모의 강요 때문에 자기 결정권을 박탈당하면서, 밥 먹는 시간이 되면 먹기 싫은 음식을 억지로 먹어야 한다는 두려움에 크게 불안해지고 어떻게든 음식을 거부하기 위한 신체화 증상이 나타난다고 말씀드렸다. 엄마는 수도 없이 병원을 다녔지만 이런 얘기를 들은 적은 처음이라며 자신도 그런 면이 걱정되기는 했다고 털어놓았다. 마지막으로 내가 엄마에게 결정적인 이야기를 하나 해주었다. "어머니, 아이가 자주 눈 깜박이는 것 알고 계시죠?" 짧은 진료 시간에도 나는 진수의 눈 깜박임을 여러 번 봤고 내 질문에 엄마는 그렇다고 했다. "혹시 음음거리며 목청을 가다듬는 버릇은 없나요?" 이 말에 엄마가 놀라며 외쳤다. "맞아요. 얼마 전까지 있었어요. 그냥 감기 기운이 있나 생각했습니다." 눈 깜박임과 목청 가다듬기는 틱이었다. 음식의 강요에 대한 아이의 불안감은 신체화 증상뿐만 아니라 틱으로도 표출된다. 의식적으로 하지 않으려고 해도 틱은 무의식적으로 나타난다. 틱이 발생한 맥락을 완벽히 이해하고 그 원인이 제거되면 시간이 흘러 자연스럽게 틱은 사라진다.

인간의 무의식은 말로 그리고 행동으로 드러난다. 행동 중에서는 아마 표정이 가장 큰 비중을 차지할 것이다. 모방을 가능하게 하는 우리 뇌 속 거울 뉴런의 발견은 타인의 마음을 읽을 수 있는 인간의 특성인 '마음 이론'으로 발전했다. 나는 짐짓 아무 일도 없는 척 태연한 모습을 취하고 있지만 남들은 내가 큰 고민을 가지고 있음을 단박에 알아챈다. 내 표정과 말 한마디에 그리고 내가 보이는 행동

하나에 무의식이 짙게 섞여들어가 남들은 이미 나를 간파하고 있다. 무의식은 늘 누출되고 있다. 물론 남의 무의식을 보려고 할 때 그의 표정과 말투를 주로 관찰하겠지만 그 사람이 처해 있는 환경을 파악하고 있다면 그가 더 잘 보이는 것은 당연하다. 나 자신이 흘리는 무의식적 행동으로 인해 숨기고 싶은 속마음을 남에게 들킬까봐 걱정하는 사람들도 있다. 이득이 관여하는 곳에서는 충분히 그럴 수 있는데 가령 포커판이 그렇다. 자신의 감정을 숨기고 싶어 무표정하게 있는 얼굴을 일컬어 '포커페이스poker face'라고 한다. 포커페이스가 미치는 영향을 심리학자들이 가만 놔두었을 리가 없다. 포커페이스는 협상 과정에서 자신의 감정은 드러내지 않고 상대방의 감정을 살피려 할 때 쓰는 전략이기도 하기 때문이다.

2013년 듀크대학의 크리스틴 슈나이더는 피험자 96명을 세 군으로 나누어 실험을 진행했다. 무표정에서 여섯 가지 특정한 감정으로 바뀌어가는 2분간의 동영상을 보는 동안 표정억제군에게는 타인이 눈치채지 못하도록 무표정을 유지하도록 했고, 모방군은 제시된 얼굴 표정을 비슷하게 따라하도록 했으며, 비지시군에게는 특별한 명령을 내리지 않았다. 피험자의 표정을 녹화한 비디오와 안면 근육의 근전도 소견 결과를 보면 모방군이 감정을 빠르게 인지했고 표정억제군이 감정 인지에 서툴렀음을 알 수 있었다.[2] 표정 억제, 즉 포커페이스는 공감을 하지 않겠다는 의지를 보이는 것이다. 자신의 얼굴 표정 억제에 신경 쓰다보니 거꾸로 타인의 표정을 읽지도 못한다. 포커판이나 협상에서나 상대의 감정을 읽지 못하는 것은 결국 상황의 실패로 귀결될 확률이 높다. 타인의 무의식을 보고 싶다면 내 무의식도 함께 보였어야 한다. 내가 잘 모르는 상대라 해도 그 사람의 감정에 충실하게 반응해주는 나로 응대하는 것이 바로 상대방의 무의식을 읽을 수 있는 최선의 방법이다. 그것이 통찰이다. 자 이래도 포커페이스를 하고 타인을 만나려 하는가? 그러지 말자. 상대방의 무의식을 알아내보려는 시도는 오히려 실패할 것인 반면 나 자신이 만든 포커페이스를 남들은 바로 인지한다. 그리고 남들은 내가 숨기고 싶어하는 감정마저 읽어낸다. 바로 자신의 마음을 들키는 것에 대한 두려움이다.

4) 당신은 무엇이 두려운 거죠?

그룹 퀸의 노래를 한 곡이라도 들어보지 않은 사람은 드물 것이다. 1970년 프레디 머큐리, 브라이언 메이, 로저 테일러, 존 디콘이 결성한 4인조 밴드는 1980년대까지 세계 젊은이들의 우상이 되었고 그들이 남긴 수많은 히트곡은 수십 년이 지난 지금도 라디오에서 흘러나오고 있다. 천재적인 리드 보컬 프레디 머큐리는 이슈 메이커였다. 모두가 알고 있듯이 프레디는 동성애자로서 1991년 에이즈로 사망한다. 2018년 개봉한 전기 영화 「보헤미안 랩소디」에는 1980년대 프레디의 동성애자설이 불거질 때 가진 기자회견 장면이 나온다. 기자들은 퀸의 음악에 대한 질문보다 프레디의 사생활을 캐는 것에 집착했다. 인도 이민자 출신인 보수적인 아버지가 아들을 자랑스러워하는지를 물었을 뿐만 아니라 프레디의 구강 구조 문제를 지적하기도 했다. 한 남기자가 사생활 관련 질문을 하자 프레디는 이렇게 대답했다. "그게 왜 궁금해요? 음악 잘하면 되지." 그는 동성애 관련 설이 회견의 중심으로 떠오르자 대답을 회피하며 신경질적인 반응을 보인다. 기자회견 장면에서 가장 강렬하게 부각된 순간은 여기자 한 명이 집요하게 반복적으로 이 질문을 했을 때다. "프레디 당신은 무엇이 두려운 거죠?"

프레디 머큐리는 진실이 밝혀지는 것이 두려웠다. 본인이 숨기고 있는 사실을 남들에게 들킬까봐 매우 두려웠던 것이다. 사람들은 자신만 알고 있는 비밀이 타인에게 노출되는 것을 본능적으로 무서워한다. 나 자신만 알고 있어야 했는데 밖으로 누설된다면 그것은 본인에게 손실이라고 판단하기 때문이다. 그래서 더 꽁꽁 숨기고 싶어한다. 하지만 진실을 가리려고 노력하는 모습은 사람들에게 쉽게 간파당하고 만다. 들킬까봐 두려워하는 감정 상태는 눈으로, 말로 바로 전해진다. 상대방도 두려움이라는 감정에 대해 전문가이기 때문이다. 우리 인간은 그렇게 뇌의 편도체를 진화시켜왔다. 두려움을 느끼는 순간 동공은 확장되고 심장 박동은 빨라지며 침이 마르고 식은땀이 흐른다. 이러한 자율신경계의 반사적인 반응을 인간은 똑같이 공유하고 있다. 나 자신이 그 반응을 자주 겪는데 남이 보이는 같은 반응을 못 알아챌 리가 없다. 상대방의 눈매, 얼굴 표정, 그리고 내뱉은 말에서 우리는 그가 가진 두려움을 읽어낼 수 있다. 아무리 표정을 없애고 자신을 포장하려 해도 소용없다. 어색한 포커페이스에서 진실된 두려움이 그대로 드러난다.

내가 상대방의 진심을 알고 싶어 그가 가진 두려움이 무엇인지 관찰한다고 가정해보자. 어떤 상황에서 그의 편도체가 심하게 활성화되어 두려움이 짙게 나타나면 누구라도 그것을 알아챌 수 있다. 하지만 두려움은 본능이기 때문에 그가 언뜻언뜻 보여주는 두려움만으로 진심을 알아내기는 어려울 수 있다. 두려움은 알겠는데 무엇 때문인지를 모르는 것이다. 두려움을 가진 사람은 그것을 이성적인 걱정으로 표현한다. 두려움이 본능이라면 걱정은 이성이다. 이 걱정도 마찬가지로 표정이나 행동 그리고 말로 드러난다. 흥미로운 점은 두려움의 본질이 크지 않더라도 이를 회피하려는 걱정은 침소봉대된다는 것이다. 사실 두려움의 크기만큼만 걱정한다면 타인이 몰라볼 수도 있는데 걱정은 늘 부풀려지기에 남들이 쉽게 알아차린다. 지금도 많이 인용되는 20세기 초의 정신과 의사 조지 월턴의 글을 보면 사람들이 필요 없는 걱정을 얼마나 많이 하는지 알 수 있다. "우리가 하는 걱정거리의 40퍼센트는 절대 일어나지 않을 사건들에 대한 것이고, 30퍼센트는 이미 일어난 사건들에 대한 것이며, 22퍼센트는 사소한 사건들에 대한 것이고, 4퍼센트는 바꿀 수 없는 사건들에 대한 것이다. 걱정거리 중 고작 4퍼센트만이 우리가 대처할 수 있는 진짜 사건들에 대한 것이다. 다시 말하면, 걱정의 96퍼센트는 쓸데없는 것이다."[3]

땅거미가 짙게 깔린 저녁, 회사 마당의 뒤켠에 위치한 창고에서 물건 하나를 찾아야 할 일이 생겼다. 문을 열고 들어가니 작은 쪽창으로 들어오는 희미한 빛만 보이고 내부는 어두컴컴하다. 전등을 켜려고 스위치를 찾다가 소스라치게 놀란다. 창고 바닥에서 두 개의 눈이 보였기 때문이다. 고양이의 눈이다. 어둠 속에서 빛을 내는 그 눈은 순간 그야말로 공포다. 놀란 가슴을 쥐고 스위치를 찾아 불을 켜니 검정 고양이다. 그래서 몸통은 보이지 않고 두 눈만 보였나 보다. 여러분이 고양이를 좋아하지 않는 사람이라고 가정할 때 무엇이 무서운가? 고양이의 눈인가 아니면 고양이인가? 눈이 두려우면서 우리는 그것을 고양이 전체로 확대 해석하는 경향이 있다. 걱정의 실체는 고양이 눈인데 우리 인간은 어느 틈엔가 몸집 전체로 걱정을 불려버린다. 결국 커져버린 내 걱정을 남들이 쉽게 눈치채고 마찬가지로 남들의 걱정 또한 내가 금방 알아챈다.

인간이 갖는 두려움은 대부분 미래의 손실에 대한 것이다. 그리고 그 사람의 걱정은 어떻게 하면 예상되는 잠재적 손실을 피할까에 대한 것이다. 사소한 걱정 한 가지나 대여섯 개의 걱정이나 걱정하기는 매한가지다. 지금은 손해가 아니라도 과잉으로 반응해 미래의 손실을 크게 예상하는 우리는 잠재적 손해를 최소화하기 위해 오늘도 대비한다. 인간이 왜 공짜를 좋아하는 줄 아는가? 그것은 손실이 전혀 없기 때문이다. 손실을 회피하는 것 자체가 자신에게는 상대적으로 이득이 된다. 자, 이제 상대방의 진심을 알고 싶다면 그가 무엇을 두려워하고 걱정하는지 맥락을 살펴보라. 그러면 답이 보인다.

5) 쿠이 보노, 누가 이득을 보는가?

손해와 이득에 관한 한 인간은 눈을 부릅뜨고 예민하게 반응한다. 원시시대나 지금이나 이득에 즐거워하고 손해에 배 아파하는 것은 별반 다르지 않을 것이다. 전국시대에 한비자는 자신의 저서에 현대인이 봐도 혀를 내두를 만한 이익과 손해의 함수관계를 명쾌하게 기술했다. '어떤 일에서 이익을 얻는 자가 있으면 그가 일을 일으킨 사람이며, 손해를 보는 자가 있으면 그로 인해 이익을 얻는 사람이 누구인지 살펴보아야 한다.'[4] 조직은 언제나 새로운 정책을 만들어내고 이를 시행한다. 열 명도 안 되는 작은 조직으로부터 기업이나 국가에 이르기까지 매일같이 개선안을 쏟아내고 있다. 그런데 가끔, 왜 하필 이 시점에 이러한 안이 올라왔는지 궁금해진다. 방향성도 맞지 않고 다수의 이득보다는 소수에 집중되어 있는 느낌이며 새로운 규정을 통해 획일화를 강요하는 듯한 정책을 보면서 드는 생각이 있을 것이다. 도대체 저 아이디어는 누굴 위한 거지?

'쿠이 보노Cui Bono?' 누가 이득을 보는가라는 뜻이다. 로마 시대의 원로 정치인 키케로는 로마 사람들이 정직하고 현명한 재판관으로 평가한 루키우스 카시우스가 습관적으로 "누구에게 이익이 돌아가는가?"라는 질문을 자주 했다고 언급했다. 쿠이 보노는 현대에 와서도 법률과 수사학에서 사용되는 라틴어로, 범죄의 동기가 누구에게 있는지를 찾는 질문이다.[5] 한비자가 말한 것과 마찬가지로 어떤 일이 갑자기 생기고 누군가 이득을 보면 그 사람이 정책 입안자라는 의미가 된다. 그래서 고대로부터 지금까지 사람들이 상황의 본질을 파악하려 할 때 쿠이 보노의 맥락을 알아내려 애썼던 것 같다. 자신이 이득을 취하려고 새로운 제안을 하는 사람들은 공통된 특징을 가지고 있다. 유연성이 있는 안을 내는 것처럼 보이는데 사실은 자신에게 이렇게 해도 이득, 저렇게 해도 반드시 이득이 되도록 진실을 디자인한다.

그리스 신화에는 프로크루스테스라는 인물이 나온다. 그는 그리스 아티카의 강도로 아테네 교외에 집을 짓고 살면서 강도질을 했다. 그 집에는 철로 제작한 침대가 있는데 그는 지나가는 행인을 붙잡아 침대에 누이고 행인의 키가 침대보다 크면 큰 만큼을 잘라 죽이고, 작으면 침대 길이에 맞춰 행인을 억지로 늘여서 죽였다고 전해진다. 결국 아테네의 영웅 테세우스가 나타나 프로크루스테스의 만행을 저지하는데 테세우스도 프로크루스테스를 잡아 침대에 누이고 똑같은 방법으로 머리와 다리를 잘라 처치했다.[6] 자기 생각에 맞춰 기준을 세워놓고 타인에게 해를 끼쳐가면서까지 이득을 취하려는 행위를 말할 때 우리는 '프로크루스테스의 침대'를 언급한다. 프로크루스테스가 집 안에서 벌인 일을 남들은 전혀 모른다. 아무도 모르게 강도짓으로 이득을 본 프로크루스테스를 우리는 현대에 와서도 꽤나 자주 마주하게 된다. 주변을 보라. 현대의 프로크루스테스가 만든 기준이 일반 상식에서 많이 벗어날 때 사람들은 편법을 만들어 대응한다. 거꾸로 말해 편법이 판을 칠 때는 그렇게 만든 잘못된 기준이 존재한다는 것을 시사한다. 근본적인 잘못은 다른 곳에 있는데 편법을 행했다는 이유로 상식적인 사고를 했던 사람들만 피해를 보는 일이 허다하다. 이득을 보는 사람이 누군지 알아내는 작은 통찰만으로 우리는 사건의 본질을 파악할 수 있다. 발꿈치를 잘라 신발에 맞추는 '월지적구削趾適履'의 어리석음을 보면서 사람들이 꾸짖지만 그것을 보지 못하고 듣지 못하는 현대의 프로크루스테스는 오늘도 애꿎은 침대 길이만 늘였다 줄였다 하고 있다.

6) 뒷담화 그리고 상상

남을 안다는 것은 매우 흥미진진한 일이다. 더구나 남이라는 사람에게 내가 호감을 가지고 있다면 알아가는 과정 하나하나가 나의 도파민 분비를 자극하는 자기주도적 만족 학습이 된다. 묘하게 인간은 호감을 주지 않는 남에게서도 도파민 분비를 얻어낼 수 있다. 바로 '뒷담화' 덕분이다. 사전적으로 좋지 않은 표현인 뒷담화는 사실 타인에 대한 평가다. 그 타인의 무의식으로부터 나오는 행동 누출behavioral leakage에 나의 무의식이 더해진 '상상'을 의미한다. 뒷담화를 나쁘게만 볼 수도 없다.[7] 하라리는 『사피엔스』에서, 언어를 통해 진화한 인간에게서 허구를 말할 수 있는 능력이야말로 호모 사피엔스가 사용하는 언어의 가장 독특한 측면이고, 허구 덕분에 우리는 단순한 상상을 넘어 집단적 상상마저 할 수 있게 되었다는 '뒷담화 이론'을 펼쳤다. 인간의 창의성이 뒷담화에서 나왔다는 말이다.[8] 창의적인 상상으로 만들어낸 뒷담화는 삶이라는 영화의 시나리오다. 그리고 시나리오는 바로 맥락을 의미한다. 남이 보여준 무의식들은 나 자신이 판단하기에는 팩트다. 우리는 이들을 잇는 뒷담화를 상상을 통해 정말 자유자재로 구사할 수 있기 때문에 내가 가진 편견과 고정관념은 엉뚱한 시나리오로 이어질 수 있어 문제다. 심하게 말하면 음모론을 생산하게 되는 것이다. 그래서 우리는 올바른 시나리오 제작을 위해 '상상'에서 실수를 하지 말아야 한다.

인간은 현재를 통해 과거와 미래를 보는 경향이 있어 이를 현재주의presentism라고 한다. 즉 남을 보고 그 사람을 평가할 때 상상은 현재의 경계를 뛰어넘지 못하는 것이다. 왜냐하면 상상을 담당하는 뇌 영역이 지각도 동시에 관장하기 때문이다. 뇌로서는 실제 상황을 지각하는 것이 최우선적 임무일 수밖에 없다. 대니얼 길버트는 『행복에 걸려 비틀거리다』에서 인간이 상상할 때 세 가지 오류를 범한다고 했다. 첫째, 상상하는 과정에서 없는 정보를 채워넣거나 있는 정보를 빠뜨린다. 둘째, 우리는 현재를 미래에 투사하는 경향이 있다. 셋째, 일단 어떤 일이 발생하고 나면 우리는 그 일이 상상할 때와 전혀 다른 모습이라는 것을 인식하지 못한다. 예를 들어보자. 우리가 볼 때 타인의 선택은 그 사람의 특성에 원인을 두지만(누가 인문학 강의를 하는 것은 원래 인문학적인 사람이기 때문이야) 내가 선택할 때는 그 대상의 특징에 원인을 둔다(나는 인문학이 내 마음을 가장 편하게 해주기 때문에 좋아한다). 우리는 우리가 좋아서 선택했다기보다는 다른 게 싫어서라는 것을 인정하면서도(내가 ○○당에 표를 준 건 ××당이 싫어서다) 남의 선택은 늘 그들이 좋아하는 걸 반영한다고 믿는다(그 친구가 ××당을 찍었다니 성향이 그쪽인가봐).[9]

그리고 상대방의 이득과 손해를 예측해보는 것이 중요하다고 했는데 그 상상 속에 상대방이 내세우는 명분이 무엇일지도 포함한다면 말도 안 되는 뒷담화는 나오지 않게 된다. 상상의 오류에 빠지지 않도록 하면서 상대방의 명분과 실리까지 충분히 고려하여 상상해본다면, 이렇게 만들어진 뒷담화는 허황되지 않을 뿐만 아니라 본질에 가까이 다가가는 방법이 된다. 보이지 않는 것을 겉으로 보이게 하고자 필연적으로 탄생한 뒷담화는 이렇듯 상상과 창의적인 허구가 엮여 개연성 있는 팩트로 재탄생하는 것이다.

뒷담화는 인간이 살아가기 위해 진화시킨 삶의 일부다. 나 혼자만 살아갈 수는 없기에 집단 안에서 타인의 마음을 읽어내고자 노력해온 진화의 산물이다. 인간이 세상에 존재하는 한 뒷담화도 우리 곁에 한 자리를 차지하고 있을 것이다. 결국 뒷담화에 에너지를 쏟는 우리는 지치면서도 이를 즐기니 분명히 중독성이 꽤 높은 듯하다. 들으며 맞장구를 쳐주는 이들 또한 그 맛을 잊지 못함 때문이리라. 남에 대한 뒷담화를 하던 나는 어느 날 나에 대한 뒷담화도 우연히 듣게 된다. 이렇게 주고받는 뒷담화 속에 인간사회는 큰 틀 안에서 조금씩 발전하고 있다. 분명한 점은 세상 살아가는 이치는 엇비슷하고 우리는 거대한 방향성을 알게 모르게 따르고 있다는 것이다.

7) 패턴 인식과 빅데이터

19세기 초 프랑스 수학자 피에르 시몽 라플라스는 그의 에세이에 다음과 같이 기술했다. "어떤 지적인 존재가 어느 특정한 순간에 자연을 움직이는 모든 힘과 자연을 이루는 모든 요소의 상대적 위치를 알뿐더러 그 데이터 전부를 분석하기에 충분할 만큼 높은 지능을 지녔다면, 그 존재는 우주의 가장 큰 물체들과 가장 작은 원자의 운동을 하나의 공식에 담을 것이다. 그 지성에게는 아무것도 불확실하지 않을 것이며 과거뿐 아니라 미래도 눈앞에 있을 것이다."[10] 우리는 그것을 '라플라스의 악마'라고 이름 지었는데, 쉽게 말하면 현재의 모든 것을 알고 그것을 통해 미래를 유추하는 존재를 의미한다. '라플라스의 악마'와 함께하는 세상에서는 모든 것이 예측 가능하다. 자연의 현상마저 법칙을 따르는 것이기 때문에 고민할 일은 하나도 없어진다. 사실 자연에는 우리가 잘 알지 못하는 수많은 규칙이 존재한다. 봄이 되어 식물이 싹을 틔우고 이파리로 몸집을 불려갈 때 아래쪽에 위치한 잎들이 가려지지 않고 햇볕을 계속 받을 수 있는 것이 자연이 보여주는 기하학 덕분이라는 사실을 아는가? 고등 식물의 줄기에 나는 잎의 배열 방식은 대부분 나선형으로서 잎차례 현상phyllotaxis을 보인다. 잎차례의 각도는 137.5도다. 미리 난 아래쪽 잎마저 햇볕을 받도록 배려하는 자연의 섭리는 이렇게 수학적인 규칙에 따라 제어되는 패턴으로 나타나기도 한다.[11]

인간은 산을 보고 그것이 산이라는 것을 어떻게 알까? 바로 모양 때문이다. 산마다 봉우리 모양이 다르고 높이마저 제각각인데 하나하나의 구릉과 계곡 모습은 달라도 그것들이 모인 거대한 집단은 산이라는 패턴으로 표현된다. 역시 전체는 부분의 합보다 크다. 그래서 인간은 그것이 산인 줄 안다. 프랙털fractal은 일부의 작은 조각이 전체와 비슷한 기하학적인 형태를 띠는 것을 말한다. 이것은 수학자 브누아 망델브로가 처음으로 사용한 단어로 자기 유사성을 가진 기하학적인 구조를 의미한다. 프랙털 구조는 자연에서뿐만 아니라 수학적인 분석과 생태학적인 계산 등에도 보이는 자연이 품고 있는 기본적 뼈대다. 자연의 복잡성이 보여주는 불규칙하고 혼란스러운 현상의 밑바탕에서는 프랙털로 표현되는 숨은 질서가 발견되기도 한다. 번개의 모양이 매우 불규칙하지만 가지 하나하나는 전체와 비슷한 모습을 보이고, 구름도 무작위적으로 일어난 응결 과정에서 생성된 물방울들이 주위의 물방울들을 끌어모으면서 자기를 닮은 프랙털을 이루게 된다.[12] [그림 22]는 시에르핀스키 삼각형으로, 대표적인 프랙털 구조를 보여준다. 프랙털은 패턴이다. 우리가 살아가는 이 세상의 바탕에는 알게 모르게 패턴이 깔려 있다. 패턴 인식 pattern recognition을 한다는 것은 예측을 동반한다는 의미다. 우리 인간도 늘 패턴을 따르고 있다. 태어난 배경, 성장 과정, 성격의 형성, 자아 성찰에 따라 자신만의 루틴을 터득하는데 이는 행동과 말투에 그대로 반영된다. 머릿속에 떠오른 작은 아이디어는 나 자신을 이루는 한 부분으로서 프랙털처럼 자기 유사성을 통해 다른 생각들과 합쳐지며 하나의 행동으로 전환된다. 그것은 습관으로 나타날 수도 있고 그 사람에 대한 고정관념으로 보이기도 한다.

사람들은 자신이 늘 해오던 패턴에서 거슬러 행동하기를 어려워한다. 뇌의 편도체가 전전두엽의 정상적인 판단을 흩트려놓을 것이기 때문이다. 해보지 않은 것에 대한 두려움은 모든 인간의 본능이된다. 상대방이 그동안 보여주었던 생각과 행동의 패턴, 특히 무의식에서 나오는 사고의 흐름을 알 수 있었다면 그 사람의 미래 움직임을 예측하는 것이 가능해진다. 물론 상대가 미리 알고 자신의 원래 행동 패턴을 뒤집어 반대 방향으로 달려갈 수도 있지만, 그렇게 하려면 그는 뭔가 어색한 무의식적 행동 누출과 두려움을 보일 수밖에 없어 우리는 그것을 쉽게 깨달을 수 있다. 만일 그가 그런 것마저 우리를 감쪽같이 속일 수 있는 존재라면 통찰의 경지에 이른 사람이니 그냥 믿어줄 수밖에 없다. 인간은 '라플라스의 악마' 발끝에도 다가가지 못하는 존재다.

내가 속한 집단도 패턴을 가지고 있다. 규칙이 없고 복잡하게 돌

[그림 22] 시에르핀스키 삼각형 프랙털

아가는 것처럼 보이는 집단 안에도 프랙털은 존재한다. 일상생활에서 가끔 나만의 생각인지 아니면 많은 사람의 공통된 의견인지 궁금한 적이 있지 않은가? 1907년 다윈의 사촌인 인류학자 프랜시스 골턴은 『네이처』에 「여론vox populi」이라는 흥미로운 논문 한 편을 실었다. 영국의 한 시골에서 가축 전람회가 열리고 있었는데 소 한 마리의 무게를 알아맞히는 행사가 진행됐다. 800여 명이 응모했고 이 중 알아볼 수 있는 787장의 쪽지에 적힌 무게의 평균을 냈더니 1197파운드로 나왔다. 놀랍게도 실제 소의 무게는 1198파운드였다. 군중의 판단이 완벽하게 정확했다.[13] 집단에서 어떤 문제에 대한 컨센서스는 언제나 준비돼 있다고 보는 것이 맞다. 집단 지성이 표면으로 드러나건 드러나지 않건 간에 집단의 방향성은 그에 따라 움직인다. 방향성이 모이고 실행에 이르기까지 그 집단의 특성에 맞는 패턴이 존재하며 이 패턴을 통해 우리는 미래를 예측할 수 있다. 게다가 이제는 집단의 패턴을 빅데이터를 통해 알 수 있는 시대다. 국가적인 선거에서도 빅데이터의 위력이 발휘되듯 집단의 공감대는 그 시기의 패턴이 된다. 나와 내 주변의 작은 조각 같은 생각들은 범위를 넓혀가며 서로 동화하고 결국에는 프랙털처럼 커다란 패턴으로 나아간다.

세상에서 벌어지는 일의 본질을 알고 싶을 때 우리는 통찰력을 발휘해야 한다. 개인과 주변의 작은 조직에서 시작된 아이디어가 어떻게 흘러가는지 살펴보라. 세상에서 벌어지는 일들은 큰 틀에서 유사하기 때문에 서로의 명분과 이득 관계를 잘 따져보면 앞으로의 사건 전개가 웬만큼 상상될 것이다. 예상과 다르게 흐른다고 속단하지 말자. 잎차례가 모든 경우에서 반드시 137.5도로 나오지는 않는다. 어느 때인가는 127도, 또 어느 때인가는 147도가 될 수도 있다. 하지만 큰 줄기의 패턴 흐름은 변하지 않을 확률이 높다. 빅데이터는 거짓말을 하지 않는다. 내 아이디어와 빅데이터의 결과를 비교해보는 것만으로도 본질과 나와의 간극은 한결 가까워져 있다. 그런데 세상이 패턴을 따를 때 한 가지 더 살펴볼 것이 있다. 별개의 사건에서 공통점을 찾도록 노력해보라.

8) 유추: 그것이 무엇이 될까?

다음은 『이일하 교수의 생물학 산책』에 나오는 글의 일부다.

DNA 구조를 밝히는 과정은 한 편의 드라마다. 이 드라마는 왓슨 본인이 저술한 『이중나선』을 통해 대중들에게 잘 소개되었고 다른 과학자들에 의해서도 여러 가지 에피소드들이 소개되고는 한다. 여기서는 왓슨과 크릭이 DNA 구조를 밝히는 데 필요했던 주요한 정보만 간단히 살펴보자. 우선 왓슨과 크릭은 이미 알려진 핵산에 대한 정보 중에서 샤가프의 규칙에 대한 정보를 매우 잘 활용했다. 샤가프의 규칙이란 생물체에서 뽑은 핵산을 분석해보니 첫째, 모든 생물체에서 아데닌과 티민의 비율이 항상 같고 구아닌과 시토신의 비율이 항상 같으며 둘째, 링 구조가 2개인 퓨린(여기에 아데닌과 구아닌이 포함된다)의 비율과 1개인 피리미딘(시토신과 티민이 포함된다)의 비율이 항상 1:1의 비율이라는 규칙이다. 이 샤가프의 규칙은 동물, 식물, 미생물 할 것 없이 모든 생물체에 적용되는 규칙이었다. 따라서 DNA의 화학적 구조에 대한 열쇠를 쥐고 있는 정보였다. 그다음 정보는 DNA의 X선 회절 사진이었다. 왓슨은 윌킨스 교수가 프랭클린 박사의 동의도 없이 몰래 보여준 DNA의 X선 회절 사진을 또렷이 기억하고 있었다. 그리고 그 그림 속에서 매우 규칙적인 세 가지 패턴을 유추해냈다. 무언가 매우 규칙적으로 반복되어 있다는 것, 적어도 세 가지 정도의 규칙적 패턴이 나타난다는 것이 생물학자였던 왓슨 박사가 파악할 수 있는 모든 것이었을 것이다. 이 퍼즐을 가지고 왓슨과 크릭은 매일같이 유쾌하게 떠들어대면서 사고 실험을 통해서 DNA 구조를 풀고 있었다. 심지어는 네 가지 염기의 화학 구조식을 그린 종이 조각을 맞춰보면서 구조를 유추했다고 한다. (⋯) 왓슨과 크릭은 이런 식의 사고 실험을 통해 DNA는 이중나선 구조여야 하며 두 나선이 서로 반대 방향으로 마주 보며 꽈배기처럼 꼬인 형태라는 것을 알아냈다. 이 구조를 완성하고 나니 DNA가 유전 물질임이 자명해졌다. 즉 아데닌은 티민과 결합해야 하고, 구아닌은 시토신과 결합해야 하는 염기쌍 규칙에 따르면 한 나선의 염기 순서가 결정되면 마주 보는 다른 나선의 염기 순서는 자동으로 결정되는 것이다. 이것이 복제의 원리이며, 유전성의 특성이라는 것을 바보라도 한눈에 파악할 수 있다. DNA의 구조는 당과 인산이 연결된 뼈대가 나선의 바깥쪽에 배열되어 있으며, 염기쌍은 안쪽으로 배열되어 있다. 나선 구조는 한 바퀴를 도는 데 10개의 염기쌍이 필요하다.[14]

1953년 왓슨과 크릭의 이중나선 모델 논문이 『네이처』에 실렸다. 일반적인 연구 논문이라면 서론부터 방법과 결과 그리고 토의와 결론까지 꽤 긴 분량이었어야 하는데 이 논문은 딱 한 페이지짜리였다. 당연한 얘기지만 유추에 의해 모델을 제안한 것이지 어떤 확실한 결과를 쥐고 데이터를 보여준 것은 아니었기에 길게 기술할 수 없었을 것이다. 왓슨과 크릭은 그동안 알려진 지식과 정보를 나열하고 각각의 결과로부터 유추하여 세상을 바꾸는 업적을 내놓았다. 애초 크릭의 의문은 왜 개는 반드시 개를 낳는가였다. 지금 우리가 DNA의 이중나선 구조를 보고 있으면 부모와 자식이 어떻게 이어지는지 바로 알게 되지만, 아무것도 밝혀지지 않은 그 당시에 크릭은 엄청난 비약으로 유전 부호를 상상하고 이중나선을 이루는 두 가닥의 상보성을 유추해낸 것이다.

유추는 상상이다. '유비추리類比推理'라고도 하며 두 개 이상의 성질의 상관관계에 관한 추리다. 우리는 하루 종일 유추를 하고 있다고 해도 과언이 아닐 정도로 유추와 함께 살고 있다. 유추가 비논리적일 수 있어 진실에서 벗어나기도 하지만, 거꾸로 부정확하기 때문에 보이는 것과 보이지 않는 것의 중간 다리가 될 수도 있다. 보지 못하고 듣지 못했던 헬렌 켈러는 만지고 맛보고 또한 냄새를 통해 '보는 것'과 '듣는 것'의 세상을 유추해냈다. 올바른 유추는 참으로 뛰어난 통찰이다. 조심할 점은 유추와 닮음을 구분할 수 있어야 한다는 것이다. 루트번스타인은 『생각의 탄생』에서 유추란 둘 혹은 그 이상의 현상들 사이에서 기능적으로 유사하거나 일치하는 내적 관련성을 알아내는 것이라고 정의했다. 반면 닮음은 관찰을 통해 찾은 사물들 사이의 유사점을 말한다.[15] 관찰이 불가능했던 헬렌 켈러는 수많은 감각으로부터 연상하여 유사성을 이끌어내는 학습을 한 것이다. 연상을 통한 유추는 창의와 연결된다. 과거와 달리 현대사회의 큰 문제 중 하나는 예를 들어 어떤 본체가 주어질 때 그에 따르는 부속품이 미리 제작된 게 너무 많아 무엇이 더 필요한지 생각해볼 여지를 처음부터 없애버렸다는 점이다. 창의성은 부족함에서 나오는 것인데 풍부한 현실은 생각을 가로막는다. 루트번스타인은 이렇게 말한다. "어떤 사물을 볼 때 '그것이 무엇인가'가 아닌 '그것이 무엇이 될까'에 착안해야만 우리는 사물을 전혀 새로운 방식으로 활용할 수 있다."[16] '그것이 무엇인가'는 수동적으로 보고 느끼고 이해하는 것을 의미하지만 '그것이 무엇이 될까'는 한발 더 나아가 나 자신이 능동적으로 미래의 방향을 정하는 것이 된다. 보이지 않는 것을 보는 방법 열 가지를 알려주는 이번 장에서 앞의 다섯 가지는 수동적 인식이다. 여섯 번째 상상과 일곱 번째 패턴을 인식하고 빅데이터를 찾아가는 것은 수동적 인식에서 능동적 사고로 전환하는 과정이 된다. 그리고 이제 유추는 나 자신의 능동적 행위를 의미한다. 왓슨과 크릭, 헬렌 켈러 모두 세상을 알아가는 데 매우 적절하게 유추를 활용했다.

우리는 주변에서 가끔 '촉이 좋은' 사람을 본다. 이들이 바로 유추를 잘하는 사람이다. 유추를 너무 어렵다고 생각하지 말자. 다시 한번 말하는데 우리는 지금 이 순간에도 유추하며 세상을 바라보고 있다. '그것이 무엇인가'에 머무르면 그저 닮음을 알아채는 것이지만 '그것이 무엇이 될까'에 관심을 두는 순간 유추가 시작된다. 여러 사물을 보고 사건을 관찰할 때 그 상황이 무엇인가를 깨우치는 것이 기본이 되므로 아주 중요하지만, 거기서 멈추지 말자. 그다음이 무엇이 될까에 집중해보자. 서로 관련 없을 것같이 떨어져 있는 사건, 혹은 연속적으로 벌어지는 일인데 특별한 연결 고리가 없어 보일 때 별개의 것에서 내적인 관련성을 발견해 이를 실마리로 이용하는 것이 진정한 통찰이다. 세상의 발전은 공통점을 찾아내는 이러한 유추를 통해 이뤄져왔으며 그 과정에서 앞뒤가 맞지 않는 이상함을 덤으로 느끼고 이때 또 다른 통찰을 얻게 된다.

9) 뭔가 이상하다는 느낌

유명한 경주마인 실버 블레이즈가 실종됐다. 그리고 같은 날 실버 블레이즈의 조련사가 살해됐다. 이 사건을 수사하던 그레고리 경위가 셜록 홈스에게 말했다. "홈스씨, 저도 관심을 가질 만한 다른 단서가 더 있습니까?" 홈스가 대답했다. "그날 밤에 개한테 이상한 일이 발생했어요." 그레고리 경위는 의아해하면서 물었다. "그날 밤에 개는 아무 행동을 하지 않았는데요?" 그러자 홈스는 담담하게 말했다. "그것이 바로 이상하다는 것입니다."

1892년 출간된 코난 도일의 단편집에 수록된 「실버 블레이즈」에 나오는 유명한 부분이다. 개가 짖지 않았다는 것은 범인이 마구간 앞에 있던 개를 잘 알고 있었다는 것을 추론하게 한다. 낯선 사람이었다면 개는 당연히 짖었을 것이다. 그렇기 때문에 셜록 홈스는 개와 친숙한 인물이 범인일 거라고 추리했다. 이상하다는 것은 비교를 전제로 한다. 비교에 능하고 거꾸로 비교에 늘 당하는 우리 인간은 매일 수없이 일어나는 비교마다 순간적인 판단을 하고 있다. 옳고 그름, 좋고 나쁨, 기쁨과 슬픔 등 끝없는 감정과 이성의 뒤섞임을 경험한다. 받아들이거나 즐길 것은 그냥 넘어가겠지만 명분과 실리를 따져야 할 상황에서는 이 순간이 중요하게 작용할 수 있다. 그래서 우리는 평소 이에 대비한 통찰 훈련이 필요하다. 세상이 변화되는 과정을 토머스 쿤은 패러다임 전환으로 그리고 헤겔은 정반합으로 설명했다. 과거로부터 지금까지 정상적으로 알아오고 진실이라고

민었던 지식이 어느 날 이상하다고 느껴질 때 통찰은 시작된다. 이상함이 또 다른 이상함을 낳고 새로이 나타난 현상이 현재 상황에서 설명되지 않을 때 우리는 실체적인 진리에 가까이 접근할 수 있는 게이트를 여는 열쇠를 쥔다. 정과 반을 거쳐 합에 도달할 때 패러다임은 전환된다. 앞서 얘기했듯이 이상함에서 멈추면 안 된다. 이상함만을 느끼고 만다면 유추가 아닌 닮음을 인식한 데서 멎은 것과 같다.

복통을 호소하는 15세 학생이 병원에 내원했다. 2개월 전부터 배가 아팠는데 최근 한 달 동안은 설사도 동반했다. 혈액검사를 시행하니 췌장염 수치가 높게 나왔다. 염증 수치도 올라가 있어서 췌장염 진단에는 전혀 문제가 없었다. 그런데 이상한 점이 발견됐다. 혈중 알부민 수치가 많이 감소되어 있었다. 알부민은 영양 부족이나 신증후군, 간경화 등에서 감소하고 장에 궤양이나 알레르기가 발생하면 장으로도 단백질이 빠져나가 알부민 부족 현상을 보이기도 한다. 문진 결과 환자에게 신장 질환, 간 질환, 알레르기는 관찰되지 않았다. 그렇다면 장에 만성적으로 궤양이 생기는 크론병을 의심해볼 수도 있었다. 회진을 마치고 팀원이 모두 모인 자리에서 물었다. "환자는 췌장염일까 아니면 크론병일까?" 전공의들은 머뭇거린다. "내가 늘 얘기하듯이 병은 하나다. 환자가 보여주는 모든 증상이 의사가 내린 진단으로 설명되지 않으면 그 진단은 틀렸을 수 있다는 것을 유념해야 한다." 췌장염은 분명했지만 췌장염만으로는 만성적인 설사와 알부민 저하를 설명하기가 어려웠다. 내가 이렇게 얘기하자 전공의들이 끄덕인다. "맞아. 여러분도 이상하지? 그럼 거꾸로 크론병이라고 생각해보자. 진단이 잘 설명되나?" 설명된다. 희귀한 크론병이 더 희귀하게 시작부터 췌장을 침범할 수 있어 정말 가끔은 크론병이 처음에 췌장염으로 나타나기도 한다. 전공의들에게 치료를 언급했다. 이런 경우 췌장염을 치료하면 크론병을 치료한 것이 아니므로 결국 췌장염이 낫지 않으며, 크론병을 치료해야 췌장염도 같이 호전된다고 설명해주었다. 한 전공의가 질문을 던졌다. "크론병과 췌장염을 동시에 앓을 수도 있지 않습니까?" 날카로운 질문이었다. "좋은 아이디어야. 하지만 췌장염을 앓는 것도 희귀한데 더더욱 희귀한 크론병을 동시에 갖고 있다는 게 더 이상하지 않아?" 확률적으로 발생률이 매우 낮은 병 두 가지를 동시에 앓을 가능성은 희박하다. 그보다는 질병 하나로 설명하는 것이 훨씬 더 쉽다.

우리는 동시에 혹은 연속적으로 벌어지는 여러 사건을 두고 각각에 대해 견해를 댈 수 있다. 그리고 생각해본다. 첫 번째, 각 사건은 별개다. 많은 경우가 이에 속할 것이다. 두 번째, 각 사건 간에 유사성이 발견되고 앞의 사건을 통해 뒤에 벌어진 사건이 설명된다. 내적인 관련성은 바로 유추로 이어진다. 세 번째, 최근에 일어난 사건들이 뭔가 이상하다. 결국 유사하지 않으면서도 이상하다는 공통점이 발견되고 이것은 새로운 사고를 요구한다. 셜록 홈스는 이상함을 놓치지 않았다. 그는 추리를 통해 범인을 알아냈고, 범인을 비롯해 주변의 모든 이상한 상황이 그가 만든 새로운 추론으로 설명 가능했다. 크론병 환자도 마찬가지다. 췌장염이라고 진단하고 나서 환자가 보여주는 몇몇 증상이 잘 맞지 않아 이상하다고 수동적으로 느끼기만 했다면 크론병을 놓치는 것으로 귀결되었겠지만, 이상함을 능동적인 행위, 즉 대장 내시경이라는 실행으로 옮기면 크론병 진단은 손쉽게 얻어진다. 그리고 크론병 진단은 환자의 모든 증상을 빠짐없이 설명해줄 수 있었다.

위에서 언급한 두 번째와 세 번째는 능동과 창의를 기반으로 한다. 똑같은 공통점을 찾는 것인데, 하나는 유사함이고 하나는 이상함이다. 유사함을 찾는 것에 우리는 익숙하지만 이상하다는 공통점을 찾는 것에는 낯설 수 있다. 이 둘은 동전의 양면과도 같은데 그렇다 해도 동전이라는 사건의 본질은 언제나 존재한다. 진실에 다가가기 위한 인간의 통찰은 실로 주변 상황에 따라 스스로 변화하는 카멜레온적 대응을 요구한다. 그런데 우리는 매일을 그렇게 살아가며 이미 통찰 훈련을 하고 있다.

10) 일상의 기적

길을 걷다가 문득 새로움을 마주한 적이 있지 않은가? 오래 만나던 지인과 떠들다가도 그 사람의 새로움을 보며 놀란 적이 있을 것이다. 이렇게 일상에서 새로움을 만나면 어떤 기분이 들까? 이상한 것일까? 그 낯선 이상함은 바로 신선함이다. 늘 보고 만지고 느꼈던 주변의 모든 것이 어느 날 새롭게 보일 때 그 순간 우리는 또 하나의 통찰을 얻는다.

흰 깃털을 가진 자그마한 새 한 마리의 비상을 보면서 그 새의 눈에 비친 인간 세상은 어떨지 생각해볼 수 있다. 잠깐의 오해로 한동안 만나지 못했던 친구에게 오늘 전화를 하며 어떻게 내 마음을 전할까 고민해보는 지금 나의 설레는 감정은 무엇을 의미하나? 지금 나는 나를 잘 알고 있다고 우기지만 곰곰 생각해보니 내가 어렸을 때 부모님이 왜 그렇게 나를 꾸짖었는지 이제야 이해 간다. 내가 아는 나는 내가 아닐 수 있다. 자주 화를 내고 짜증을 내는 팀장의 눈빛에 서린 두려움은 그가 두려워하는 상대를 피하고 싶어하는 표상이기에 그에 대한 연민을 더욱 느낀다. 정책이 바뀔 때마다 정책 입안자가 원하는 이득이 누구에게로 가는가를 살펴보는 것에 참으로 관전의 묘미가 있다. 뒷담화를 하는 남과 듣는 나를 보는 것은 흥미진진한 일인데 거꾸로도 마찬가지임을 떠올려보니 세상이 늘 상상 속에 파묻혀 있음에 놀라게 된다. 그리고 상상 외로 우리가 틀에 맞춰 사는 것을 훨씬 더 선호하는 성향이 있음을 느끼면서 세상 살아가는 이치는 모두가 비슷하다는 생각이 절로 든다. 겉옷에 달라붙은 자그마한 도꼬마리 열매를 보고 벨크로를 상상해내는 천재는 바로 나일 수 있다. 또한 내가 갸우뚱하며 이상하다고 생각했던 것에 남들도 맞장구를 쳐주면, 나는 인정받아 기쁘고 이에 더해 이상한 그 무엇을 이겨낼 힘과 구원군을 얻은 것이다.

셀 수 없는 순간들 그리고 끊임없이 벌어지는 사건들은 대체 어떻게 만들어져 내 앞에 나타난 것일까? 일부러 꾸미려고 해도 그리 되기는 쉽지 않다. 사실 생각해보면 일상에서 일어나는 모든 일이 다 기적이다. 그런 세상을 받아들이는 나는 이제 다음 발걸음을 내딛는다. 걸음을 멈췄을 때 가만히 생각해보라. 세상이 왜 그렇게 보이는지를. 다음 걸음이 무거울 수도 혹은 가벼울 수도 있지만 걷다 보면 어느 순간 나는 계단 높은 곳에 올라가 있다. 내 코끝을 간지럽히는 신선한 공기를 따라 나는 또다시 발걸음을 옮긴다. 그러고는 라디오에서 흘러나오는 세라 매클라클런의 노래 「일상의 기적Ordinary miracle」을 들으며 리듬을 따라 나도 모르게 흥얼거리는 내 모습에 흠뻑 취해본다.

그리 드물지만은 않아요
모든 것이 아름다워 보일 때
그것이 바로 또 다른 일상의 기적입니다
하늘은 언제 눈이 올지를 알죠
싹이 트는 것을 가르칠 필요도 없어요
그것이 바로 또 다른 일상의 기적입니다
생명은 그들이 말한 선물 같아요
그대를 위해 매일 만들어지죠
마음을 열고 길을 찾아보세요

당신이 가진 것 조금을 준다는 것

정말 놀랍지 않나요?

빗방울이 떨어지는 모든 순간처럼

그것이 바로 또 다른 일상의 기적입니다

한겨울 새들은 마음껏 날아다녀도

봄이 되면 어디엔가 둥지를 틀어요

그것이 바로 또 다른 일상의 기적입니다

매일 아침 당신이 일어날 때

당신이 꾸었던 꿈을 버리지 마세요

당신의 마음 가까이에 품어두세요

그건 우리 모두가 일상의 기적의 한 부분이기 때문입니다

혹시 기적을 보고 싶나요?

아주 특별하게 느껴지죠

결국 그런 기적들은 꼭 성취되는 거예요

그것이 바로 또 다른 일상의 기적입니다

태양은 떠오르고 너무도 밝은 빛을 내리쬐다가

밤이 되면 이내 사라지죠

그것이 바로 또 다른 일상의 기적입니다

제 9 장

그리고 통찰은
직관으로 나타난다

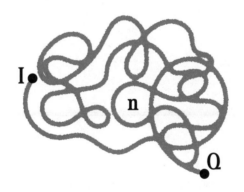

이제 '통찰지능'하자

명사 '통찰'은 '통찰하다'라는 동사로 활용된다. 그리고 사전에는 동사로서의 의미가 적혀 있다. '지능'이라는 단어를 놓고 생각해보자. '지능하다'라는 동사가 존재하는가? 아니다. 지능을 행위로 볼 수 없기 때문이다. 그런데 정말 그럴까? 사전에 나와 있는 모든 동사는 나름의 행위가 존재하고 모든 이가 그 뜻을 공유해야 하니 행위로 표현하지 못하는 단어는 동사화하면 안 되나? 'Google'이 명사뿐만 아니라 동사로 쓰이기 시작한 지는 오래되었다. 새로운 패러다임의 대표성을 갖게 되면서 동사로도 활용된 것이다. 'I Seoul U'에서 '서울'은 동사로 쓰였다. '서울'이라는 행위가 무엇인지 아직은 익숙하지 않지만 다양한 의미를 함축할 수 있다. 세월이 흘러가면서 '서울'이 갖는 어떤 대표성도 드러날 것이다. 각자가 지닌 '지능'을 이용하여 우리는 매일같이 우리가 원하는 '행위'를 하고 있다. '통찰지능'은 이 시대가 요구하는 성공을 위한 새로운 패러다임이다. 보이지 않는 것을 보는 통찰 훈련을 충분히 수행했다면 이제는 실천이다. 우리 모두 '통찰지능'하자!

물결(~) 커브 :
질병의 관점으로만 환자의 증상을 바라보는
의사의 오류

I Q + E Q < I n Q

태어난 지 얼마 안 된 아기의 몸통을 양쪽에서 잡고 세운 상태에
서 아기의 발바닥을 땅에 대려고 하면 아기는 마치 걸으려고 하는
모습을 취한다. 보행 반사stepping reflex라 불리는 이 자세는 갓 태
어난 아기가 평균적으로 생후 2개월까지 정상적으로 보였다가 이
후에는 사라지는 반사로 1980년대까지 성장 발달을 연구하는 의사
들에게는 설명할 수 없는 현상이었다. 의사들은 이러한 현상을 신경
의 발달과 연관된 것으로 추정했는데 실제로 1960년대에는 출생 후
뉴런이 수초화myelination되면서 운동을 의식적으로 통제할 수 있
게 되기 때문이라는 가설이 우세했다. 심지어 당시 의사들은 아기들
의 부모에게 보행 반사가 생후 2개월경에 사라지지 않으면 신경장애

가 남을 것이라고 설명하기도 했다. 하지만 1980년대에 들어와 미국의 발달심리학자 에스터 텔렌은 50여 명의 신생아를 면밀히 관찰한 결과 아기 각자의 체중 증가 속도에 따라 보행 반사의 소실 시기가 다르다는 것을 발견했다.[1] 체중 증가가 많아 포동포동한 허벅지를 가진 아기들은 보행 반사가 빠르게 소실되었는데 이는 신경의 발달과는 관계없이 신생아의 다리 근육이 무거운 다리를 들어올릴 만큼 강하지 않기 때문이었다. 즉 그동안 의사들이 정상 현상을 발달 장애로 오인한 것이다. 잠시 사라졌던 보행 반사는 걸음마를 시작할 시기가 되면 도로 나타나는 법이다.

의사에게 필요한 덕목 중 가장 중요한 하나를 고르라고 하면 나는 서슴지 않고 통찰을 든다. 환자의 특정한 상황과 증상을 종합하여 어떤 검사를 할지 정하고 이를 통해 하나의 결론을 도출해낼 때 비로소 의사는 환자를 치료할 수 있는 단서를 잡게 된다. 의사들이 환자들을 진료하고 치료할 때 사용하는 통찰 방법은 주로 '종합 후 분석aggregate, then analyze'으로 여러 환자를 분석한 뒤 이 그룹의 평균을 활용해 개개인을 분석하는 방법이다. 하지만 에스터 텔렌 같이 각 환자의 개별 패턴을 분석한 후 종합적인 통찰을 얻는 '분석 후 종합analyze, then aggregate' 방법이 현상을 정확히 분석할 수 있는 경우가 많다.[2]

내가 2020년에 출간한 첫 번째 책『기억 안아주기』에는 많은 임상 사례가 기술되어 있다. 그중 언급 횟수가 가장 많았던 예시는 '입 짧은 아이'에 대한 것이다. 주변에서 자주 보는 이 아이들은 아기 때부터 원래 먹는 데 그다지 관심이 없다. 대신 말초 감각이 예민해서 미각과 후각이 잘 발달되어 있다. 게다가 성격도 까다롭다. 자신의 코와 혀가 받아들일 수 없는 음식은 무조건 거부한다. 특이하게도 '입 짧은 아이'는 눈을 뜬 의식 상태에서는 더 먹지 않으려고 한다. 그래서 젖병도 아이가 잠들려는 순간처럼 무의식 상태일 때 주면 잘 빨아먹는다. 눈을 뜨고 있으면 아이의 자아는 안 먹는 아이지만 잠들면 안 먹는 자아는 바로 사라진다.[3]

1980년대 미국의 정신과 의사 아이린 샤투르는 6개월에서 3세 사이의 아동에게서 보이는 음식을 거부하는 섭식장애를 '영아 거식증'으로 명명했고 이런 현상을 보이는 영아는 분리 및 개인화의 초기 발달 단계에서 부모에 대한 자율성과 통제력을 획득하기 위해 식사를 거부한다고 설명했다. 샤투르는 영아의 기질과 자율성 및 의존성에 대한 모성 갈등이 이러한 섭식장애에 영향을 미치기 때문에 행동-인지치료가 도움이 된다고 주장했다.[4]

내가 말한 입 짧은 아이들과 샤투르의 영아 거식증 환자군이 비슷해 보이지 않는가? 나는 입 짧은 아이들이 어떤 마음을 갖고 있기에 음식을 안 먹으려 하고 섭식장애까지 일으키는지 궁금했다. 이상하고 궁금했던 내 경험은 곧 상상으로 치달았다. 당연히 아이 입장에서 생각해보니 직관적으로 답이 나온다. 타고나길 먹는 데 관심이 없고 미각이 예민한 아이들을 우리는 주변에서 많이 본다. 그들의 식성을 인정해주면 좋은데 부모 입장에서는 그렇지 못하다. 내 아이가 잘 먹지 못해서 나중에 성장에 장애를 받을까 두려운 마음에 엄마는 어떻게든 먹이려고 노력한다. 하지만 아이 입장에서는 엄마의 노력이 자신을 위한 것임을 결코 알지 못한다. 오히려 자기가 싫어하는 것을 막무가내로 강요하는 엄마에게 반발하기 마련이다. 배가 고프지 않은데 젖병을 물리고 눈만 뜨면 무언가 먹이려 하는 엄마를 좋아할 리도 없다. 그나마 먹던 아이들도 이 상황에 이르면 드디어 음식을 거부하기 시작한다. 결국 아이가 두려워하는 이유와 엄마가 두려워하는 이유가 완전히 반대인 것을 나는 깨달을 수 있었다. 내가 경험한 아이와 엄마의 의식적, 무의식적인 행동을 통해 안 먹는 아이들의 실체를 확인하고 나니 잘 안 먹고 잘 자라지 않는다고 병원을 찾는 아이들의 비슷한 패턴이 눈에 들어왔다. 나와 연구팀은 2014년부터 2020년까지 7년간 내가 근무하는 병원에 다른 기저질환 없이 저체중을 이유로 내원해 출생부터 36개월까지 주기적으로 체중을 측정한 기록이 있는 521명의 영아를 개별적 접근 방식으로 분석했다. 521명 중 20퍼센트인 105명의 영아에게서 특이한 체중 증가 패턴을 확인할 수 있었는데, 이 아기들은 출생 후 정상 아기들과 같은 체중 증가 그래프의 형태를 보이다가 6개월 무렵부터 음식 섭취를 거부하면서 체중 증가가 정체됐다. 이러한 그래프를 보이는 아기에 대하여 부모에게 물었더니 아기가 작은 자극에도 예민한 성향을 보였고 이유식을 시작했을 때 미각이 까다로운 편식이 심한 아이임을 확인해주었다. 아이들이 먹는 양을 줄이기 시작하면 부모는 더 먹이려는 데 집중한다. 이런 상황에서 대부분의 아이는 구역질을 하거나 젖병과 이유식을 피하려 하고, 엄마는 걱정과 짜증으로 하루 종일 쫓아다니며 아이를 먹이는 악순환으로 들어간다. 이에 외래에서 나는 아이가 더 심하게 음식을 거부하지 않도록 하기 위해 부모에게 아이의 입장이 되어보자고 설득했다. 이때 모든 상황과 자신의 욕심을 이해한 어떤 엄마는 눈물을 흘리기도 한다. 먹는 것에 관한 자기 결정권을 아이에게 주고 그냥 놓아두더라도 강요에 의해 먹일 때와 비교해 체중 증가에는 별 차이가 없다며 그동안 쌓아온 과거 데이터를 알려주었다. 진심이 통하면 부모는 그것을 받아들인다. 이런 아이들에 대하여 기질적인 문제가 없음을 혈액검사나 복부 초음파를 통하여 확인한 뒤 먹는 것에 관해서는 아이에게 자유를 주었다. 그랬더니 아이들은 생후 14개월까지는 체중 증가를 거의 보이지 않다가 그 후부터 놀랍게도 음식 섭취량이 서서히 증가하면서 다시 체중이 증가하는 특이한 패턴을 보였다. [그림 23]을 보면 이 아이들의 체중 그래프를 정상 성장 곡선과 비교했을 때, 6개월에서 14개월 사이에서 보이는 체중 정체기 이후에 체중 증가가 일어나면서 정상 아이들과 같은 패턴이 나타난다. 6개월까지는 정상적으로 성장하다가 덜 먹기 시작하면서 돌 무렵에는 체중이 하위 5퍼센타일 이하로 떨어지고 이후 자신이 위치한 퍼센타일 곡선을 따라 체중이 증가하는 곡선 모양을 나는 '물결(~) 커브wave curve'라 명명했

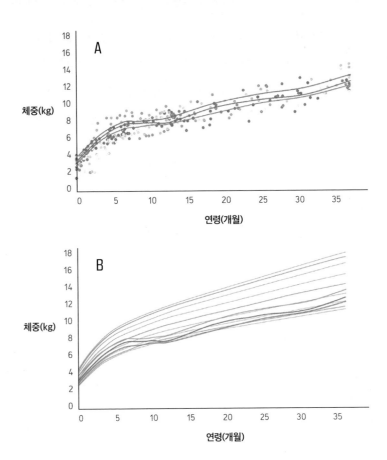

[그림 23] [A] 입 짧은 아이들의 특이한 성장 곡선
[B] 우리나라 정상 체중 곡선과의 비교

다. 나와 연구팀의 직관이 찾아낸 입 짧은 아이들의 성장 커브였다.

까다로운 아이들은 왜 이런 성장 패턴을 보일까? 1989년 하버드

대학 심리학과 제롬 케이건 교수는 450여 명의 생후 4개월 아기들을 대상으로 성격 형성에 있어서 유전적 기질의 작용을 확인하고자 프로젝트를 시작했다. 실험은 아기들 앞에서 밝은색의 모빌과 완구를 흔들고, 스피커에서 사람 소리가 나오게 하며, 알코올을 면봉에 묻혀 아이들 코앞에 가까이 대는 등 낯선 상황을 연출하는 것이었다. 이러한 자극에 반응하여 어떤 아이는 팔다리를 마구 흔들면서 울며 등을 들썩거리는 행동을 보였던 반면, 다른 아이는 조금 옹알거리거나 웃기도 했지만 팔다리를 흔들거나 몸을 들썩이지는 않았다. 이렇게 아이들의 반응을 모두 기록한 뒤 케이건은 이 아이들을 대상으로 열여섯 살까지 인터뷰를 진행해 성격의 유형과 변화를 장기간 관찰했다. 실험 대상의 20퍼센트는 고반응군이었고 자라서 과도공포 유형이 되었으며, 40퍼센트는 저반응군으로 자라서 최소 공포 유형이 되었다. 케이건은 사람은 이미 생후 4개월부터 예민함에 대한 기질이 나타나고 고반응군이 아마도 흥분하기 쉬운 편도체를 가졌을 것이라 추측했다.[5] 즉, 태어나서 생후 4~6개월까지는 아직 기질 성향이 드러나지 않아 부모가 주는 음식을 받아먹지만 그 후로는 기질에 따라 상황에 대한 적응도가 달라진다. 까다로운 아이는 먹는 것에 대해 자아가 강해지고 급기야 이유식을 시작할 무렵에는 다양한 음식에 대한 적응도가 떨어져 음식 섭취 거부가 나타날 수 있는 것이다. 기질은 사람이 태어날 때 갖는 독특한 개성과 행동 방식으로, 알렉산더 토머스와 스텔라 체스는 기질을 세 가지로 분류했다.[6] 이 중 까다로운 기질을 지닌 아이의 비율은 전체 소아의 10~20퍼센트 정도로 추정되는데 이는 우리 팀이 연구 분석한 저체중 환자 가운데 예민하고 까다로운 영아의 비율이 약 20퍼센트(521분의 105)로 나온 결과와 일치한다. 이러한 기질의 아이를 양육할 때 강한 통제를 할수록 더 까다로운 기질을 갖게 된다는 기존 연구 결과를 고려하면 먹는 것과 같은 생리적인 문제가 생겼을 때 이 문제를 부모나 의사가 통제하는 것보다는 아이 자신에게 맡기는 것이 오히려 문제 해결의 방법이 될 수 있다고 본다.[7]

다시 내 외래에 내원해 '물결 커브'의 성장 패턴을 보인 아이들 이야기로 돌아가보자. 기존 방식대로라면 출생 후 정상적인 성장 패턴을 보인 영아가 음식 섭취를 거부해 저체중으로 병원에 내원한 경우 영아 거식증으로 진단했을 것이다. 하지만 나와 연구팀은 그렇게 하지 않았다. 아이와 부모의 두 입장을 모두 고려했고 이 커브는 각자의 목적이 다른 아이와 부모가 부딪쳤을 때 자연스럽게 나타날 수 있는 정상 현상이라고 직관적으로 판단했다. 거기에 더하여 까다로운 아이에게 음식 섭취에 대해 강압적으로 통제하는 것보다는 음식 섭취에 대한 결정권을 아이 자신에게 오롯이 맡기는 것이 장기적으로 봤을 때 아이나 부모에게 더 이득이 된다는 것을 믿고 실천했다. 결국 이러한 연구에서 아이들은 일정 시기가 지나면 낮은 체중이기는 하지만 다시 정상 성장 곡선을 보인다는 것을 확인할 수 있었다. 부모에게 물어보면 최소한 한 명은 자신도 어려서 입이 짧고 잘 안

크는 것 같았다고 대답한다. 성장과 기질에 있어서 아이의 미래는 부모의 오늘이다.

의사는 병원을 찾아오는 환자들의 모든 증상을 기존에 알고 있던 '질병'의 패턴으로 분석하려는 오류를 범하기 쉽다. 의과대학과 전공의 과정을 거치며 질병에 주목하도록 교육받았기 때문이다. 그래서 인지 본질을 놓치고 현상에만 반응하는 의사가 상당수 있어 그 피해는 환자에게 갈 수밖에 없다. 본인이 배우고 아는 범위 내에서 진단과 치료를 행했기 때문에 어떤 특별한 잘못을 한 것은 아니다. 그렇지만 하지 않아도 됐을 검사와 치료로 인해 환자에게 피해가 돌아갔다면 누군가 잘못된 지점을 지적하고 교정하면 된다. 그것이 인간사회가 과거로부터 지금까지 보여준 통찰의 진화다. 이전에 알고 있었던 영아 거식증이라는 질병은 단지 아주 예민한 아이들의 정상적인 성장 과정이었다. 환자를 돌보는 의사들은 지식만으로 판단한 어설픈 개입이 병이 아닌 병을 만들 수 있음을 기억해야 한다. 환자가 보이는 증상에 더하여 개개인의 상황과 특성까지 통찰할 수 있는 의사들을 통해 '휴머니즘 진료'는 가까운 미래에 꽃피울 수 있게 될 것이다.

베이컨은 자신의 눈에 보이지 않는 것을 보지 못하는 인간의 근본적인 취약성을 지적했다. 보이지 않는 것도 고려할 수 있는 통찰은 의사뿐만 아니라 모든 이에게 반드시 필요한 덕목이 된다. 어렵다고 미리 포기하지 말자. 보이지 않는 것을 보려고 노력하다보면 정말로 보이고 또 보인다. 과학과 의학 아니 모든 학문 분야에서 아직도 보이지 않는 많은 것이 남아 있을 것이다. 어떻게 하면 통찰 훈련을 잘할 수 있냐고 묻는 이들에게 가까운 주변부터 살펴보라고 말하고 싶다. 사실 우리는 일상에서 매일 연습하고 있다. 프랑스의 대문호 마르셀 프루스트의 이 말을 꼭 기억하기 바란다. '진정한 여행이란 새로운 풍경을 보는 것이 아니라 새로운 눈을 가지는 것이다.'

경험, 상상, 그리고 직관

IQ + EQ < InQ

응용심리학자 게리 클라인은 사람들이 극단적인 압박을 받는 불확실한 상황에서 생사가 달린 결정을 어떻게 내리는가에 관심을 가지고 연구를 수행했다. 이 분야의 전문가를 인터뷰하기로 한 그는 제일 먼저 소방관을 선택했다. 소방관은 당연히 생명을 담보로 촌각을 다투는 극한의 직업이기에 연구에 적합했다. 16년간 일해온 소방관을 만나 위험한 상황에서 어떻게 결정을 내리는지 묻자 그는 이렇게 말했다. "결정을 내린 기억이 별로 나지 않습니다." 클라인은 놀라서 되물었다. "어떻게 그게 가능하지요? 그러면 무엇을 해야 할지 어떻게 아나요?" 소방관이 클라인을 물끄러미 바라보며 말했다. "절차가 있으니 그것을 따르면 되죠." 절차가 있다는 말에 클라인은 안심했다. 매뉴얼이 있다는 말로 들렸기 때문이다. "혹시 절차가 적힌 매뉴얼을 제가 볼 수 있을까요?" 그러자 소방관은 쑥스러운 표정을 지으며 답했다. "글로 된 매뉴얼은 없습니다. 저희는 그냥 압니다."

클라인은 한 소방대장으로부터 사례를 들을 수 있었다. 소방대장이 말했다. "단독 주택이었는데 뒤쪽에서 연기가 나는 것을 봤습니다. 저는 부엌에서 불이 났을 것이라고 추정했죠. 전형적인 모습이었거든요." 집 주변을 돌아본 소방대장은 상황 파악이 끝나자 소방관들을 일렬로 바짝 붙여 집 안으로 들여보냈다. "집 안으로 들어가면 바로 뒤쪽으로 가서 진압을 시작해!" 소방관들은 그의 지시를 잘 따랐고 화재는 쉽게 진압되었다. "특별한 결정은 없었던 것이고 그저 원칙에 충실했습니다." 소방대장의 이야기를 들은 클라인이 물었다. "소방관들을 집 안으로 들여보낸 것이 위험한 일 아니었을까요? 집 뒤쪽으로 가서 창문을 깨고 소방 호스를 넣고 물을 뿌렸으면 더 나았을지도 모르겠다는 생각입니다." 하지만 소방대장이 단호하게 대답했다. "저희는 그렇게 하지 않습니다. 그건 오히려 불을 집 안으로 밀어넣는 행동이 됩니다. 불을 집 안으로 확산시키지 않으려고 우리는 발화점을 찾아 들어가 집 밖으로 불길을 몰아낸 것입니다."[8] 과거의 경험으로부터 미래를 예측한 훌륭한 사례였다. 소방관들은 패턴 인식을 통해 구조화된 사고를 가지고 직관적인 결정을 한 것이다. 그리고 클라인은 비슷한 유형의 화재 사례를 더 듣게 되었다. 시작은 유사했다.

단층 주택의 뒤쪽에서 연기가 피어올랐고 출동한 소방관들은 현관문을 부수고 들어가 뒤편 부엌에 불길이 일고 있는 것을 확인했다. 여느 때처럼 호스를 통해 물을 쏟아부었는데 이상하게 불길이 잡히지 않았다. 그 시간쯤이면 불꽃이 줄어야 마땅했지만 물을 아무리 뿌려대도 불길이 여전하자 소방관들은 일단 거실로 물러났다. 그 순간 소방대장은 뭔가 잘못됐다는 직감이 들었고 바로 대원들에게 외쳤다. "당장 모두 나가!" 밖으로 뛰쳐나오기 무섭게 소방관들이 서 있었던 마룻바닥이 무너져 내리기 시작했다. 불은 지하실에서 시작된 것이었다. 클라인이 소방대장에게 어떻게 그런 순간적인 판단을 했는지 묻자 소방대장은 자신이 왜 나가자고 소리 질렀는지 생각나지 않는다고 답했다. 그러면서 이렇게 부연했다. "그날 불은 이상하게도 매우 뜨거웠습니다. 주방에서 난 불이라면 그렇게 뜨거울 리가 없어요. 또 하나 특이했던 것은 불이 아주 조용했다는 점입니다. 그 정도로 뜨거운 불이었던 것을 감안하면 이해가 되지 않았습니다." 부엌에 쏟아부은 물에 불길이 잡히지 않은 것은 발화점이 주방이 아니라는 의미다. 불이 조용했던 것은 지하실의 불 소리가 마룻바닥에 막혔기 때문이다. 거실마저 심하게 뜨거웠던 것은 지하실의 불길에서 열기가 올라와 생긴 현상이었다.[9] 이 모든 것이 한순간에 소방대장의 머리 안에서 연결된 것이다.

같은 사건에서 대응은 완전히 달랐다. 후견지명에서 선견지명으로 넘어가는 길에 우리는 보이지 않는 것을 찾아냄으로써 통찰을 이룬다. 매우 급박한 상황에서의 통찰이 바로 직관이다. 소방대장은 과거의 경험과 현재 주어진 상태를 묶어 올바른 상상을 해냈다. 그리고 시간이 충분히 주어질 수 없는 상황에서 그 상상은 빠른 결정으로 넘어갔다. 소방관들의 전략은 그들이 어떻게 직관을 사용했는가에 따라 상황별로 달라진다. 규정된 절차도 없었고 분석을 통해 결정을 내린 것도 아니었다. 수많은 세월의 경험을 활용하여 구축해놓은 패턴이 직관의 핵심이 되었다. 결코 임기응변이 아니다. 자신과 타인의 생명을 구한 것은 소방관들의 훈련 결과였던 것이다.

다만 우리는 직관을 편향과 혼동하지 말아야 한다. 사람의 사고는 빠르고 직관적이며 감정을 이루는 시스템 1과 느리고 분석적이며 이성을 이루는 시스템 2로 이루어져 있다. 감정이 우선시되는 인간의 뇌는 휴리스틱heuristic, 즉 상황이 벌어졌을 때 가장 먼저 떠오르는 생각인 어림짐작의 과정을 통해 오류를 저지른다. 이 생각의 지름길 역시 자신의 과거 경험을 기초로 떠올리는 것이기 때문에 경험이 잘못 해석될 경우 오류의 가능성은 꽤나 높다. 편향으로 이어지기 쉬운 것이다. 편향에서 벗어나는 것 또한 통찰을 필요로 하며 자신을 평가해주는 타인들의 말과 태도를 받아들이는 성찰이 우선이 될 테다. 우리가 제대로 훈련한 통찰은 직관으로 표현되고 자신에게 유리하게 마음대로 지어낸 상상은 편향이 되는 것이다.

소방관을 비롯하여 모든 직업에서 성공한 사람들은 대부분 뛰어난 직관을 갖고 있다. 이것은 그들의 능력이지만 겉으로 보이지 않던 것으로서, 스스로 부딪히고 극복해내며 터득한 통찰 훈련이다.

그들이 이룬 업적은 시간이 흐르며 자연스럽게 얻어진 것뿐이다. 발진티푸스를 연구한 공로로 1928년 노벨 생리의학상을 수상한 프랑스의 샤를 니콜은 이렇게 말했다. "새로운 사실의 발견, 전진과 도약, 무지의 정복은 이성이 아니라 상상력과 직관이 하는 일이다."[10] 과거의 경험은 미래를 시뮬레이션하는 데 쓰이고 사람들은 현재의 변수를 활용하여 가장 적절한 해결책을 제시한다. 그리고 보이지 않던 수많은 맥락을 노출시키는 통찰이 직관으로 이어지며 순간의 선택이 성공적인 결과를 가져옴에 우리는 스스로 놀란다.

미시적인 부분들이 각각의 특성을 가지고 있고 이들만으로는 설명할 수 없는 전체가 돌연히 나타나는 복잡한 현상을 우리는 창발emergence이라고 부른다. 창발은 규칙이 없고 예측 가능하지 않다. 과학의 수많은 업적이 창발을 통해 이루어졌으며 그 바탕에는 과학자들의 직관이 깔려 있다. 많은 준비를 거치고 나서 갑자기 툭 떠오른 창발은 세렌디피티로 이어지기 마련이다.

"너의 속마음은 알다가도 모르겠어." 우리가 자주 사용하고 또 듣는 말이다. 상대방의 속마음을 안다는 것은 내가 그 사람의 무의식을 읽고 상상을 했다는 뜻이다. 그런데 모르겠다고 넋두리하는 것은 내 상상이 틀렸음을 의미한다. 사실 맞았는지 틀렸는지 확실히 판단하지는 못한다. 상대방의 진심은 정말로 알지 못하니 내가 맞았을 수도 있지만 잘못된 예상일 확률은 더 높을 것이다. 사람들은 항상 겉으로 보이는 이미지만으로 상대방을 판단한다. 물론 누구는 남의 보이지 않는 면까지 쉽게 읽어내는 능력이 있고, 누구는 보고도 그 뜻을 이해하지 못하기도 한다. 보이지 않는 것을 보지 못하는 사람이 많으면 세상은 삭막해진다. 타인의 마음을 알아주지 못하고 자기주장만 옳다고 외치기 쉽기 때문에 공감과 소통을 바랐던 정상적인 사람들이 난감해한다. 보이지 않는 것을 보지 못하는 경우는 크게 둘로 나뉜다. 하나는 보이지 않는 것을 고려하지 않는 것이고 다른 하나는 보이는데도 보지 못하는 것이다. 보이는데도 보지 못하는 사람들은 다시 둘로 나누어볼 수 있다. 보이지 않는 것을 보면서도 모른 체하는 타입과 보이는 것조차 보지 않으려는 타입이다. 다음은 한 가족의 사례를 들어 각 타입을 설명해본 예시다. 엄마와 아빠, 아들딸 각자가 타입을 대표하고 있는데 일반화의 오류를 보여주는 것 같아 두렵지만 절대 그런 의도가 아니니 오해하지 않기를 바란다.

첫 번째로 중간고사 기간에 시험을 마치고 집에 온 딸과 엄마의 대화다.

엄마(조심스럽게)　　오늘 힘들었지. 점심은 먹었어?

딸(눈치채고)　　응, 점심이 맛있어서 조금 많이 먹었는데 소화가 안 되는 것 같아.

엄마(약간은 말려들며)　소화가 안 된다고? 소화제 먹어야겠지? 많이 아파?

딸(오버하며)　　지금 갑자기 허리가 끊어질 것 같아. 화장실 가야겠어.

그냥 일반적인 대화로 보이지만 내막을 들여다보면 각자의 말 속에 보이지 않는 의중이 숨어 있다. 숨겨진 의미를 괄호 안에 넣어보겠다.

엄마   오늘 힘들었지. 점심은 먹었어?

　　　(성적이 궁금하지만 일단 참고 다른 이야기부터 꺼내는 거다.)

딸　　응, 점심이 맛있어서 조금 많이 먹었는데 소화가 안 되는 것 같아.

　　　(성적 얘기는 하기 싫은데 다른 얘기 하자.)

엄마   소화가 안 된다고? 소화제 먹어야겠지? 많이 아파?

　　　(너 소화제 먹고 바로 내일 시험 공부 해야 한다.)

딸　　지금 갑자기 허리가 끊어질 것 같아. 화장실 가야겠어.

　　　(내일 시험 망쳐도 뭐라 하지 마.)

엄마와 딸 모두 완곡어법을 사용하고 있다. 하지만 두 사람은 상대를 너무나 완벽하게 알고 있다. 겉으로 드러나지 않을 뿐 보이지 않는 것을 보면서도 서로 모른 체하고 있는 고도의 화술이다.

두 번째로 중간고사 기간의 엄마와 아들의 대화를 보자.

엄마(조심스럽게)   오늘 힘들었지. 점심은 먹었어?

아들　　　　　　아니.

엄마(화를 참으며)   소화가 잘 안 되니?

아들　　　　　　몰라.

이 대화를 보고 "우리 집이네"를 외칠 사람이 많을지도 모르겠다. 여기서도 역시 괄호 안에 숨겨진 의미를 넣어보겠다.

엄마   오늘 힘들었지. 점심은 먹었어?

　　　(성적이 궁금하지만 일단 참고 다른 이야기부터 꺼내는 거다.)

아들   아니.

　　　(대화하기 싫어.)

엄마   소화가 잘 안 되니?

　　　(시험을 잘 못 봤니?)

아들   몰라.

　　　(생각하기 싫어.)

　아들을 자극하지 않으려는 엄마의 완곡어법을 아는지 모르는지 아들은 아예 반응하지 않는다. 그래도 우리가 느끼기에는 엄마의 화법을 이미 알고 있는 아들이 애써 피하는 것 같다. 아들은 보이는 것마저 보지 않으려는 태도를 강하게 나타내고 있다.

　마지막으로 중간고사 기간에 나누는 엄마와 아빠의 대화다.

엄마(한숨 쉬며)   애가 영어시험 망친 것 같아요.

아빠(생각 없이)   그럼 어떡하지?

엄마(약간은 화내며)   과외 공부를 따로 시켜야겠어요.

아빠(눈치 없이)   그러지 뭐.

엄마(폭발하며)   뭐가 그래요. 생활비가 모자라는데.

엄마와 아빠의 대화에도 행간의 의미가 숨어 있는데 엄마는 돌려 말했지만 아빠는 생각보다 단순하다. 괄호 안을 보자.

엄마　애가 영어시험 망친 것 같아요.

　　　(애가 당신을 닮아 영어를 참 못하네요.)

아빠　그럼 어떡하지?

　　　(그럼 어떡하지?)

엄마　과외 공부를 따로 시켜야겠어요.

　　　(과외 시킬 돈이 모자라는데 괜찮겠어요?)

아빠　그러지 뭐.

　　　(그러지 뭐.)

엄마　뭐가 그래요. 생활비가 모자라는데.

　　　(으이구, 내가 못 살아 정말.)

아빠의 대화가 특이하지 않은가? 아빠에게는 보이는 것이나 보이지 않는 것이나 그리 중요하지 않은가보다. 있는 그대로에만 반응하니 엄마는 속이 터질 수밖에 없다. 우리가 누군가와 대화를 나눌 때 벽에다 대고 말하는 듯한 느낌을 받았다면 바로 이런 상황을 의미하는 것이다.

위 사례에서 아빠는 보이지 않는 것을 전혀 볼 수 없는 사람이다. 남들은 답답해하지만 본인은 편히 살 것이다. 딸은 보이지 않는 것을 보면서도 모른 체하는 타입이다. 사회생활에서 자주 만나게 되는 유형인데 손실과 이익이 달린 문제에서 대부분의 사람이 보이는 모습이다. 아들은 보이는 것조차 보지 않으려는 타입이다. 확증 편향에 가득 차 있고 자신의 고집대로 행하려는 사람들이 바로 이 유형이다. 엄마는 보이는 것도, 보이지 않는 것도 모두 보는 타입인데 이런 유형이 많아야 상식이 통하고 여유가 있는 사회가 될 것이다. 한 번쯤 생각해보자. 나는 어떤 타입일까? 아무리 봐도 엄마 같은 유형의 사람이 가장 좋아 보인다. 당연하지만 이 책의 주제가 바로 엄마처럼 모든 것을 보는 사람이 되어보자는 것이다.

앞부분에서 나는 주로 보이지 않는 것을 볼 수 있는 역량을 설명하는 데 집중했다. 관찰이 기본이 되고 이를 바탕으로 큰 그림을 그리는 것이 매우 중요하다. 게슈탈트 전략을 깨우치고 실행하는 것이 이 과정의 핵심이 된다. 처음에는 낯설고 어렵겠지만 피하지 말고 직접 부딪혀서 반복하다보면, 어느 날 보이는 것만 보는 단계에 머물러 있지 않고 보이지 않는 것도 볼 수 있게 된다. 그러다보면 볼 줄만 아는 것이 아니라 보이게 만드는 능력도 갑자기 갖추게 되었음을 깨닫고 스스로 대견하다고 여기게 될 것이다. 우리 인간은 어차피 자신만의 시야 사고, 지식 사고, 그리고 만족 사고에서 벗어나기 어렵기 때문에 스스로의 한계를 인정하고 성찰하는 단계가 필요하다. 나를 제대로 알고 나서야 남을 이해할 수 있는 기본을 잊지 말아야 한다. 보이지 않는 것을 보게 되면서 우리는 점점 모든 사물과 사건의 본질에 가까이 갈 수 있게 된다. 그것이 통찰지능이다.

앞서 언급했듯이 통찰지능의 본질은 과정, 즉 맥락인데 우리 인간은 특이하게도 과정을 무시하려는 강한 경향을 갖고 있다. 언제나 결과가 최우선시되기 때문이다. 그래서 우리가 잊지 말아야 할 것은 세상의 모든 일에 결과는 존재하지 않는다는 통찰이다. 지금 나온 결과는 다음 단계로 넘어가는 중간 과정일 뿐이고 이 알고리즘은 끊임없이 지속된다. 중간에 나온 결과를 큰 틀의 과정에 편입시켜 지속적으로 과정에 대한 피드백을 하고 성찰해야 하는데 그러지 않으면 중간 결과만 챙긴 나 자신은 그 결과를 탄생시킨 맥락을 쉽게 망각하고 다음 프로젝트를 받았을 때 또다시 초심자인 양 허둥댄다. 이렇게 반복되는 과정을 애써 무시하는 우리 인간은 어느 날 문득 '빠진 과정' 속에 허우적거리고 있는 자신을 발견하게 되고 맥락을 제대로 이해하지 못한 상태에서 사물과 사건의 본질로부터 멀어진다. 그러고는 수많은 편향에 갇힌 채 자신의 엉뚱한 주장만 반복하는 것이다. 이 편향들은 바로 자신이 알지 못하는 '빠진 과정'을 채우느라 이곳저곳에서 동원된 것들이다. 훌륭한 통찰은 우리 자신의 과거 경험으로부터 꺼내온 올바른 자료들을 통해 현재와 미래를 상상하면서 보이지 않는 맥락을 겉으로 드러나게 하는 것이다. 우리가 사회에 나가서 써먹지도 않을 수학을 학창 시절에 그렇게 열심히 배웠던 바로 그 '과정'에 충실했던 친구들은 어느 날 세렌디피티 같은 성과를 쏟아내며 승진도 빠르게 한다. 그 이유가 성적이 잘 나오지 않아도 과정에 충실함을 몸에 배게 했던 수학 덕분이었음을 그 친구는 아마 기억하지 못할 것이다. 이런 사람들은 과정을 통해 새로움을 깨우친다. 지난번과 똑같은 지시가 내려왔어도 이번에는 다른 방식으로 일을 처리해 더 나은 결과를 뽑아낸다. 과거의 경험에서 그다지 만족하지 못했던 부분을 바로 개선하는 것은 학문에서의 패러다임 전환과 다를 바 없다. 과정과 맥락을 지향하는 통찰지능이 인공지능을 앞설 수밖에 없는 이유이기도 하다.

통찰은 사실 인간관계에 숨겨진 불명확성을 알아내는 것이 전부다. 세상의 모든 일은 인간관계에서 시작되고 인간관계로 끝을 맺기 때문에 심리학이 세상만사의 기본 중 한 부분을 차지하는 것은 당연하다. 성공을 위해서는 심리학이 기본이 되어야 한다는 말인가? 맞다. 그래서 IQ나 EQ 모두 심리학자들의 몫이 되었다. 하지만 놓치지 말아야 할 것이 있다. IQ는 나 자신의 입장이고 EQ는 타인의 입장이 주로 다뤄지는데 InQ는 나와 타인 둘 다 완벽하게 이해해야 하는 매우 높은 수준의 지능이 된다. 시간이 흐르면 통찰력은 자연스럽게 는다. 그렇다고 세월에 나를 맡기고 통찰이 커질 때까지 기다리기만 할 수는 없다. 이 책의 역할은 나 자신이 보기에 부족하다고 느꼈을 스스로의 통찰을 짧은 시간에 한껏 채워주는 데 있다고 본다. 통찰을 배운다는 것이 어려울 수 있기 때문에 나는 앞서 많은 사례를 들며 독자들이 천천히 InQ에 몰입해가도록 지면을 할애했다.

이탈리아 피렌체의 갤러리아 델 아카데미아에는 건강미 넘치고 잘생긴 청년 다비드의 조각상이 있다. 4미터가 넘는 거대한 걸작을 창조한 미켈란젤로에게는 늘 여러 일화가 따라다닌다. 미켈란젤로가 대리석 덩어리에 매달려 작업하고 있는데 근방을 지나던 한 소녀가 작업실에 들어와서 그에게 호기심 가득한 눈빛으로 물었다. "왜 그렇게 힘들게 돌을 두드려 깨고 있나요?" 미켈란젤로는 이렇게 대답했다. "응, 이 돌 안에는 천사가 들어 있단다. 나는 지금 잠자는 천사를 깨워서 자유롭게 해주려는 중이야." 이것은 크리스 와이드너의 『피렌체 특강』에 나오는 이야기다.[1] 이 이야기는 후세에 약간 변형되었는데 사람들이 미켈란젤로에게 어떻게 그리도 멋진 다비드상을 조각할 수 있었는지 묻자 그가 "나는 대리석에서 완벽한 다비드상을 봤고 단지 다비드가 아닌 부분만 제거했을 뿐입니다"라고 대답했다는 일화와 연결된다. 쉬운 말이기는 하지만 사실 이렇게 하는 것이 참으로 어렵다는 점을 우리는 안다. 다비드상을 둘러싸고 있던 필요 없는 돌 부분을 깨서 없애나가다보면 얼추 다비드의 모양이 드러난다. 하지만 이때는 모두가 다비드의 탄생을 예상할 수 있는 단계다. 누구나 다 알 때면 이미 늦었다. 진짜 통찰은 거대한 대리석에서 다비드를 찾아내는 것보다 다비드 아닌 것이 무엇인지를 직관적으로 알아내는 데서 시작된다. 하루에도 수천 번 접하는 다양한 현상을 보면서 본질을 향해 현상을 걷어낼 수 있어야 진정한 통찰이다. 이것이 잘 훈련된 사람은 탁월한 직관이 발동한다.

나는 이 글을 마치면서 다시 한번 명분과 실리를 강조하려 한다.

정보에 밝고 논리력을 갖춰 IQ가 높다는 평가를 받거나, 타인의 입장에 진심으로 서 공감의 화신으로 불릴 정도의 EQ를 갖추고 있더라도 세상의 모든 일은 명분과 실리의 이차방정식이 잘 풀려야 성공적으로 수행될 수 있다. 타인의 무의식을 읽고 그의 두려움이 무엇인지, 또한 누가 이득을 보는지 나 홀로 노력해서 찾아볼 수 있겠지만 남들이 나를 보는 관점은 별개다. 평가는 결국 주관적이기보다는 객관적 잣대를 통해 나타나는 것이므로 나의 상상은 명분과 실리를 동시에 추구하는 큰 틀 안에서 이루어질 때 빛을 발한다. 그것이 모두에게 이익으로 돌아가기 때문이다. 남 탓으로 점철되는 부부 싸움에서 명분과 실리를 찾아 양보하고 해결할 수만 있다면 본질을 찾아가는 통찰 훈련은 이미 성공적이다.

우리가 살아가는 삶의 작은 부분을 느끼고 서로에게 고마워하며 마음을 나누는 것이 통찰이다. 우리는 어느 누구로부터라도 배운다. 이 세상에 태어나서 내 삶이 다하는 그 순간까지 배움과 가르침은 계속된다. 게리 클라인의 말은 우리에게 잔잔한 울림을 전한다. "훌륭한 선생은 학생이나 동료가 통찰을 얻을 수 있도록 깨달음을 주는 사람입니다."[2] 어느 날 내가 선생님도 될 수 있으니 이 또한 일상의 기적이다.

가족은 통찰의 보고寶庫입니다. 조직을 이루는 가장 작은 단위에서 통찰은 시작됩니다. 저에게 아내, 아이 둘과 함께 저녁 식사를 하며 떠드는 시간은 참으로 귀중합니다. 그날 각자 겪은 이야기가 화제에 올려지고 그것과 관련된 팩트와 주변 정보가 합쳐지면서 스토리는 꽃을 피웁니다. 흥미로운 것은 각자가 허브hub가 되어 네트워크를 연결하고 있다는 점입니다. 서로의 이야기를 들어주고 반응하면서 식탁에 올라온 화제가 된 상황의 문제점부터 해결책까지 모두 나열됩니다. 인간관계의 민낯도 드러나고 사건의 핵심 포인트도 새롭게 난도질당합니다. 뒷담화와 상상은 끝없이 펼쳐지고 결국에는 옳고 그름의 결론으로까지 이어집니다. 점입가경, 어느새 통찰 교육은 학점 수료입니다. 제 책의 수많은 아이디어는 이 식탁에서 나왔다고 해도 과언이 아닙니다. 아내에게 고맙고 딸아들에게도 고맙습니다. 특히 아내가 보여주는 통찰에 혀를 내두를 때가 한두 번이 아닙니다.

병실과 외래에서 마주치는 환자와 보호자 또한 제게 깊은 통찰을 준 고마운 분들입니다. 의사는 참으로 다양한 사람을 수없이 만나는 직업입니다. 그중에서도 오랫동안 만나온 환자와 그 가족은 친구 같아서 병 얘기 말고 일상의 수다가 진료 시간의 많은 부분을 차지합니다. 이때 나오는 세상 이야기는 알게 모르게 서로에게 도움을 주었을 것입니다. 그 사실을 눈치채는 것이 바로 통찰입니다. 환자와 가족들에게 진한 고마움을 전합니다. 30년 이상 환자를 보는 저에게 그분들은 큰 무형의 재산이 되어주었습니다. 책 내용 중에 나오는 사례가 자신의 이야기라고 생각되는 분들에게는 죄송한 마음도 전합니다. 각색을 하기는 했지만 기분이 상할 수도 있으니 송구할 따름입니다.

저는 제자를 키우는 사람입니다. 제자는 곧 동료가 됩니다. 나이가 들면서 당연히 통찰이 쌓이는 것이지만 제자들에게 미리 통찰을 알려주고 싶었습니다. 아니 생각보다 더 간절했습니다. 하나라도 미리 깨우치고 들어가면 그 위로 축석되는 통찰이 결국 스승을 능가하리라 믿었습니다. 오히려 너무 많이 가르치려 하지 않았나 미안한 마음이 듭니다. 그래도 그저 묵묵히 제 말을 들어준 그들이 진심으로 고맙습니다. 배움은 워낙 스승에게 의존하는 것이지만 제가 거꾸로 의지했다는 비밀을 그들은 알고 있을까요?

제 글은 당연히 독자분들이 평가해줍니다. 그런데 모든 이로부터 존경을 받는 현자가 계셔서 그분이 독자들에게 미리 가이드를 해준다면 개인적으로는 대단한 영광이 될 것입니다. 우리 사회에 '통섭'이라는 화두를 던져주신 최재천 교수님의 추천사는 그래서 저에게 더욱 큰 힘이 되었습니다. 초면에 부탁드렸는데도 그 바쁜 일정 중에 제 글을 꼼꼼히 읽어주신 교수님께 이 자리를 빌려 큰절을 올립니다.

국내 8000여 명의 심리 전문가를 거느린 한국임상심리학회 회장을 맡고 있는 정경미 교수님께도 마음에서 우러나는 깊은 감사를 드리고 싶습니다. 아주 오래전, 제가 소속된 대한소아소화기영양학회 회의에 오셔서 입이 짧아 잘 안 먹는 아이들에 대한 통찰을 전해주신 인연으로 추천사를 써주셨습니다. 책 내용에도 나오지만 의학과 심리학은 떼려야 뗄 수 없는 관계이기도 합니다.

글항아리는 저의 첫 책 『기억 안아주기』로 인연을 맺었습니다. 이번에도 이은혜 편집장님을 비롯한 글항아리 식구들의 도움으로 두 번째 책이 무사히 세상에 나올 수 있었습니다. 강성민 대표님이 자청해 직접 교정도 봐주셨기에 책의 가치는 더욱 빛날 것 같습니다.

주변에 참으로 감사할 것이 많습니다. 감사할 대상이 사람일 수도 혹은 사물일 수도 있는데, 언뜻 지나칠 만한, 보이지 않던 고마움을 겉으로 드러나게 만든 그 순간 '통찰지능'은 꽃을 피우는 것이고 세상은 따뜻함으로 가득 차리라 믿습니다. 이 세상에는 '통찰지능할' 일이 많아 늘 더 감사합니다.

프롤로그

1   The experiment that has shocked millions, after seeing this you will never want to visit McDonalds again! Newsner, 2017 https://en.newsner. com/tricks/the-experiment-that-has-shocked-millions-after-seeing-this-you-will-never-want-to-visit-mcdonalds-again/

2   Ferrieres J. The French paradox: Lessons for other countries. Heart 2004;90:107-111.

3   이종수, 「소주와 삼겹살, 코리안 패러독스」, 『신동아』, 2017년 4월 10일, https:// shindonga.donga.com/3/all/13/894091/1

4   Petyaev IM, et al. Could cheese be the missing piece in the French paradox puzzle? Med Hypotheses 2012;79:746-749.

5   안강, 프렌치 패러독스가 만들어낸 착각, 통증박사 안강입니다, 2020, https:// m.post.naver.com/viewer/postView.nhn?volumeNo=27286211&memberN o=9209270&navigationType=push

6   Rozin P, et al. Attitudes to Food and the Role of Food in Life in the U.S.A., Japan, Flemish Belgium and France: Possible Implications for the Diet-Health Debate. Appetite 1999;33:163-180.

제1장 통찰지능

1 한국직업사전, 고용노동부, https://www.work.go.kr/consltJobCarpa/srch/ jobDic/jobDicIntro.do
2 교육통계서비스, [2017학과분류자료집] 대학학과종류, 신설학과, 학과 수, 교육통계서비스 공식블로그, 2018, https://m.blog.naver.com/kedi_ cesi/221304441075
3 말콤 글래드웰, 『아웃라이어』, 노정태 옮김, 김영사, 2009, 87쪽
4 김주환, 『회복탄력성』, 위즈덤하우스, 2011, 98쪽
5 하워드 가드너, 『다중지능』, 문용린 외 옮김, 웅진지식하우스, 2007, 24쪽
6 하워드 가드너, 『다중지능』, 문용린 외 옮김, 웅진지식하우스, 2007, 4쪽
7 Beasley K. The emotional quotient. Mensa 1987, p25
8 김춘경 외, 정서지능, 『상담학 사전』, 2016, https://terms.naver.com/entry.nhn? docId=5677737&cid=62841&categoryId=62841
9 최연호, 『기억 안아주기』, 글항아리, 2020, 146쪽

제2장 보이는 것과 보이지 않는 것

1 나무위키, 시각, https://namu.wiki/w/%EC%8B%9C%EA%B0%81
2 로버트 루트번스타인 외, 『생각의 탄생』, 박종성 옮김, 에코의서재, 2007, 55쪽
3 에이미 허먼, 『우아한 관찰주의자』, 문희경 옮김, 청림출판, 2017, 72쪽
4 크리스토퍼 차브리스 외, 『보이지 않는 고릴라』, 김명철 옮김, 김영사, 2011, 21쪽
5 위키백과, 한호, https://ko.wikipedia.org/wiki/%ED%95%9C%ED%98%B8
6 Huffpost, 당신이 반 고흐에 대해 몰랐던 8가지 이야기, 2014, https://www. huffingtonpost.kr/2014/12/18/story_n_6345694.html
7 크리에이티브, 올레 한석봉, 한국광고총연합회 광고정보센터, 2009, https://www. ad.co.kr/ad/tv/show.do?ukey=93977
8 Tsao D, et al. Mechanisms of face perception. Annu Rev Neurosci 2008;31:411-437.
9 Sergent J, et al. Functional neuroanatomy of face and object processing. Brain 1992;115:15-36.
10 Kanwisher N, et al. The fusiform face area: a module in human extrastriate cortex specialized for face perception. J Neurosci 1997;17:4302-4311.
11 Tsao DY. A dedicated system for processing faces. Science 2006;314:72-73.

12 에릭 캔들, 『통찰의 시대』, 이한음 옮김, 알에이치코리아, 2014, 369쪽

13 Juster N, The phantom tollbooth, A Yearling Book, 1961

14 한선생, 심리학자도 모르는 심리학 이야기2, 게슈탈트 심리학과 문화심리학, 매거진 한걸음 문화심리학, 2016, https://brunch.co.kr/@onestepculture/73

15 Usertesting, 7 Gestalt principles of visual perception: cognitive psychology for UX, 2019 https://www.usertesting.com/blog/gestalt-principles

16 이승현, 「의학 드라마의 원탑 닥터 하우스」, 의대생신문, 2019, http://e-mednews.org/archives/1915

17 「쿠르트 레빈과 장이론」, 원더풀마인드, 2019, https://wonderfulmind.co.kr/kurt-lewin-field-theory/

18 한국콘텐츠진흥원, 조선 최초의 단발기생 강향란, 문화원형백과, https://terms.naver.com/entry.nhn?docId=1763540&cid=49230&categoryId=49230

19 칩 히스 외, 『스틱』, 안진환 외 옮김, 웅진윙스, 2007, 154-159쪽

20 최세정, 「조선 최초 단발기생 강향란, 최세정의 대구 여성을 이야기하다」, 『매일신문』, 2015, https://news.imaeil.com/Life/2015072005152230363

21 문병로, 「은유와 관계」, 『중앙일보』, 2020, https://news.joins.com/article/23727093

22 위키백과, 파울 클레, https://ko.wikipedia.org/wiki/%ED%8C%8C%EC%9A%B8_%ED%81%B4%EB%A0%88

23 김진우, 아는만큼 보이더냐, 철수의 그림이야기, 브런치, 2017, https://brunch.co.kr/@aenyfarm/47

제3장 인간이 보이지 않는 것에 취약한 이유

1 Kosslyn S, et al. The role of area 17 in visual imagery: convergent evidence from PET and Rtms. Science 1999;288:167-170.

2 애덤 샌델, 『편견이란 무엇인가』, 이재석 옮김, 와이즈베리, 2015, 52쪽

3 Turner E, et al. Selective publication of antidepressant trials and its influence on apparent efficacy. New Engl J Med 2008;358:252-260.

4 Wilkinson G, Drug metabolism and variability among patients in drug response. New Engl J Med 2005;352:2211-2221.

5 오종우, 『예술 수업』, 어크로스, 2015, 16쪽

6 오종우, 같은 책, 15쪽

7 Newton E. The rocky road from actions to intentions. UMI. A Bell &

Howell Information Company. 1990, p33

8 스티븐 슬로먼 외, 『지식의 착각』, 문희경 옮김, 세종서적, 2018

9 Purohit K. The Baader-Meinhof phenomenon in radiology. Acad Radiol 2019;26:e127

10 Kruger J, et al. Unskilled and unaware of it: How difficulties in recognizing one's own incompetence lead to inflated self-assessments. J Person Soc Psychol 1999;77:1121-1134

11 Dunning D, et al. Why people fail to recognize their own imcompetence. Current directions in psychological. science 2003:83-87

12 나무위키, 더닝 크루거 효과, https://namu. wiki/w/%EB%8D%94%EB%8B%9D%20 %ED%81%AC%EB%A3%A8%EA%B1%B0%20%ED%9A%A8%EA%B3%BC

13 하워드 막스, 『투자에 대한 생각』, 김경미 옮김, 비즈니스맵, 2012, 196쪽

14 나무위키, 피니어스 테일러 바넘, https://namu.wiki/w/%E D%94%BC%EB%8B%88%EC%96%B4%EC%8A%A4%20 %ED%85%8C%EC%9D%BC%EB%9F%AC%20%EB%B0%94%EB%84%98

15 위키백과, 포러 효과, https://ko.wikipedia.org/wiki/%ED%8F%AC%EB%9F%AC_%ED%9A%A8%EA%B3%BC

16 위키백과, 허버트 사이먼, https://ko.wikipedia.org/wiki/%ED%97%88%EB%B2%84%ED%8A%B8_%EC%82%AC%EC%9D%B4%EB%A8%BC

17 Wikipedia, Satisficing, https://en.wikipedia.org/wiki/Satisficing

18 임의영, 「HA Simon의 제한된 합리성과 행정학」, 행정논총, 2014;52:1-35

19 Crozier S, et al. Cacao seeds are a "super fruit": a comparative analysis of various fruit powders and products. Chem Cent J 2011;5:5

20 Messerli F. Chocolate consumption, cognitive function, Nobel Laureates. New Engl J Med 2012;367:1562-1564

21 EpiAnalysis, Chocolate consumption, Nobel Laureates, and crappy statistics, 2012, https://epianalysis.wordpress.com/2012/11/19/chocolate/

22 Joelving F. Eat chocolate, win the Nobel prize? Reuters Health, Reuters, 2012, https://www.reuters.com/article/us-eat-chocolate-win-the-nobel-prize-idUSBRE8991MS20121010

23 표준국어대사전, 헛똑똑이, https://ko.dict.naver.com/#/entry/koko/2ae564c5 05e04ef7a9ac8df9e47b0a8c

24 위키백과, 소칼 사건, https://ko.wikipedia.org/wiki/%EC%86%8C%EC%B9%BC_%EC%82%AC%EA%B1%B4

제4장 보이지 않는 것을 보지 못하는 사람

1   김승훈, 「뉴욕 양키스 데릭 지터, 생애 마지막 끝내기 안타」, 오마이스타, 2014, http://star.ohmynews.com/NWS_Web/OhmyStar/at_pg.aspx?CNTN_CD=A0002037347

2   나무위키, 데릭 지터, https://namu.wiki/w/%EB%8D%B0%EB%A6%AD%20%EC%A7%80%ED%84%B0

3   위키백과, 아지 스미스, https://namu.wiki/w/%EB%8D%B0%EB%A6%AD%20%EC%A7%80%ED%84%B0

4   이승선, 「통계는 조작에 근거한 거짓말, 정부의 통계 조작 빈발」, 프레시안, 2001, https://www.pressian.com/pages/articles/22603?no=22603

5   대니얼 길버트, 『행복에 걸려 비틀거리다』, 서은국 외 옮김, 김영사, 2006, 200쪽

6   네이트 실버, 『신호와 소음』, 이경식 옮김, 더퀘스트, 2014, 647쪽

7   위키백과, 사회계약론, https://ko.wikipedia.org/wiki/%EC%82%AC%ED%9A%8C%EA%B3%84%EC%95%BD%EB%A1%A0

8   유발 하라리, 『사피엔스』, 조현욱 옮김, 김영사, 2015, 157-167쪽

9   유발 하라리, 같은 책, 175-176쪽

10 위키백과, 탄탈로스, https://ko.wikipedia.org/wiki/%ED%83%84%ED%83%88%EB%A1%9C%EC%8A%A4

11 김영정 외, 「밀 공리주의, 철학 텍스트들의 내용 분석에 의거한 디지털 지식 자원 구축을 위한 기초적 연구」, 철학사상 별책 2003;2(9):44

12 유발 하라리, 『사피엔스』, 조현욱 옮김, 김영사, 2015, 164쪽

13 윌리엄 골딩, 『파리대왕』, 유종호 옮김, 민음사, 1999

14 윌리엄 골딩, 같은 책, 259쪽

15 필립 짐바르도, 『루시퍼 이펙트』, 임지원 외 옮김, 웅진지식하우스, 2007

16 Turkheimer E. Three laws of behavior genetics and what they mean. Curr Direct Psychol Sci 2000;9:160-164

제5장 보이지 않는 것을 보는 사람

1   조앤 롤링, 『해리 포터와 마법사의 돌 2』, 최인자 옮김, 문학수첩, 70쪽

2   허버트 조지 웰스, 『투명인간』, 김석희 옮김, 열린책들, 2011

3   Lee JH, et al. Allergic proctitis and abdominal distension mimicking Hirschsprung's disease in infants. Acta Paediatr 2007;96:1784-1789

4   박화영 외, 「간형 글리코겐 축적질환의 형 분석: 단일센터 연구」, 제54차 대한소아

과추계학술대회 초록, 2004

5   Jeong YJ, et al. Does type I truly dominate hepatic glycogen storage diseases in Korea?: a single center study. Pediatr Gastroenterol Hepatol Nutr 2014;17:239-247

6   박기종, 「조선시대 최고의 외교관이자 명재상 이덕형, 리더는 유연과 엄격, 두 개의 얼굴이 필요하다」, 『매일경제』, 2018, https://www.mk.co.kr/news/culture/view/2018/03/150999/

7   공부와락, 오성과 한음으로 유명한 한음 이덕형, 공부와락학습백과, 2004, http://dlegongbuwarac.edupia.com/xmlPrint.aspx?did=24275

8   강암, 이덕형 애첩이 드린 제호탕 거절, 역사 이야기, 강암의 세상나들이, 2019, https://m.blog.naver.com/PostView.nhn?blogId=rkddka31&logNo=221608831141&proxyReferer=http:%2F%2Fwww.google.com%2Furl%3Fsa%3Dt%26rct%3Dj%26q%3D%26esrc%3Ds%26source%3Dweb%26cd%3D%26ved%3D2ahUKEwjig96a7-DtAhWCyosBHf3CAJAQFjAJegQICBAC%26url%3Dhttp%253A%252F%252Fm.blog.naver.com%252Frkddka31%252F221608831141%26usg%3DAOvVaw1ok0-d2MMcyFrVMixWZDzI

9   스티븐 풀, 『리씽크 오래된 생각의 귀환』, 김태훈 옮김, 쌤앤파커스, 2017, 90쪽

10   황혜진, 「눈물바다된 웸블리, 방탄소년단 오열케 한 6만 아미 깜짝 이벤트」, 뉴스엔미디어, 2019, https://www.newsen.com/news_view.php?uid=201906030719490410

11   이지영, 「방탄학(BTSology), BTS연구는 이미 시작되었다」, 『한겨레신문』, 2020, http://www.hani.co.kr/arti/society/society_general/975982.html

12   BTS Speech at the United Nations, The Washington Post, 2018, http://www.youtube.com/watch?v=ZhJ-LAQ6e_Y&feature=youtube.be

13   김성수, 「BTS는 영국 소녀를 우울증에서 구해냈다」, 오마이뉴스, 2020, http://www.ohmynews.com/NWS_Web/Series/series_premium_pg.aspx?CNTN_CD=A0002673480&CMPT_CD=P0010&utm_source=naver&utm_medium=newsearch&utm_campaign=naver_news

14   홍석경, 「누구도 가지 못한 길을 여는 'BTS'라는 세계」, 『한겨레신문』, 2020, http://www.hani.co.kr/arti/society/society_general/975981.html

15   이지행, 「팬덤 그 이상의 '아미'…취향을 증명까지 해야 돼?」, 『한겨레신문』, 2020, http://www.hani.co.kr/arti/society/society_general/975986.html

1 이기주, 『말의 품격』, 황소북스, 2017, 8쪽

2 이재훈, 「박인비, 외모 논란에 정면 승부 "더 예쁘면 좋겠지만…"」, 『조선일보』, 2013, https://www.chosun.com/site/data/html_dir/2013/09/03/2013090300068.html

3 뉴시스 jb, 「소렌스탐 "진화하는 박인비가 무섭다"」, 중부매일, 2013, http://www.jbnews.com/news/articleView.html?idxno=526116

4 존 바그, 『우리가 모르는 사이에』, 문희경 옮김, 청림출판, 2019, 417쪽

5 Wikipedia, Delayed gratification, https://en.wikipedia.org/wiki/Delayed_gratification

6 Mischel W, et al. The nature of adolescent competencies predicted by preschool delay of gratification. J Person Soc Psychol 1988;54:687-696.

7 Kidd C, et al. Rational snacking: Young children's decision-making on the marshmallow task is moderated by beliefs about environmental reliability. Cognition 2013;126:109-114

8 헥터 맥도널드, 『만들어진 진실』, 이지연 옮김, 흐름출판, 2018, 98쪽

9 하워드 가드너, 『다중지능』, 문용린 외 옮김, 웅진지식하우스, 2007, 43쪽

10 매슈 커츠, 『맥락지능』, 박수철 옮김, 현암사, 2018, 33쪽

11 매슈 커츠, 같은 책, 169쪽

12 최연호, 『기억 안아주기』, 글항아리, 2020, 33쪽

13 황진복, 『의학 가슴으로 말하다』, 이담, 2012, 5쪽

14 아미르 후스로 델라비, 『세렌디피티의 왕자들』, 김대웅 옮김, 책이 있는 마을, 2019, 27쪽

15 정아람, 「알파고 이긴 유일한 인간 이세돌 "신의 한 수 78수? 꼼수였죠"」, 『중앙일보』, 2019, https://news.joins.com/article/23642516

16 리 하틀리 카터, 『뇌는 팩트에 끌리지 않는다』, 이영래 옮김, 비즈니스북스, 2020, 8쪽

17 대니얼 길버트, 『행복에 걸려 비틀거리다』, 서은국 외 옮김, 김영사, 2006, 224쪽

18 김도현 외, 『인간을 위한 미래』, 클라우드나인, 2020, 136쪽

19 레이 커즈와일, 『특이점이 온다』, 장시형 외 옮김, 김영사, 2007, 102쪽

20 토머스 쿤, 『과학혁명의 구조』, 김명자 외 옮김, 까치, 2013, 74쪽

21 토머스 쿤, 같은 책, 165쪽

22 토머스 쿤, 같은 책, 344쪽

23 토머스 쿤, 같은 책, 176쪽

24 위키백과, 정반합, https://ko.wikipedia.org/wiki/%EC%A0%95%EB%B0%98%ED%95%A9

25 Malakoff D. Daniel Pauly profile. Going to the edge to protect the sea. Science 2002;296:458-461

26 새뮤얼 아브스만, 『지식의 반감기』, 이창희 옮김, 책읽는 수요일, 2014, 276쪽

27 재러드 다이아몬드, 『문명의 붕괴』, 강주헌 옮김, 김영사, 2005, 581쪽

28 김은중, 「미 "BTS 공격, 어글리 차이니스"」, 『조선일보』, 2020, https://www.chosun.com/politics/2020/10/14/ZJ7J4YECKVBRDNNVUOG4KBNVEM/?utm_source=naver&utm_medium=original&utm_campaign=news

제7장 명분과 실리

1 박종인, 「[박종인의 땅의 역사] 김신조가 지나간 파주와 초리골 나무 군 우성제」, 『조선일보』, 2016, http://www.chosun.com/site/data/html_dir/2016/06/15/2016061500157.html

2 나무위키, 1.21사태, https://namu.wiki/w/1.21%20%EC%82%AC%ED%83%9C

3 위키백과, 애빌린의 역설, https://ko.wikipedia.org/wiki/%EC%95%A0%EB%B9%8C%EB%A6%B0%EC%9D%98_%EC%97%AD%EC%84%A4

4 김호인 외, 「Big Data로 들여다본 집단 지성과 집단 사고의 차이」, 포스코경영연구원 보고서, 2016

5 댄 애리얼리, 『상식 밖의 경제학』, 장석훈 옮김, 청림출판, 2008, 62쪽

6 이동현, 「장기기증과 opt-out 제도」, 의학신문, 2019, http://www.bosa.co.kr/news/articleView.html?idxno=2108454

7 리터드 탈러 외, 『넛지』, 안진환 옮김, 리더스북, 2009, 276쪽

8 박한선, 「사기꾼이 출세하는 더러운 세상! 살고 싶지 않아요. 어떻게 할까요?」, 동아사이언스, 2016, http://m.dongascience.donga.com/news.php?idx=14704

9 케빈 랠런드 외, 『센스 앤 넌센스』, 양병찬 옮김, 동아시아, 2014, 222쪽

10 정성희, 「부부 싸움 원인 연령대별로 차이」, 『동아일보』, 2003, https://www.donga.com/news/Society/article/all/20031222/8013603/1

11 대니얼 길버트, 『행복에 걸려 비틀거리다』, 서은국 외 옮김, 김영사, 2006, 316쪽

제8장 보이지 않는 것을 보는 열 가지 방법

1 조지 오웰, 『1984년』, 권진아 옮김, 을유문화사, 2012
2 Schneider KG, et al. That "poker face" just might lose you the game! The impact of expressive suppression and mimicry on sensitivity to facial expressions of emotion. Emotion 2013;13:852-866
3 어니 J. 젤린스키, 『느리게 사는 즐거움』, 문신원 옮김, 물푸레, 2000, 218쪽
4 한우덕, 「유반」, 중앙SUNDAY, 2016, https://news.joins.com/article/19347988
5 Cui Bono, 위키백과, https://ko.wikipedia.org/wiki/Cui_bono
6 프로크루스테스, 위키백과, https://ko.wikipedia.org/wiki/%ED%94%84%EB%A1%9C%ED%81%AC%EB%A3%A8%EC%8A%A4%ED%85%8C%EC%8A%A4%A4
7 최연호, 「나쁘게만 볼 수 없는 뒷담화」, 『한국경제신문』, 2019, https://www.hankyung.com/opinion/article/2019062582521
8 유발 하라리, 『사피엔스』, 조현욱 옮김, 김영사, 2015, 48쪽
9 대니얼 길버트, 『행복에 걸려 비틀거리다』, 서은국 외 옮김, 김영사, 2006, 320-328쪽
10 데이비드 핸드, 『신은 주사위 놀이를 하지 않는다』, 전대호 옮김, 더퀘스트, 2016, 56쪽
11 캐서린 섀너핸 외, 『왜 우리는 전통음식을 먹어야 하는가』, 박리라 옮김, 에코리브르, 2014, 75쪽
12 위키백과, 프랙털, https://ko.wikipedia.org/wiki/%ED%94%84%EB%9E%99%ED%83%88
13 Galton F. Vox populi. Nature 1907;75:450-451
14 이일하, 『이일하 교수의 생물학 산책』, 궁리, 2014, 171쪽
15 로버트 루트번스타인 외, 『생각의 탄생』, 박종성 옮김, 에코의서재, 2007, 197쪽
16 로버트 루트번스타인 외, 같은 책, 210쪽

제9장 그리고 통찰은 직관으로 나타난다

1 Thelen E, et al. Newborn stepping: an explanation for a 'disappearing' reflex. Develop Psychol 1982;18:760-775
2 토드 로즈, 『평균의 종말』, 정미나 옮김, 21세기북스, 2018, 109쪽
3 최연호, 『기억 안아주기』, 글항아리, 2020, 108쪽
4 Chatoor I. Infantile anorexia nervosa: a developmental disorder or

separation and individuation. J Am Acad Psychoanal 1989;17:43-64

5   제롬 케이건, 『성격의 발견』, 김병화 옮김, 시공사, 2011, 57-67쪽

6   Thomas A, Chess S. (1977). Temperament and Development. New York: Brunner-Mazel. p161

7   Kivijarvi M, et al. Infant temperament and maternal sensitivity behavior in the first year of life. Scand J Psychol 2005;46:421-428

8   대니얼 카너먼 외, 존 브록만 엮음, 『생각의 해부』, 강주헌 옮김, 와이즈베리, 2013, 216쪽

9   말콤 글래드웰, 『블링크』, 이무열 옮김, 21세기북스, 2005, 168쪽

10   로버트 루트번스타인 외, 『생각의 탄생』, 박종성 옮김, 에코의서재, 2007, 31쪽

에필로그

1   전진문, 「미켈란젤로는 돌덩이 속에서 다비드를 봤다」, 매거진 한경, 2011, https://magazine.hankyung.com/money/article/202101212843c

2   대니얼 카너먼 외, 존 브록만 엮음, 『생각의 해부』, 강주헌 옮김, 와이즈베리, 2013, 234쪽

통찰지능

1판 1쇄 2022년 6월 10일
1판 5쇄 2023년 6월 8일

지은이 최연호
펴낸이 강성민
편집장 이은혜
마케팅 정민호 박치우 한민아 이민경 박진희 정경주 정유선 김수인
브랜딩 함유지 함근아 박민재 김희숙 고보미 정승민
제작 강신은 김동욱 임현식

펴낸곳 (주)글항아리 | 출판등록 2009년 1월 19일 제406-2009-000002호

주소 10881 경기도 파주시 심학산로 10 3층
전자우편 bookpot@hanmail.net
전화번호 031-955-8869(마케팅) 031-941-5159(편집부)
팩스 031-941-5163

ISBN 979-11-6909-003-2 03100

잘못된 책은 구입하신 서점에서 교환해드립니다.
기타 교환 문의 031-955-2661, 3580

www.geulhangari.com